高等职业教育市场营销专业系列教材

市场营销基础与案例分析

主　编	孙　建　胡海婧
副主编	戚光远　吉庆彬　徐秋香
参　编	滕凤英　张　蕾　袁　哲　王国强
	倪　明　卢程程　王　猛

中国轻工业出版社

图书在版编目（CIP）数据

市场营销基础与案例分析/孙建，胡海婧主编.
—北京：中国轻工业出版社，2022.1
高等职业教育"十三五"规划教材
ISBN 978-7-5184-0152-9

Ⅰ．①市… Ⅱ．①孙…②胡… Ⅲ．①市场营销学
Ⅳ．①F713.50

中国版本图书馆CIP数据核字（2016）第304795号

责任编辑：张文佳 李 红

策划编辑：张文佳　　责任终审：张乃柬　　封面设计：锋尚设计
版式设计：王超男　　责任校对：燕 杰　　　责任监印：张京华

出版发行：中国轻工业出版社（北京东长安街6号，邮编：100740）
印　　刷：北京君升印刷有限公司
经　　销：各地新华书店
版　　次：2022年1月第1版第4次印刷
开　　本：787×1092　1/16　印张：16
字　　数：410千字
书　　号：ISBN 978-7-5184-0152-9　　定价：36.00元
邮购电话：010-65241695
发行电话：010-85119835　传真：85113293
网　　址：http://www.chlip.com.cn
Email：club@chlip.com.cn
如发现图书残缺请与我社邮购联系调换
220014J2C104ZBW

前言 PREFACE

企业盈利水平的高低通常取决于其市场营销能力。生活中的各行各业，包括我们个人，都离不开市场营销。因此，学习市场营销、掌握市场营销技能是现代商务人士最重要、最必不可少的技能之一。市场营销课程正是为这一目的而设的，它是一门实操性很强的课程。为了提高学生解决实际问题的能力，方便师生进行以工作任务驱动、侧重能力培养的项目化教学，我们编写了这本市场营销项目化教材。

一、本书的编写意图

近几年，高等职业教育改革如火如荼，身处其中，编者也感到这种变革势在必行。对于一些实操性较强的课程，单靠传统的理论讲授，而缺少相关的实训活动，很难提升学生的技能，造成了一些高职学生高分低能的现象，同时，在单纯的理论教学中，也很难调动起学生学习的积极性。为适应企业生产经营对应用型、技能型人才的需求，提升学生的实际操作能力，必须建立以就业为导向、工作任务驱动的教学模式。这种教学方法将以往以传授知识为主的传统教学理念，转变为以解决问题、完成工作任务为主的多维互动式的教学理念；使学生处于积极的学习状态，每一位学生都能根据自己对当前任务的理解，运用共有的知识和自己特有的经验提出方案、解决问题。但是，在改革的过程中，也有些改革者犯了矫枉过正的毛病，过于强调实操，而完全忽视了知识体系的架构，这使学生的学习迁移能力较差，能力限定在具体任务中。因此，我们编写了本书，使其既满足项目化教学、任务驱动、注重能力培养的需要，又根据典型工作任务，安插了必备的知识内容，希望为提升学生实际技能和综合素质起到良好的推动作用。

二、本书的特色

1. 任务驱动，侧重实操

本书采用任务驱动法，为学生提供体验实践的情境和感悟问题的情境，围绕任务展开学习，以任务的完成结果检验和总结学习过程，改变传统课堂上学生被动的学习状态，使学生主动建构探究、实践、思考、解决市场营销实际问题，提高营销能力。

市场营销不是纸上谈兵，而是一项实践性非常强的技能，因此，本书的编写侧重于实操，以实训项目和具体工作任务为体系，但并非否定市场营销理论，在每个具体项目和任务中，都安插了必不可少的市场营销知识储备，供学生学习。

2. 情景丰富，形式灵活

本书根据每个项目要达到的训练目标，设计了丰富的工作情景，既有模拟推销、汇报演示等实战环节，也有案例分析、市场调查、撰写谈判计划报告等文字工作，模拟了多种不同的工作任务，形式灵活，令人耳目一新。

3. 设计全面，教学方便

本书设计非常全面，不仅涵盖了市场营销传统知识体系的内容，而且加入了实训项目、任务、实训要求、成果、考核标准等市场营销实训教学设计，使老师授课和学生学习更加方便、容易上手。

三、本书编写分工情况

本书由吉林省经济管理干部学院的孙建和江苏农牧科技职业学院的胡海婧总体设计，并由孙建、胡海婧担任主编，由吉林省经济管理干部学院的戚光远、吉庆彬、嘉兴南洋职业技术学院的徐秋香担任副主编，此外，长春市公共关系学校的王国强、吉林省经济管理干部学院的滕凤英、张蕾、袁哲、倪明、卢程程、王猛也参与了本书部分章节的编写与校对工作。最后由孙建总审定稿。

本教材可作为高职高专市场营销专业、国际贸易专业、企业管理专业、国际商务专业、会展专业等相关专业教材，也可供企业在职人员培训或自学使用。

当今社会，知识更新换代速度之快令人瞠目，由于知识的更新、时间的紧迫、编者水平有限等诸多因素，使书中缺点错误在所难免，请读者批评指正。

编者

2016年10月

目录 CONTENTS

第一部分 市场营销实训概述 ································ 1
    一、市场营销实训意义 ································ 1
    二、市场营销实训目的 ································ 1
    三、实训内容及学时安排 ······························ 2
    四、实训方法说明 ···································· 3
    五、成绩考核 ·· 3

第二部分 市场营销实训项目 ································ 4
    项目一 市场营销的前期准备 ························ 4
      知识储备： ·· 5
        一、市场营销的内涵 ······························ 5
        二、关于市场营销的理解 ·························· 6
        三、市场营销学的产生和发展 ······················ 6
        四、市场营销对企业的重要性 ······················ 8
        五、市场营销组合 ································ 10
      知识储备： ·· 12
        一、市场是商品交换的场所 ························ 12
        二、市场是商品交换关系的总和 ···················· 12
        三、市场是某种商品的现实购买者和潜在购买者需求的总和 ········ 12
      知识储备： ·· 13
        一、市场营销管理哲学的演变 ······················ 13
        二、现代营销观念和传统营销观念的比较 ············ 17
        三、与时俱进的营销观念 ·························· 18

项目二　营销环境分析与营销调研 ·············· 24

知识储备： ··· 27
　　一、人口环境 ··· 27
　　二、经济环境 ··· 28
　　三、科技环境 ··· 31
　　四、政治法律环境 ··· 32
　　五、社会文化环境 ··· 33
　　六、自然地理环境 ··· 36

知识储备： ··· 37
　　一、供应商 ·· 37
　　二、营销中介 ··· 38
　　三、顾客 ··· 38
　　四、竞争者 ·· 38
　　五、公众 ··· 39
　　六、企业 ··· 39

知识储备： ··· 40
　　一、市场信息的概念 ·· 40
　　二、市场信息的特征 ·· 40
　　三、市场调查的概念 ·· 41
　　四、市场调查的程序 ·· 41
　　五、市场调查方式 ··· 42
　　六、市场调查的方法 ·· 44
　　七、问卷调查的设计 ·· 45
　　八、市场调查报告 ··· 49

知识储备： ··· 50
　　一、SWOT分析法 ··· 50
　　二、SWOT分析报告的内容 ·· 50

项目三　对各类市场的分析与认识 ················· 53

知识储备： ··· 54
　　一、市场类型 ··· 54
　　二、组织机构市场 ··· 54
　　三、生产者市场 ·· 55

四、生产企业的购买过程 ·················· 56
　　五、影响生产者的购买时机的因素 ·········· 58
　　六、中间商市场 ························ 58
　　七、政府采购市场 ······················ 58
　知识储备: ······························ 60
　　一、消费者市场的概念 ·················· 60
　　二、消费者市场的特点 ·················· 60
　知识储备: ······························ 61
　　一、影响消费者行为的因素 ·············· 62
　　二、消费者的购买行为类型 ·············· 66

项目四　市场细分与目标市场策略的实施 ·········· 68
　知识储备: ······························ 69
　　一、市场细分的含义 ···················· 69
　　二、市场细分的依据 ···················· 70
　　三、市场细分的作用 ···················· 71
　　四、市场有效细分的条件 ················ 71
　　五、市场细分的方法 ···················· 72
　知识储备: ······························ 73
　　一、目标市场战略 ······················ 73
　　二、选择目标市场 ······················ 75
　知识储备: ······························ 78
　　一、市场定位的概念及原则 ·············· 78
　　二、市场定位的步骤 ···················· 80
　　三、市场定位的策略 ···················· 81

项目五　产品策略的运用与实施 ·················· 84
　知识储备: ······························ 85
　　一、产品整体概念 ······················ 85
　　二、核心产品 ·························· 86
　　三、有形产品 ·························· 86
　　四、附加产品 ·························· 86
　知识储备: ······························ 88
　知识储备: ······························ 90

一、产品组合 …………………………………………… 90
　　二、产品组合策略 ……………………………………… 92
　知识储备： ………………………………………………… 94
　　一、产品的品牌策略 …………………………………… 94
　　二、产品的包装策略 …………………………………… 98
　知识储备： ………………………………………………… 100
　　一、新产品的概念 ……………………………………… 100
　　二、新产品开发管理程序 ……………………………… 101
　　三、新产品开发策略 …………………………………… 102
　　四、新产品的开发方法 ………………………………… 104
　知识储备： ………………………………………………… 105
　　一、产品生命周期的概念 ……………………………… 105
　　二、产品生命周期各阶段的特点和策略 ……………… 107

项目六　价格策略的运用与实施 …………………… 111

　知识储备： ………………………………………………… 113
　　一、产品价格的内涵 …………………………………… 113
　　二、影响企业定价的因素 ……………………………… 117
　知识储备： ………………………………………………… 120
　　一、成本导向定价法 …………………………………… 121
　　二、需求导向定价法 …………………………………… 122
　　三、竞争导向定价法 …………………………………… 122
　知识储备： ………………………………………………… 123
　　一、新产品的定价策略 ………………………………… 123
　　二、折扣定价策略 ……………………………………… 124
　　三、差别定价策略 ……………………………………… 124
　　四、心理定价策略 ……………………………………… 125

项目七　分销渠道的选择与设计 …………………… 130

　知识储备： ………………………………………………… 133
　　一、分销渠道的含义 …………………………………… 133
　　二、分销渠道的构成 …………………………………… 133
　　三、分销渠道的类型和结构 …………………………… 134

知识储备： 136
一、分销渠道设计的原则 136
二、分销渠道设计的影响因素 137
三、分销渠道的中间商 138

知识储备： 145
一、分销渠道成员的激励 145
二、分销渠道成员的评价 147
三、分销渠道的调整 147
四、分销渠道窜货管理 150

项目八 促销策略的选择与实施 155

知识储备： 156
一、销售促进及其组合 156
二、影响促销组合的因素 157
三、促销组合策略 159

知识储备： 162
一、广告的概念和功能 162
二、广告制作的基本原则 164
三、广告媒体的选择 165

知识储备： 168
一、推销概述 168
二、推销程序 171
三、人员推销的方法 172

知识储备： 174
一、营业推广目标的确定 174
二、营业推广形式的选择 174
三、营业推广方案的制定与实施 175

知识储备： 177
一、公共关系的含义和职能 177
二、公共关系的主要方法 178
三、公共关系的主要决策 179

项目九　网络营销策略的选择与实施 …………………………… 183
知识储备： ………………………………………………………… 185
一、认知网络营销的概念 ………………………………………… 185
二、认知网络营销策略 …………………………………………… 190
知识储备： ………………………………………………………… 210
一、网络营销组合策略选择原则 ………………………………… 210
二、网络营销策略选择和实施方法 ……………………………… 210

项目十　国际市场营销策略的实施 ……………………………… 218
知识储备： ………………………………………………………… 220
一、国际市场产品标准化与差异化策略 ………………………… 221
二、国际市场营销产品扩张策略组合 …………………………… 221
知识储备： ………………………………………………………… 225
一、国际市场上影响产品定价的因素 …………………………… 225
二、国际营销定价须注意的问题 ………………………………… 227
三、国际市场营销的定价方法 …………………………………… 228
四、国际营销的价格策略 ………………………………………… 230
知识储备： ………………………………………………………… 231
一、国际分销渠道的概念 ………………………………………… 231
二、国际分销渠道的基本模式及结构 …………………………… 232
三、国际中间商的选择 …………………………………………… 234
四、国际销售渠道策略 …………………………………………… 237
知识储备： ………………………………………………………… 239
一、促销组合策略 ………………………………………………… 239
二、教育牵引策略 ………………………………………………… 240
三、回样促销策略 ………………………………………………… 240
四、博览会、交易会、巡回展览 ………………………………… 240
五、易货贸易 ……………………………………………………… 240
六、寄售贸易 ……………………………………………………… 241

参考文献 ……………………………………………………………… 243

第一部分 市场营销实训概述

一、市场营销实训意义

市场营销是一门实践性、操作性极强的课程,学生只掌握市场营销的各种知识,是很难具备实际工作能力的,因此,必须通过各种工作场景、任务的设定,进行市场营销实训,在模拟营销中锻炼和积累营销经验,掌握市场营销的能力。此外,通过模拟营销实训,有助于学生把课堂上所学的知识运用于实践,把较枯燥的理论融入生动有趣的实践过程中,进而激发学生的学习兴趣,提高学生的组织与协调能力、思维能力和表达能力,提高学生的课堂参与度。市场营销综合模拟实训正是根据具体的工作任务、学生在课堂上所学习的各种营销理论和策略,结合各方面的知识和能力,由学生分别扮演市场营销中的不同企业角色,根据教师所提供的有关信息,进行模拟的营销活动,从而实现在实训过程中提高营销能力、积累营销经验的目标。

二、市场营销实训目的

实训项目	实训目的	实训项目	实训目的
项目一 市场营销的前期准备	能够运用所学的知识,初步认识市场营销活动的本质,能够站在卖方的立场上发现和寻求市场机会;能够初步设计市场营销组合策略;能够形成自己的经营管理思想	项目四 市场细分与目标市场策略的实施	能够运用所学知识,对某产品的市场进行细分;能够根据产品特征、消费者特点等选择合适的市场覆盖战略;能够为产品进行合适的市场定位
项目二 营销环境分析与营销调研	能够深入地分析市场营销环境,敏锐地察觉市场营销环境的变化给企业带来的机会与威胁;会设计市场营销调查问卷;会进行市场调研活动;能够撰写营销分析调研报关、SWOT分析报告等	项目五 产品策略的运用与实施	能够运用所学的营销知识、市场需求状况,设计整体产品;能够根据不同的产品种类,制定适合的经营策略;能够根据产品特点,设计适合产品的品牌与商标,运用适合的品牌策略;能够灵活使用各类营销策略,经营不同生命周期阶段的产品,为企业增加竞争能力
项目三 对各类市场的分析与认识	能够运用所学的知识区分不同的市场类型,根据不同的市场类型特点制定不同的营销策略;能够运用影响消费者心理和行为的因素来影响消费者的行为,从而实现企业的营销目标	项目六 价格策略的运用与实施	能够运用所学的知识为企业产品制定合理的价格;能够根据企业性质、所面对的市场竞争形势,运用定价方法计算价格;能够灵活使用定价策略为产品进行价格调整,以增加产品市场竞争力或提高企业收益

续表

实训项目	实训目的	实训项目	实训目的
项目七 分销渠道的选择与设计	能够运用所学的知识，根据企业的性质、产品的特点以及所面对的市场竞争环境，为企业设计适宜的分销渠道；能够灵活使用分销渠道管理的知识，从对分销渠道成员的激励和评估着手，及时调整分销渠道中存在的问题，避免分销渠道冲突的发生	项目九 网络营销策略的选择与实施	能够运用所学的知识，根据企业性质、所面对的市场竞争形势，结合网络消费者的购买行为习惯、购买心理，为企业选择合适的网络营销策略；能采取相应措施推动其有效实施，以达到开拓市场、增加盈利的目标
项目八 促销策略的选择与实施	能够根据产品的性质、市场形势、竞争地位等制定合适的促销组合策略；能够为产品制定合适的广告宣传策略；会根据不同的产品进行人员推销；能够为产品设计合适的营业推广策略；会做企业公共关系活动	项目十 国际市场营销策略的实施	能够运用所学的4P策略的核心思想，根据企业特点，在进入国际市场时，灵活地选择营销组合策略，熟练地加以实践，提高企业竞争力

三、实训内容及学时安排

实训项目	实训任务		学时	实训项目	实训任务		学时
项目一 市场营销的前期准备	任务一	认识市场营销的实训	6	项目六 价格策略的运用与实施	任务一	认识价格的实训	6
	任务二	认识市场的实训			任务二	产品定价实训	
	任务三	认识市场营销观念的实训			任务三	定价策略实训	
项目二 营销环境分析与营销调研	任务一	宏观的营销环境分析实训	8	项目七 分销渠道的选择与设计	任务一	分销渠道认识的实训	6
	任务二	微观的营销环境分析实训			任务二	分销渠道设计实训	
	任务三	市场调查实训			任务三	分销渠道管理实训	
	任务四	SWOT分析法实训					
项目三 对各类市场的分析与认识	任务一	认识组织市场的实训	6	项目八 促销策略的选择与实施	任务一	促销组合策略实训	10
	任务二	认识消费者市场的实训			任务二	广告宣传策略实训	
	任务三	消费者心理与行为的分析实训			任务三	人员推销策略实训	
					任务四	营业推广策略实训	
					任务五	公共关系策略实训	
项目四 市场细分与目标市场策略的实施	任务一	市场细分实训	6	项目九 网络营销策略的选择与实施	任务一	认识网络营销策略的实训	4
	任务二	目标市场策略实训			任务二	网络营销策略选择和实施实训	
	任务三	产品市场定位实训					
项目五 产品策略的运用与实施	任务一	认识产品概念的实训	12	项目十 国际市场营销策略的实施	任务一	国际市场营销产品策略的实训	8
	任务二	产品分类实训			任务二	国际市场营销价格策略的实训	
	任务三	产品组合实训			任务三	国际市场营销渠道策略的实训	
	任务四	品牌策略实训			任务四	国际市场营销促销策略的实训	
	任务五	新产品开发与创意实训					
	任务六	产品生命周期策略实训		合计			72

四、实训方法说明

市场营销实训主要是通过设立具体的任务，在教师的指导下，学生根据营销工作任务，参与到市场营销实训任务中去，以实现获得提高市场营销实战能力的目的。在进行实训时，有几点需要注意：

（1）市场营销的实训课程应以学生为主，老师为辅。在实训任务中，由老师对相关知识进行介绍、分配任务，任务内容不要求都在课堂完成，更要充分利用课下的时间，使学生调查、研究相关知识内容，进行角色分配和演练，补充市场营销知识，提高能力。

（2）进行具体的任务实训时，可根据班级人数进行合适的分组，但项目化的实训教学模式不适合大班授课，建议小班授课（30人以下教学班）为宜，每组人数不宜过多，4~5人为宜。每项任务的分组也不必固定，可根据实际情况重新组合，形成新的团队，以锻炼学生跟不同组员合作的能力。

（3）实训重点应放在训练学生的知识运用能力、语言及文字表达能力、组织协调能力、应变能力的训练上。在校内实训的基础上，还应鼓励学生积极参与各类社会实践活动，参与到各类市场营销活动中，并给予指导，还可以为学生提供多种营销素材及案例，以扩大学生的视野。

五、成绩考核

（一）考核内容

考核内容可以由以下几个部分组成：课后作业、平时出勤、个人实训操作成绩以及期末考核。本课程侧重实际操作，成绩考核既可以采取形成性考核，即一个学期，每个学生的实训平均分，也可以采用平时成绩与期末考核相结合的方式。可以做如下分配（仅供参考）：

（1）作业，占比10%。
（2）出勤，占比10%。
（3）个人实训操作成绩，占比40%。
（4）期末考核（可采用笔试或综合模拟实训），占比40%。

各部分成绩比例可以由老师根据实际授课情况进行调整。

（二）具体考核指标（以项目一中的任务一为例），详见各项目中的具体任务。

项目一、任务一结果测评：

评价依据	评价分值	得分
问题回答正确、分析深入、表达有说服力、体现出了对现代市场营销理念的正确认识与理解、态度认真、书写工整	90~100分	
问题回答正确、分析比较深入、对现代市场营销理念有正确的理解	70~90分	
问题回答正确、分析不够深入，有小错误需改进，态度比较认真	60~70分	
作业上交不及时，回答错误，态度不认真	60分以下	

以上评价指标仅供参考，可由授课教师根据实际情况进行修改、增添。

第二部分 市场营销实训项目

项目一 市场营销的前期准备

学习目标

（1）知识目标。

理解市场营销的含义、理解市场的概念，了解市场营销的发展历程，掌握市场、交换、需求、效用的核心概念，理解营销与推销的区别。

（2）能力目标。

能够运用所学的知识，初步认识市场营销活动的本质；能够站在卖方的立场上发现和寻求市场机会，能够初步设计市场营销组合策略；能够形成自己的经营管理思想。

（3）素质目标。

通过本章的学习，培养学生的营销理念、竞争思维、分析能力与洞察能力。使学生能够形成营销意识，对自己未来的职业生涯进行初步规划。

重点和难点

（1）重点。

本项目中的重点是市场营销及其相关概念、市场构成的三要素、市场营销组合的概念、市场营销与推销的区别。

（2）难点。

本项目的难点是如何运用市场营销观念来指导日后的营销活动。

项目一 市场营销的前期准备

项目名称：市场营销的前期准备

项目说明：本项目通过对市场营销的讲授和实训，使学生能够了解到需求、需要、欲望、交易、交换的含义，了解不同营销阶段产生的营销观念，以及如何运用市场营销的新观念来指导日后的营销活动

核心词：市场营销、市场、市场营销组合

任务一　认识市场营销的实训 任务二　认识市场的实训 任务三　认识市场营销观念的实训	实训成果： 对市场营销的认识、口头展示、案例分析报告等

任务一：认识市场营销的实训

任务分配：通过本部分内容的学习，回答以下问题：
1. 为什么市场营销这个学科只能在买方市场全面形成的情况下，才能够产生和发展起来？
2. 你怎么理解"市场营销的本质就是让推销成为多余的。"这句话？
3. 有两句话："这是我生产的，你需要吗？""这是我需要的，你能生产吗？"请问，这两句话中，哪一句体现了高明的现代市场营销思想？

任务一成果展示：书面结论

知识储备：

一、市场营销的内涵

现代市场营销学是研究在买方市场条件下，企业以市场营销观念为指导思想，从销售角度研究企业经营管理问题，即企业通过市场调查分析、研究、发现有吸引力的市场机会，并使之变为有利可图的公司机会，通过满足用户的需要，扩大销售，增加赢利，力求在激烈的市场竞争中立于不败之地。

通俗地讲，这是一门"买方市场卖方学"，是卖主不断地讨好买主、为买主提供可买的商品和需要的服务，是卖主不断地总结、研究买主的买行为和买心理及其发展变化的规律，从而确定自己如何卖产品的"学、技、艺"。

国内外众多学者对市场营销的定义有不同的方法和角度，社会实践中人们对市场营销的理解也是仁者见仁智者见智。尽管表述不一，但在以下要点上是一致的：

第一，市场营销是以满足消费者的需求为中心的研究。

第二，市场营销是站在企业的角度对消费者的研究。

美国西北大学凯洛格管理学院教授菲利普·科特勒教授对市场营销的解释得到众多专家的赞同，他指出"市场营销是个人或组织通过创造并同他人或组织交换产品和价值以获得其所需所欲之物的一种社会活动过程"。

市场营销活动的各种关系：

（1）市场营销活动的主体是企业（最具典型意义的营销主体）。

（2）市场营销活动的客体是市场，是消费者，是企业的顾客。

（3）市场营销的媒体是产品，既包括具有实物形态的有形产品，也包括不具有实物

形态的无形产品。

（4）市场营销的核心概念是交换。人们获得能满足自己需要的产品可以通过四种方式，第一种方式是自行生产产品或服务，如打猎、捕鱼或摘水果；第二种方式是强制取得，如抢劫或盗窃；第三种方式是乞讨，如无家可归的饿汉乞讨食物；第四种方式是交换，用某些东西，如货物、服务或金钱交换他或她期望的东西。当人们决定以交换方式来满足需要或欲望时，就存在市场营销了。

（5）市场营销的目的是满足交换各方的需要。不满足任何一方或仅仅满足其中一方需要的市场活动都不是真正的市场营销。市场营销的目的既要企业赢利，又要使消费者需要得到满足。

（6）市场营销的手段是整体营销，整体营销的思想是按照消费者的需要来安排企业经营活动，它要求以企业为整体，根据企业经营的总体目标，实现对企业经营活动的整体优化。

（7）市场营销的原则是价值规律和等价交换。

二、关于市场营销的理解

1. 要区别宏观市场营销与微观市场营销

宏观市场营销是一种社会的经济活动过程，其目的在于求得社会生产与需要之间的平衡，满足社会需要，实现社会的目标。其着眼总是市场营销的总体功能和作用即社会效益，以及社会对市场营销活动的控制，如资源的有效运用、产品的合理分配、市场营销的道德与法律问题。微观的市场营销是一种企业的经济活动过程，其目的在于满足目标顾客的需要，实现企业的目标。当代国内外大量的、典型的市场营销学都属于微观市场学的范畴。

2. 市场营销与推销或销售是有区别的

市场营销要求企业的一切经济活动都必须以买主的需要为转移，即企业只能生产那些适销对路的、能卖出去的东西。事实是，如果企业生产的产品社会并不需要，无论企业怎样推销和销售也是无济于事的。现代企业的市场营销活动包括市场营销研究、产品开发、定价、分销、宣传报道、广告、销售促进、人员推销、售后服务等。推销仅仅是现代企业营销活动的一个并非最重要的组成部分。美国市场学权威菲利普·科特勒指出："推销不是市场营销的最重要部分。推销只是'市场营销冰山'的尖端。推销是企业的市场营销人员的职能之一，但不是其最重要的职能。"事情正是这样，如果企业不重视市场营销研究，不按购买者的需要来设计和生产产品，无视定价的合理性、渠道选择的准确性和销售促进的有效性等市场营销工作，那么企业的产品是不能顺利推销出去的。而如果搞好市场营销，产品的推销便是容易的事情。所以市场营销的目的在于使推销成为多余的。当索尼公司设计了随身听，当任天堂设计出超级录像游戏机，当丰田公司推出其凌志轿车时，这些制造商的订货多得应接不暇，原因就是它们在大量营销工作的基础上设计出了合适的产品。

三、市场营销学的产生和发展

市场营销学是商品经济发展的产物，它在20世纪初出现在美国，后来逐渐传播到西欧、日本等经济发达国家，以后，一些发展中国家和地区也相继引进了这门学科。

19世纪末至20世纪初，随着自由资本主义向垄断资本主义过渡，资本主义的商品经济高速发展，资本主义的基本矛盾——社会化大生产与生产资料私人占有之间的矛盾越来越尖锐化，市场上的商品日益增多，而劳动者具有支付能力的需求相对减少，产生产品滞销，这就迫使资本家不得不关心自己产品的销路问题。一些资产阶级经济学家为了迎合资本家垄断市场、追求更大利润的需要，开始着手研究市场营销问题。

在生产力水平低下的年代，商品的供应并不充足，供给的一方并不担心产品卖不出去，反倒是需求的一方，为了抢购到需要的产品，甚至要排队、动用特殊手段。但随着生产力水平的提高，经济的发展，产品供应的充足，供求关系发生了改变，供给开始大于需求，这就意味着某些企业的产品会卖不出去了，企业开始变得焦虑，它开始转变观念，讨好消费者，如何设计出更适销对路的产品？怎么制定更合理的价格？选择什么样的渠道能让产品更顺利地送到消费者手中？企业就迫切地需要这样的一门理论来指导它的实践活动。与此相适应，市场营销学开始创立。而在卖方市场的条件下，企业的产品不愁卖，因此很少有企业会考虑消费者的感受，也很难产生营销这个学科了。

市场营销学的发展，在资本主义国家大体可以分成四个阶段。

（一）创立阶段（从19世纪末到20世纪30年代）

这一时期，资本主义世界的一些主要国家先后完成了工业革命，劳动生产率迅速提高，从而使生产增长速度超过了市场需求增长速度，各企业间竞争加剧，产品销售困难。一些有远见的企业家在经营管理的实践上，开始重视商品推销（即采取措施保护自己的市场）和刺激需求（即致力于寻找新的销售市场）。在企业实践活动基础上，一些经济学者开始在观念上总理这些实际材料。1902—1903年，美国密执安大学、加州大学和伊利诺伊大学正式开设市场学课程。之后，市场学的研究更广泛地受到重视，以威斯康星和哈佛两所大学的成就为多。1911年柯·斯出版公司商业调查部经理派林编写了具有影响的《销售机会》一书。1912年，美国哈佛大学教授赫杰特齐通过走访大企业主，了解他们如何进行市场销售活动，出版了世界上第一本以《市场营销学》命名的教科书。人们普遍认为这是市场营销学作为一门独立学科问世的里程碑。

这一时期的市场营销学有两个特点：①体系和概念都不成熟，真正现代市场营销学的原理和概念尚未形成，没有形成独立的科学体系，只着重研究推销方法的实用性，主要内容是产品分销和广告问题。②研究活动基本上局限于在大学里进行，没有干预企业主争夺市场的业务活动，所以，没有产生广泛的社会影响。

（二）应用阶段或称发展阶段（从20世纪30年代到第二次世界大战结束）

1929—1933年资本主义的大危机，震撼了各主要资本主义国家。由于生产严重过剩，商品销售困难，企业纷纷倒闭。为了争夺市场，开拓销路，使自己在市场竞争中处于有利地位，企业家开始注意市场调研，寻求刺激消费需求的方法和途径，来进一步扩大本企业商品的销售渠道。这时，市场学进入了在流通领域的应用阶段，参与了企业争夺市场的业务活动，得到了社会各界，尤其企业界的广泛重视。1926年建立了"全美市场营销学和广告学教师协会"。1931年建立了"全美市场营销协会"，并为企业举办各种形式的讲习班。1937年，全美各种市场研究机构联合组成现在的"美国市场营销学协会"（American

Marketing Association），并在全国设立几十个分会。从事市场营销的研究和培训企业营销人才，并且参与研究企业的经营决策。

这一时期市场营销学有两个特点：①初步形成了理论体系，但其研究对象仍然局限于商品推销术和广告术，以及推销商品的组织机构和推销策略等，还没有超出商品流通的范围。②市场营销学走出大学讲坛，得到全社会的重视。

（三）革命阶段（从第二次世界大战结束到20世纪60年代末）

第二次世界大战以后，西方主要资本主义国家随着战后重建实现了经济"起飞"，劳动生产率大幅度提高，社会产品数量急剧增加，花色品种日新月异，消费者的需求和欲望也不断变化，竞争范围更加广阔。在这种情况下，原有的市场学侧重商品推销的销售观念越来越不能适应新形势的需要。按照传统市场学的概念，市场是在生产过程的终点，销售的职能只能推销已经生产出来的商品；而新的市场学概念强调了买方的需求和潜在的需求，市场则成为生产过程的起点，销售的职能首先必须调查、分析和判断消费者的需求和欲望，将信息传递到生产部门，据以提供适宜的商品，并由此获得利润。过去，要求市场适应生产；现在，要求生产适应市场。

这一时期市场营销学的特点：突破了流通领域，深入到了生产领域和消费领域，参与了企业的生产经营管理，真正形成了现代市场营销学的一次革命和飞跃。这个变化，被西方国家学者称之为"市场营销革命"（Marketing Revolution），并把它与资本主义工业革命相提并论，甚至认为这是商品销售、企业经营的哥白尼中心说。

（四）成熟阶段（20世纪70年代至今）

在世界第三次科学技术革命的推动下，许多国家和地区掀起了经济改革的浪潮，工农业生产迅速发展，新兴工业不断涌现和飞跃，加速了生产的科学化、自动化、社会化进程。面对这种形势，市场营销学的研究引进了社会学、经济学、心理学、管理学、信息论、控制论、系统论、预测科学、经济数学等学科的内容，从而开拓了更加广泛的研究领域。

四、市场营销对企业的重要性

（一）市场营销对企业的重要性

1. 创造竞争优势

随着市场竞争的不断加剧，每个企业都面临着许多挑战，其中最大的挑战之一就是如何发现并保持企业持续的竞争优势。而市场营销恰恰为企业提供创造竞争优势的途径，企业可以通过市场调查与分析、STP（市场细分、目标市场和市场定位三者的简称）、市场营销组合策略等战略要素来创造竞争优势。如格力空调就是中国企业优秀的渠道创新者，它通过建立股份制渠道，获得将其空调产品铺满全国市场的优异能力，享有渠道成员最大的忠诚度。

2. 与相关利益者实现共赢

传统的营销是先有生意后有关系，买卖双方发现有交易的机会时才会建立合作的关系。当交易完成后，双方的关系亦随之结束。而著名市场学学者韦伯斯特却认为，竞争激烈的商业社会已经进入一个"关系营销"的年代，已不再是一种单纯的交易行为，所有的交易都应先有关系，后有生意，它们之间的存在是因果关系。如企业与供应商之间、企业与分销商之间、企业与顾客之间、企业与股东之间、企业与内部员工之间等就存在这种关系。成功的企业需要维持及突出其与相关利益者之间深厚的关系，这样才能巩固市场地位。而维系这种关系的基础是双方都必须互信、互诺、互利，以对等的身份寻求共同利益，期望实现共赢。

3. 维持市场份额并使之增长

在竞争激烈的行业，尤其像家电业那样成熟的行业中，市场规模的增长率低，企业谋求销售额增长的途径往往是夺得竞争对手的市场份额。因此，企业要获得更大的市场份额，就得通过开发新产品、新渠道等营销策略来扩大销售。

4. 加强企业货币价值形态的转换

企业生产经营活动的正常进行离不开货币资金、储备资金、生产资金和商品资金这四种价值形态的正常循环。其中，商品资金向货币资金转换是最为关键的一环。而这一环节的实现离不开市场营销，没有市场营销，企业的商品资金就不能转换成货币资金，企业也就难以维持正常的生产经营活动。

（二）市场营销对个人的重要性

1. 获得消费者个性化需求的满足

随着消费者的需求层次和品位的不断提升与分化，消费者的个性化需求变得越来越突出。面对个性化的市场需要，市场营销不再是面向所有顾客"分销"产品，而是为特定的顾客提供个性化的产品。顺应消费者的个性化需求，设计、创造、构建诸如"一对一营销""定制营销"等具有自身特色的、较理想的营销终端，使得零售业态更加丰富，如近几年出现的网上商店、特许经营店、品牌专卖店等。事实表明，不能满足顾客个性化需求的市场营销，就不可能获得竞争优势。

2. 体现营销人的能力，使营销人获得晋升机会

在企业所有岗位中，没有哪个岗位能像市场营销岗位那样重视业绩数据。无论有多么高的学历，无论有多么好的口才，没有良好的销售数据的营销人就是失败者。在"数据论英雄、业绩看成败"的营销时代，销售额意味着业绩与能力。

在企业其他工作领域中，晋升不是一件容易的事，除了工作业绩外，还要考核工龄、学历、政治面貌等指标。但是，在企业市场营销领域中，晋升的机会对每个人来说都是平等的，游戏规则也都是透明的。每个营销人都能看清楚悬在不同高度的一顶顶炫目的桂冠，只要有了突出的销售业绩，就能摘下相应的那顶桂冠，戴在自己的头上。如格力空调的董明珠，从20世纪90年代初做销售开始，凭借一个个突出的销售数据，从一个基层业务员历任经营部部长、销售公司经理、公司副总经理、公司总裁、副董事长、董事长，一步一个脚印，不仅成就了她自己，其坚毅的性格和带有传奇色彩的履历也成了营销界的经典故事。

（三）市场营销对社会的重要性

1. 对社会生产的影响

生产决定交换，但交换也反过来影响生产。市场营销作为生产和消费的中间环节，相当于生产者和消费者的中介。以从事商品流通为专门职责的商业为例，其任务不仅是把各类商品及时地供应给消费者，而且还要经常地、及时地向生产部门提供市场信息，反映消

费者的需求，使生产部门能按照社会需要灵活地组织生产经营活动，保证消费者购买到各种满意的生存物品、发展物品和享受物品。

2. 对社会商业环境的影响

从宏观角度来看，市场营销是社会商品流通的一部分，解决了生产者与消费者在时空上的分离、在信息上的分离、在商品所有权上的分离、在产品估价上的差异、在产品供需质量和数量上的差异等方面的矛盾，促进社会经济不断发展。

五、市场营销组合

市场营销组合是营销学中一个重要的概念。企业在选定目标市场后，就要设计有竞争力的市场营销因素组合，以便达到预期的营销目标。所谓市场营销组合，就是根据目标市场的需要，全面考虑企业的任务、目标、资源以及外部环境，把企业"可控制的因素"加以最佳组合和应用，以满足目标市场的需要，实现企业的任务和目标。

"市场营销因素组合"是美国哈佛大学教授尼·鲍敦于1964年首先提出的概念，同年，美国伊·杰罗姆·麦卡锡教授概括简化出易于记忆的4P'S理论，后被世人广泛应用。即产品（Product）、分销地点（Place）、价格（Price）、促进销售（Promotion），这四种营销因素的组合，因其英文字头都是P，所以简称4P'S，市场营销因素组合就是4P'S的组合。此理论认为，市场营销因素组合策略可视为一个大系统，它由相互联系的产品策略、定价策略、销售渠道策略以及促销策略四个子系统组成，每个子系统又有其独立的结构。

1. 产品策略（Product Strategy）

产品策略指企业向市场提供有关产品的策划与决策。产品与服务是市场营销因素组合中至关重要的因素，它包括产品种类、产品规格、质量标准、产品包装、产品特色、物理特性、心理特性、产品外观式样、产品商标和产品的维修、安装、指导、担保、承诺等连带服务措施。

2. 价格策略（Pricing Strategy）

价格策略主要指企业如何估量顾客的需求与分析成本，以便选定一种吸引顾客、实现市场营销因素组合的价格。价格是一个非常重要的敏感因素，价格策略主要是考虑与定价有关的内容，包括价格水平、折扣价格、折让、支付期限、商业信用条件等相关问题。

3. 分销渠道策略（Placing Strategy）

分销渠道策略主要指企业如何选择产品从制造商顺利转移到顾客的最佳途径。如何合理选择营销渠道和组织商品实体流通，来实现其营销目标日益受到企业的普遍重视，因为大量的市场营销职能是在营销渠道中完成的。分销渠道策略包括区域分布、中间商选择、营业场所、网点设置、运输储存及配送中心、服务标准等因素的组合运用。

4. 促销策略（Promotion Strategy）

促销策略主要指企业利用信息传播手段传递"合适的产品在适当的时候以适当的价格出售"的信息。它包含了企业与市场沟通的所有方法。其中包括人员推销、广告、营业推广、公共关系等因素的组合运用。

在动态的市场营销环境中，上述四个基本因素互相依存，处于同等地位。在企业的实践活动中，只有它们互相结合形成一个统一的整体才是有意义的。

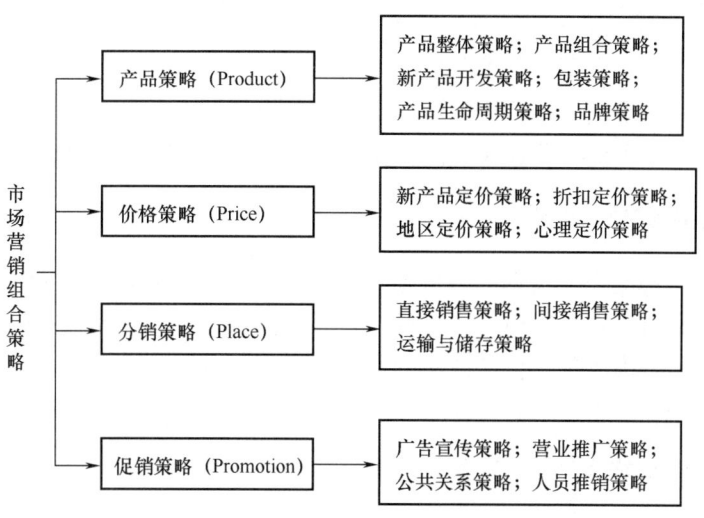

图1-1 市场营销组合基本策略

任务一结果测评：

评价依据	评价分值	得分
问题回答正确、分析深入、表达有说服力、体现出了对现代市场营销理念的正确认识与理解、态度认真、书写工整	90~100分	
问题回答正确、分析比较深入、对现代市场营销理念有正确的理解	70~90分	
问题回答正确、分析不够深入，有小错误需改进，态度比较认真	60~70分	
作业上交不及时，回答错误，态度不认真	60分以下	

任务二：认识市场的实训

任务分配：分小组进行，小组成员可以选择几种产品，分析这些产品的市场分别是什么，潜在的市场是什么，如何把潜在的市场变为现实市场？小组讨论后，派出代表在全班同学面前阐述小组观点。由教师赋分。

任务二成果展示：讨论结论、个人展示

[案例链接1.1] 索伊泰姆投币浴室

在日本东京都世界田谷区的松原，有个"索伊泰姆投币浴室"，每天趋之若鹜走进投币浴室的大门，人们就可以看见一个个隔成盒子式的洗浴间在顶部，设有放衣服的架子，还有一个淋浴的喷头，洗浴者只要往投币口投入一枚100日元的硬币，喷头就会立刻喷出5分钟的温水。

据估计，每人平均淋浴时间为10分钟，这就是说，花200日元就能痛痛快快地洗上一个澡。这间自动浴室24小时连续服务，人们随来随洗，既方便又实惠。

这间自动浴室的女老板名叫野泽悦子。她说："从学生时代，我就有个想法，如果能随时随地洗个热水澡，这该有多好啊！"正是因为野泽悦子敏锐地发现了这个市场机会，这种投币浴室才越开越多。

知识储备：

市场是生产力发展到一定阶段的产物，并随着商品经济的发展而发展。"市场"作为商品经济的范畴，在不同时期和从不同角度来理解，有着不同的内涵。

一、市场是商品交换的场所

这是从地理的角度把市场理解为特定的空间，是买方、卖方、商品聚集和交换的特定空间，例如百货商店、农村集市等。这种理解通常被认为是市场的狭义概念，随着通信、传真、计算机及其网络等现代科学技术的发展和应用，市场是商品交换的场所这一概念又具有了现代意义。

二、市场是商品交换关系的总和

这是从社会整体的角度理解的。随着社会生产和社会分工的发展，商品流通范围日益扩大，商品交换日益频繁，人们对交换的依赖程度日益加强，市场已成为人们各种经济关系的桥梁和纽带。同时，为商品交换服务的各种服务项目、服务结构、服务设施，例如银行、保险、储运、广告、商情咨询、市场管理等应运而生，且发展迅速。而社会各部门之间的联系，都是通过错综复杂的交换关系来实现的。所以市场已成为一个国家国民经济发展状况的综合反映和集中表现。因此，"市场是商品交换关系的总和"被理解为市场的广义概念。

三、市场是某种商品的现实购买者和潜在购买者需求的总和

这是从卖方（也就是企业）的角度来理解市场的。市场营销学产生于买方市场，它是站在卖方的角度去研究如何适应并满足买方的需求，以达到自己的经营目标。因此，这一含义的市场正是该学科所要研究的市场。从市场营销角度看，卖方构成行业，同行业的卖方是竞争者，买方才构成市场。现实的市场包括三个构成因素：有某种需要的人，为满足这种需要的购买力和购买欲望。用一个简单的公式可以表示为：市场＝人口＋购买力＋购买动机。

市场的这三个构成要素，互相联系、互相制约、缺一不可。人口是构成市场的最基本条件。一个企业要向某地区销售产品，该地区必须有一定数量的人口，这些人口构成企业的潜在顾客，即企业产品的可能购买者，人口数量关系着市场规模和市场容量。购买力是构成现实市场的物质基础。一个地区人口虽多，但收入水平低，购买力有限，则不能构成容量大的市场。一个地区人口稀少，尽管购买力很大，同样也不能构成容量大的市场。只有人口数量多，且购买力大的市场，才可能成为一个有潜力的大市场。购买动机支配着人们的购买行为，这是购买力得以实现的必不可少的条件。某产品不适合某消费者群的需要，不能引起他们的购买欲望，这一消费者群的人数再多，购买力再高，对于该产品的销售者来说，也不能成为现实的市场。所以，从企业的角度来看，市场是某商品需求的总和，是人口、购买力、购买动机三个因素的统一。但是，在市场构成的三要素中，人口和购买力是企业无法改变的。可是，某些购买欲望却是企业通过营销手段可以改变的，因此，潜在的市场也是企业应研究和发掘的。

[案例链接1.2] 鲁国夫妇该不该去越国做生意

　　古代鲁国有一对巧手夫妻，男的能编制麻鞋，女的则善织生绢，而且他们的产品质量都非常好。当时，他们准备靠自己这套本领到越国去谋生。这时，一个好心人却对他们说："如果你们到越国去，很可能成为穷人，无法生活下去。"这对夫妻听了后，大为不解，就问这是为什么。那人说："道理也很简单。因为鞋子是穿在脚上的，但是越国人却喜欢光着脚走路；生绢是用来做帽子的，而越国人却习惯于披发，不戴帽子。因此，尽管你们有一手精巧的技艺，但在越国却派不上用场。这怎么会不成为穷人呢？"

　　同样的环境下，为什么有的人认为是赚钱的机会而有的人则认为产品没有市场？这个好心人的市场营销观念是否正确？

任务二结果测评：

评价依据	评价分值	得分
产品选择合适、问题回答正确	30分	
分析深入、表达流畅	30分	
小组成员讨论热烈	30分	
体现团队意识	10分	
合计	100分	

任务三：认识市场营销观念的实训

任务分配：分小组进行，每组成员选择几家企业（可以为不同时期的企业），查找企业的资料，了解其产品、经营理念，小组讨论后，请派出代表在全班同学面前谈一谈这家企业的营销观念是什么？这种营销观念有什么优缺点？是否存在可以改进的地方。由教师根据小组成员表现赋分。

任务三成果展示：PPT展示、讨论结论、个人展示

知识储备：

　　如同人的行为受到一定思想、观念支配一样，企业的市场营销管理也是在一定的指导思想或经营观念的指导下进行的。这种企业在进行市场营销管理的过程中，制定营销方案、组织和从事市场营销活动的指导思想就叫**市场营销管理哲学**，也叫**市场营销观念**。营销实践证明，市场营销管理哲学是否符合客观实际，是否正确，直接关系着企业的兴衰与成败。

一、市场营销管理哲学的演变

　　市场营销管理哲学源于实践，又指导企业的营销活动。它不是一成不变的，会随着社会经济的发展、市场上供求关系的变化而发展变化。从市场营销管理哲学的演变过程看，它大体经历了以下几种类型。

（一）生产观念

生产观念是在生产力和科学技术还比较落后，发展比较缓慢时产生的。社会生产力水平较低，市场产品供应不足，企业一般只生产单一品种的产品，市场需求是被动的，没有多少选择余地，企业生产的产品不论数量多少，品质优劣，都能销售出去并获得利润。竞争不是在卖方之间展开，而是在顾客之间进行，产品根本不愁没有销路。

生产观念是在社会总体处于卖方市场条件下产生的，是一种重生产、轻市场的观念。其在企业经营管理中的具体表现是：能生产什么，就卖什么。生产观念产生和使用的条件是：需求超过供给，卖方竞争较弱，买方争购，产品成本较高，只有提高效率，降低成本，降低售价，才能扩大销路。随着科学技术的发展、劳动生产率的提高以及市场供求形势的变化，生产观念的使用范围必然会受到极大的限制。这时如果企业仍继续奉行生产观念，就会出现产品大量积压，资金周转困难等问题，使企业陷入困境。

[案例链接1.3] 汽车大王的经营观

亨利·福特去参观屠宰场，看见一整头猪被分解成各个部分，分别出售给不同的消费群体。受此影响的碰撞，在福特的脑海中产生了灵感，为什么不能把汽车的制造反过来，将汽车的生产像屠宰场的挂钩流水线一样，把零部件逐一安装起来，就可组装成整车。福特把他的想法付诸实践，发明了"流水线"这种生产工艺。由原来单件小批量的生产转变成大批量生产，生产效率大幅度提高，产量大大增长，财富也高度积聚。在流水线这种生产工艺发明出来以前，汽车的生产复杂、成本高昂。因此，在那个生产力水平低下的年代，亨利·福特每天思考的问题都是，如何提高汽车的生产效率，从未想过，该如何满足消费者的需求，甚至，亨利·福特说：不论顾客需要什么类型的车，但我们只提供黑色T型车。他的话，就是典型的生产观念的反应。这种观念虽然落后，但却在相当长的一段时间指导着企业的经营，因为每种观念的产生，都是特定年代背景下的产物。在物资供不应求的年代，生产观念的流行，是不足为奇的。

（二）产品观念

出现产品观念，是由于消费者的购买力有所提高，市场竞争也在深化，但从总体上还处于卖方市场阶段。基于产品观念，生产经营者注意产品质量的提高，不断增加产品的功能，努力使产品完善。但是，他们的这些努力并不是以消费者的实际需要为根据的，而是充满了主观想象的成分。这种观念是以产品为中心，而不是以市场为中心。

产品观念的奉行，曾使许多企业患有"营销近视症"。这些企业将自己的注意力集中在现有产品上，集中主要的技术、资源进行产品的研究和大规模生产，它们看不到新的需求带来的产品的更新换代，最终导致企业经营的挫折和失败。其症结在于过分地夸大了产品的作用，忽视了市场需求的研究和其他营销策略的配合。

[案例链接1.4] 爱尔琴手表公司的营销观念

爱尔琴手表是美国一家有百年历史的企业，一直享有全美国最佳手表厂商的声誉。该公司一直把重点放在保持其优质产品的形象上,并通过首饰店和百货公司组成的分销网络销售,销售量呈上升势态。但1958年后,其销售量和市场份额开始下降,是什么原因使公司的优势地位受到损害呢?根本原因,是该公司的当权者注意力主要放在生产优质手表,以至于根本没注意手表消费市场需求的变化,消费者对手表必须走时十分精确、名牌、使用一辈子的观念失去兴趣,他们所期望的手表是走时准确、造型优美、价格适中,追求方便性、经济性。该行业的其他竞争者已掌握了需求变化,推出了低价手表。毛病就出在爱尔琴公司把注意力都集中在产品身上,而忽略了随时掌握变化的需求并对此做出反应。

(三)推销观念

推销观念是在卖方市场向买方市场转化过程中形成的一种市场营销观念。这种观念认为,顾客不会主动地购买,具有购买惰性和抗衡心理,只有采用强有力的推销措施,顾客才会买更多的产品。产品销售能否成功,关键取决于企业的推销能力。

在推销观念指导下,企业相信产品是"卖出去的"而不是"被买去的"。从本质上讲,从生产观念到推销观念的转变提高了销售在企业营销管理中的地位。但推销观念仍然没有完全抛弃"以产定销"的传统观念,它只着眼于如何把已生产出来的产品推销出去,而没有顾及消费者是否需要,售后服务是否满意,引诱和欺骗等强行推销手段常被使用。所以它仍然属于一种传统的市场营销导向。

[案例链接1.5] 汽车推销员的"推销术"

顾客到汽车样车陈列室,推销员就对顾客作心理分析。如:顾客对正在展销的样车发生兴趣,推销员就会告诉顾客已经有人想购买它了,促使顾客立即做出购买决策。如果顾客认为价格太高,推销员就去请示经理可否降价,顾客等了10分钟后,推销员告诉顾客"老板本不想降价,但我已说服他同意了"。

在现实生活中,凡是企业不顾市场需求的变化盲目地生产市场上已经大量过剩或已不受欢迎的产品,并运用强行推销的手段来加以兜售的,事实上就是在奉行推销观念。这与企业在将新产品推向市场、将现有产品推向新市场或在目标市场上实施渗透策略等情况下加强促销工作,以使顾客对本企业的产品有所了解,发生兴趣,打开销路的情况不同。推销观念与推销活动不是同义语,不应混为一谈。

(四)市场营销观念

20世纪50年代初,美国等发达资本主义国家市场,尤其是其中的消费品市场已成为或正在成为名副其实的买方市场。随着社会经济的发展和科技的进步,人们的收入水平、文化生活水平迅速提高,对产品的品牌、质量、式样等都提出了更高的要求,因此企业只有认真分析和研究市场需求,研制生产与消费者需求相一致的产品,才能在激烈的市场竞争中得以生存和发展,市场营销观念由此应运而生。

市场营销观念的形成是市场观念的一次"革命",它是在买方市场条件下作为对传统观念的挑战而出现的一种崭新的企业经营哲学。这种观念认为，实现企业各项目标的关键在于正确确定目标市场的需要和欲望，并且比竞争者更有效地传送目标市场所期望的商品或服务，进而比竞争者更有效地满足目标市场的需要和欲望。从本质上说，市场营销观念是一种以顾客需要和欲望为导向的哲学，是消费者主权论在企业市场营销管理中的体现。其座右铭是："顾客需要什么，我们就生产供应什么。"因而将过去"一切从企业出发"的旧观念，转变为"一切从顾客出发"的新观念，即企业的一切活动都围绕满足消费者的需要来进行。

市场营销观念的产生是企业经营思想的一次根本性变革。通常人们把生产观念、产品观念和推销观念叫作旧观念或传统观念，把市场营销观念叫作新观念。新旧观念在许多方面都存在着根本的区别。

[案例链接1.6]　贝尔公司所做的一个广告

一天傍晚，一对老夫妇正在进餐，这时电话铃声响起，老太太去另一个房间接电话，回到餐桌后，老先生问她："是谁来的电话？"老太太回答："是女儿打来的。"老先生又问："有什么事吗？"老太太说："没有。"老先生惊讶地问："没事？几十里地打来电话？"老太太呜咽道："她说她爱我们！"两位老人相对无言，激动不已。这时，旁白道出："用电话传递你的爱吧！"这是美国贝尔公司一则经典的亲情广告。广告只是一个很平常的生活场景，女儿给父母打电话，妙就妙在她向她父母传达了一种情感，她爱她的父母，一般我们都是有事情才会打电话，所以老先生才会惊讶女儿没事打什么电话，等到老太太告诉他之后，他们都被这种深深的爱感动着，他们自己又何尝不爱女儿呢？只是从来没有想到过这样表达出来，所以贝尔电话告诉我们用电话来传递爱。整个广告给人的感觉就是很安宁、很和谐的一个生活场景，却带给人澎湃的关于爱的思潮。

贝尔公司所做的这个广告，称得上是以满足顾客为企业中心任务的一个典范：今天我们的中心目标必须针对顾客，我们将倾听他们的声音，了解他们所关心的事！我们重视他们的需要，并永远先于我们的需要。我们将赢得他们的尊重。我们与他们的长期合作关系，将建立在互相尊重、信赖和我们努力行动的基础上。

（五）社会营销观念

社会营销观念产生于20世纪70年代的西方资本主义国家，是对市场营销观念的补充和完善。它强调企业进行营销决策时，必须正确处理好企业利润、消费者需求的满足和社会利益三者的关系，求得三者的相互协调。

随着全球环境破坏、资源短缺、人口增加、通货膨胀和忽视社会服务等问题日益严重，要求企业顾及消费者整体与长远利益即社会利益的呼声越来越高。社会又向企业提出新的要求，就是企业不但要满足目标消费者的需要，而且还要考虑维护广大消费者和社会的长远利益。而在市场营销观念中回避了消费者需要、消费者利益和长期社会福利之间隐含的冲突。社会市场营销观念要求市场营销者在制定市场营销政策时要统筹兼顾三方面的利益。这样，企业才具有强大的生命力。

纵观市场营销管理哲学的发展，经历了生产观念、产品观念、推销观念、市场营销观念和社会营销观念五个类型，上述五种企业经营观念，其产生和存在都有其历史背景和必然性，都是与一定的条件相联系、相适应的。当前，众多企业正在从经营型向经营服务型转变，因而企业为了求得生存和发展，必须树立具有现代意识的市场营销观念、社会市场营销观念。但是，由于受我国经济发展不平衡等诸多因素的影响，目前仍有许多企业以产品观念和推销观念为导向，所以我国目前处于多种营销观念并存的阶段。

二、现代营销观念和传统营销观念的比较

由于市场营销观念的提出使企业营销观念发生了根本性变革，所以被视为市场营销学的一次革命。因此，有关学者以此为标志，将五种观念归并为传统营销观念和现代营销观念。新旧两类营销观念在市场特征、出发点、手段、策略及目标等方面存在着质的区别，具体如表1-1所示。

表1-1　　　　　　　　　传统营销观念和现代营销观念的区别

	营销观念	市场特征	出发点	手段	策略	目标
传统营销观念	生产观念	供不应求	生产	提高产量，降低成本	以产定销	增加生产，获得利润
	产品观念	供不应求	产品	提高质量，增加功能	以高质量取胜	提高质量，获得利润
	推销观念	生产能力过剩	销售	推销与促销	以多销售取胜	扩大销量，获得利润
现代营销观念	市场营销观念	买方市场	消费者需求	整体市场营销	以比竞争者更有效的满足消费者	满足需求，获得利润
	社会市场营销观念	买方市场	消费者需求，社会利益	整体市场营销	以满足消费者需求和利益取胜	满足消费者需求，增进社会利益，以获取经济效益

1. 市场特征不同

传统营销观念主要适用于卖方居于支配地位的卖方市场环境。它把消费者视为异己力量，仅作为企业获取利润的手段和工具，因而忽视消费者自身的利益和要求。现代营销观念则适用于产品供过于求，卖主竞争激烈，买方居于主导地位的买方市场环境。它把消费者看作是企业不可分割的组成部分，消费者的需求是企业生存发展的前提和动力，所以它高度重视消费者及社会利益，甚至将其置于企业利益之上。

2. 出发点不同

传统营销观念以企业的要求和产品本身为出发点，根据自身的生产能力决定生产产品的品种和数量，在生产过程开始前不预先考虑市场销路。现代营销观念坚持以消费需求作为营销活动的出发点，强调从市场调查预测开始，深入研究消费者的需求特点，根据消费需求生产适销对路的产品。

3. 手段不同

传统营销观念的手段比较单一，偏重于通过提高生产效率、降低成本来提高产品质量和价格，或借助各种推销手段促成产品销售。现代营销观念强调营销手段的综合性、整体性，运用产品设计、包装、定价、分销渠道、广告宣传、售后服务等各种手段的有效组

合,把商品销售给消费者,从而全方位地满足消费者的多种需求。

4. 目标及实现策略不同

传统营销观念以获取利润为唯一目标,力求通过每次销售取得最大的即期利润。现代营销观念注重企业盈利与消费者和社会利益的兼顾与平衡,强调通过满足消费者需求和维护社会长远利益来实现企业的长期利益。

在现代市场经济条件下,传统营销观念的落后性和不适应性是显而易见的。但是,同时应当看到,从传统营销观念向现代营销观念的演变是一个历史过程。这一过程是与生产力发展水平的提高,市场环境的变化以及社会的文明进步程度紧密联系在一起的。相对于商品经济发展的特定阶段而言,任何一种营销观念的存在都有其必然性和合理性。而在一定社会范围和历史时期内,由于生产力发展不平衡,不同行业、不同地区、不同产品的微观或者局部市场环境千差万别,企业领导者的认知水平和价值取向也不尽相同,因此,不同的企业可能会奉行不同的营销观念。在倡导现代营销观念的时候,企业应该注意避免片面强调对现有消费者需要的一味迎合或满足,而忽略运用现代科学技术发明制造新产品,主动引导消费,积极开发新的消费领域,以创造新的消费需求。

三、与时俱进的营销观念

1. 绿色营销

伴随着现代工业的大规模发展,人类以空前的规模和速度毁坏自己赖以生存的环境,给自己的生存和发展造成严重威胁。大自然的报复促使人类猛醒,绿色需求便逐步由潜在转化为现实,消费需求的满足转向物质、精神、生态等多种需求和价值并重。有支付能力的绿色需求是绿色营销赖以形成的推动力,也决定了绿色市场的规模与发展。

绿色营销观念认为,企业在营销活动中,要顺应时代可持续发展战略的要求,注重地球生态环境保护,促进经济与生态环境协调发展,以实现企业利益、消费者利益、社会利益及生态环境利益的协调统一,以此为中心,对产品进行构思、设计和销售。从这些界定中可知,绿色营销是以满足消费者和经营者的共同利益为目的的社会绿色需求管理,以保护生态环境为宗旨的绿色市场营销模式,它将企业自身利益、消费者利益和环境保护利益三者统一起来,形成以"绿色需求——绿色研发——绿色生产——绿色产品——绿色价格——绿色市场开发——绿色消费"为主线的设计、制造和消费链条。其主要内容包括树立绿色营销观念、设计绿色产品、制定绿色产品的价格、绿色营销的渠道策略和搞好绿色营销的促销活动五个方面。

[案例链接1.7] 饭店实施绿色营销的对策

某饭店为了实施绿色营销,特制定了以下几点对策:

(1)开辟"绿色客房",使客房的物品应尽量包含"绿色"因素,另外客房应摆上一两盆植物,使客房有生气、有春意。同时引导消费者成为资源的节约者、环境的保护者。

(2)创办"绿色餐厅"这里指的是两个方面:一是使用"绿色"蔬菜;二是不食用珍稀野生动植物及益鸟、益兽。传统菜肴中因珍稀动植物而扬名的,应研究出它的替代品。

（3）提供绿色服务，即提供以保护自然资源、提高人类生态环境和健康为宗旨，并能满足绿色消费者要求的服务，同时，加强环境管理，防止污染。

（4）提供绿色食品，引导消费者进行绿色消费，培养人们的绿色意识，优化人们的生存环境。

2. 文化营销

文化营销是指企业营销人员及其他相关人员在企业核心价值观念的影响下所形成的营销观念和所塑造的营销形象，以及营销观念和营销形象在具体的市场运作过程中所形成的一种营销模式。

在竞争异常激烈的当今社会，为什么会有那么多我们耳熟能详的商家、商品，会有那么多百年老店流传至今？麦当劳卖的仅仅是面包夹火腿吗？不是，它卖的是一种时尚、快捷、个性化的饮食文化。南方黑芝麻糊卖的仅仅是黑芝麻糊吗？不是，它承载了多少人对那"一股浓香，一缕温情"的美好记忆。通过这两个例子可以看到，在产品的深处包含着一种隐性的东西——文化。企业向消费者推销的不仅仅是单一的产品，产品在满足消费者物质需求的同时还满足其精神上的需求，给消费者以文化上的享受，以满足他们高品位的消费需求。这就要求企业转变营销方式，进行文化营销。

文化营销是把商品作为文化的载体，通过市场交换进入消费者的意识，它在一定程度上反映了消费者对物质和精神追求的各种文化要素。文化营销既包括浅层次的构思、设计、造型、装潢、包装、商标、广告、款式，又包含对营销活动的价值评判、审美评价和道德评价。

文化营销包括三层含义：一是企业须借助或适应不同特色的环境文化开展营销活动；二是文化因素须渗透到市场营销组合中，综合运用文化因素，制定出有文化特色的市场营销组合；三是企业应充分利用企业识别战略与顾客满意战略全面构筑企业文化。

3. 关系营销

在传统的市场营销理论中，企业内部资源是可控因素，而企业外部环境则被视为"不可控因素"，其暗含的假设是，当企业在市场营销中面临各种壁垒或舆论障碍时，就只得听天由命了，无法控制和改变。因为此时传统的营销组合策略已不足以打开市场。要打开市场，企业除了需要运用产品、价格、分销及促销四大营销策略外，还必须有效运用政治权力和公共关系这两种营销工具。这种策略思想就是菲利普·科特勒提出的"大市场营销"，关系营销便是从中衍生、发展来的。

关系营销是以系统论为基本思想，将企业置身于社会经济大环境中来考察企业的市场营销活动，认为企业营销乃是一个与消费者、竞争者、供应者、分销商、政府机构和社会组织发生互动作用的过程，从而形成了企业内部关系、企业与竞争者关系、企业与消费者关系、企业与供销商关系和企业与影响者关系等。关系营销将建立与发展同所有利益相关者之间的关系作为企业营销的关键变量，把正确处理这些关系作为企业营销的核心。

[案例链接1.8]　海底捞火锅的关系营销

"人类无法阻止海底捞"的段子，将海底捞的服务推向了史无前例的高度。

有人在海底捞吃过之后说,海底捞味道不咋地,但是服务确实很好。所有的亮点都在于体现海底捞的服务,而没有强调海底捞的味道有多么好,很多人去就是为了体验其服务,从头到尾,营销的重心相当明确。

海底捞最大的成功还不在于事件营销一炮走红,而在于它后面化险为夷的公关手法。在海底捞被爆出骨头汤勾兑事件后,无疑与"人类无法阻止海底捞"形成强烈的反差,一场危机一触即发,但海底捞却成功将其化解。

"勾兑门"事件后,海底捞没有做任何狡辩推诿的举动,反而第一时间在微博上发表声明,并配合媒体及有关部门调查,同时老板张勇也在个人微博上坦诚相待,并愿意接受公众检查监督。

海底捞官方的坦诚、公开、透明、敢于负责任的态度,从一开始就争取了消费者、媒体的宽容谅解,对于一个知错能改、态度诚恳的企业,公众也会给予最大的包容,很快这个事件就慢慢平息。

案例来源http://www.wm23.com/wiki/77687.htm

4. 网络营销

20世纪90年代初,网络的飞速发展在全球范围内掀起了互联网应用热潮,其强大的连接、传输、互动、存取各类形式信息的功能,使得互联网具备了商业交易与互动沟通的能力。随着消费者观念的不断改变,消费者个性消费、主动消费、对购物方便性与乐趣性等方面的意识增强,他们普遍接受网络营销意识。激烈的市场竞争,使得世界许多大公司纷纷利用互联网提供信息服务并拓展公司的业务范围,降低经营管理成本,并且按照互联网的特点积极改组企业内部结构和探索新的营销管理方法,从而使网络营销得以形成和发展。

网络营销是指企业以现代营销理论为基础,利用互联网(包括企业内部网和外部网)的技术和功能,最大限度地满足消费者需求,达到以开拓市场、增加盈利为目标的经营过程。它是直销营销的最新形式,由互联网替代了传统媒介,其实是利用互联网,产品的售前、售中和售后各环节进行跟踪服务,它自始至终贯穿在企业经营的全过程,包括市场调查、客户分析、产品开发、销售策略、反馈信息等方面。简单地说,网络营销就是以互联网作为传播手段,通过对市场的循环营销传播,满足消费者需求和商家需求的过程。企业通过网络营销对商品的销售、营销决策的理性化、网上的电子商场的兴旺发达、网络广告的发展都有着积极作用。

智能手机的普及和移动互联网技术的发展促使互联网冲破个人计算机的枷锁,进而使网络营销从桌面的固定位置转向不断变动的人本身。移动营销正是在这种环境下产生的。

(1)移动营销(mobile-marketing)。移动营销是指面向移动终端(手机或平板电脑)的用户,在移动终端上直接向分众目标受众定向和精确地传递个性化的即时信息,通过与消费者的信息互动达到市场营销目标的行为。早期移动营销被称作手机互动无线营销。移动营销在强大的云端服务支持下,利用移动终端获取云端营销内容,实现把个性化即时信息精确有效地传递给消费者个人,达到一对一的互动营销的目的。移动营销是互联网营销的一部分,它融合了现代网络经济中的网络营销和数据库营销理论,是各种营销方法中最具有潜力的部分，但其理论体系才刚开始建立。

移动营销基于定量的市场调研，深入地研究目标消费者，制定全面的营销战略，运用和整合多种营销手段实现企业产品的营销目标。移动营销包括微信、短信回执、短信网址、彩信、声讯、流媒体等多种形式。

企业通过移动营销可收集消费者资料以建立强大的数据库，并增大消费者参加活动或者拜访店面的机会，提高消费者的信任度，增加企业的收入，增大品牌的知名度。

（2）微营销（micro-marketing）。随着互联网络技术和通信技术的深度发展，以消费者为中心的营销理念成为当下经济时代的主旋律，对产品或服务的精细化和多样化需求是网络环境下消费者需求的重要特征，消费者市场深度细分日渐明显。同时，在高度发展的互联网络技术和通信技术的刺激下，整体网络市场的发展变化也在日益加快。这些不断变化的营销环境促使企业灵活运用管理思维，不断优化企业的组织结构、产品及相关服务，以娴熟地应对瞬间变化的市场竞争与市场需求。由于科技的日新月异，特别是电子科技和互联网经济的高度融合，使得手机等移动通信设备上的网上购物变得更加普遍，再加上微信、微店等传播媒介的兴盛，促进现代市场营销不断纵向发展，并逐步进入了微营销时代。在微营销时代以互联网络为传播平台的电商行业如同雨后春笋般迅速发展壮大起来，消费者可通过互联网络直接与制造商联系，提出其个性化的需求；企业可根据每位消费者的差异性需求为其量身定做，使制造商针对不同消费者的个性化营销活动得以实现。这种根据消费者碎片化需求进行的营销活动就是微营销。

微营销是传统营销与现代网络营销的结合体，通过预测消费者的需求，引导可以满足需求的商品和服务，从生产商流向消费者以实现组织目标的活动。微营销强调更多的用户参与，它包括微博、微信、微信公众平台、微网站、APP等形式。微营销的核心特征是"微"，即营销的内容是"微内容"，如一句话、一张图片等。营销体验是"微动作"，即简单的鼠标点击就能完成选择、评价、投票等功能。营销渠道是"微介质"，如手机等。营销对象是"微受众"，即小众传播。微营销的结果是去中心化和碎片化。

当今，3G、4G网络及相应的技术已经融入手机应用中，各类移动便携的终端的体积大大缩小，各种物品智能化，兼具传播功能，人类的信息接收终端的种类不断增加。这些小巧便捷的信息接收终端使人类的营销活动的范围大大拓展，进一步突破时空的限制。在这种情况下，原有的营销方式已经不合时宜，微营销因其传播速度之快、信息更新之快、信息发布之便捷将备受青睐。

不仅如此，信息接收或发送设备的体积将在一定程度上重新塑造受众的时空观。移动终端使得人类的营销方式更加流动，也将人们的营销时间分割得更加琐碎，人们会选择无聊或零散的时间进行营销活动和信息接收。时间的琐碎决定了人们不可能有大量时间来接受大篇幅的电影、电视剧、漫画或是小说。此外，移动的信息终端也在无形中改变着人们营销活动的心态，人们更青睐一种快餐式的文化消费内容，没有耐心和精力接受冗长沉重的内容。同时，数字技术使营销者与接收者位置互换、重叠，并且逐渐变得模糊，信息传播交互的每一个节点都可能是一个传送或接收的中心，营销活动早已不再是自上而下的单向式信息发布，而呈现为交流活动的双向结构、网状结构，每一个手持移动终端的个体都是一个传播节点，人们进行营销活动更加便捷、高效、平民化。微营销使得人们在对话中实现决策参与，成为营销活动的主体，营销效果更加明显。

任务三结果测评：

评价依据	评价分值	得分
对营销观念的分析与理解正确	30分	
分析深入、表达流畅、有说服力	30分	
小组成员讨论热烈、团队有分工	30分	
体现团队意识	10分	
合计	100分	

小结：

市场是指某种产品的现实购买者和潜在购买者需求的总和，包括人口、购买力和购买动机三个主要因素。市场营销就是与市场有关的人类活动，它涉及需要、欲望、需求、产品、效用、代价、满足、交换、交易和关系等若干概念。

市场营销管理的实质就是需求管理。在不同的需求状况下，市场营销管理承担的任务不同。市场营销管理哲学经历了由生产观念、产品观念、推销观念到市场营销观念、社会营销观念的发展过程，进入20世纪80年代后又出现了大市场营销观念、整体市场营销观念和绿色市场营销观念等新的营销观念。

课后作业：

案例分析：

（一）宜家的营销策略

物以稀为贵，货以急为贵，居奇为贵，这是商家的游戏规则。下雨天商家趁机赚点钱是"天经地义"的。下雨天总是少数的，晴天总是多数的。难得的机会商家赚点难得的钱，无可非议。对消费者而言，下雨天避免了做"落汤鸡"，以解燃眉之急，多花一点钱，买把雨伞也是心甘情愿的。

但宜家却反其道而行之，下雨天时，宜家在全世界的超市一律以半价优惠销售雨伞。

问题：

试分析宜家的聪明之处，营销观念在这次销售活动中起到了什么作用？

（二）两个推销员

太平洋的一个岛屿，这天来了两个分别属于英国和美国的皮鞋厂的推销员，他们在岛上分头跑了一圈，发现岛上竟无人穿鞋。于是他们第二天分别给工厂发了电报，英国推销员的电文说："此岛无人穿鞋，我于明天飞返。"而美国推销员的电文却是："此岛无人穿鞋，皮鞋销售前景极佳，我拟驻留此地。"第二天，英国推销员飞离此岛，美国推销员则留下来张贴广告。他的广告没有文字说明，只是画着一个当地人模样的壮汉，脚穿皮鞋，肩扛虎、豹、狼、鹿等猎物，威武雄壮，煞是好看。当地的土著看了这张广告，纷纷打听在哪儿能弄到那广告画面上的壮汉脚上穿的东西，于是美国推销员所推销的皮鞋逐渐打开了销路。

问题：

为什么美国的推销员发现了市场，而英国的推销员却没有？

市场构成的三要素是什么？潜在的市场又是由什么构成的？

（三）真诚的"海尔"

在一顾客购买空调，自己叫出租车运货到家门口时，出租车司机借口让顾客去喊人而趁机将空调盗走这一事件发生后，海尔集团没有责怪出租车行业风气不好，也没有责怪顾客自己不当心，而是主动将责任归结为公司没有送货上门，将责任承担起来，重新赔偿顾客一台同等价值的空调（价值7 000多元），并同时推出"三免"服务、电话回访等措施。高质量的产品配上高质量的服务，海尔终于在日趋激烈的空调大战中，赢得国内市场占有率第一的成果。

问题：

1. 海尔公司在这个事件中，体现的是一种什么营销理念？
2. 这个案例给你什么启示？

项目二　营销环境分析与营销调研

学习目标

（1）知识目标。

了解影响企业市场营销活动的各种环境因素；掌握宏观市场营销环境、微观市场营销环境所包含的具体因素；理解各种环境因素是如何影响企业的营销活动的；理解分析市场营销环境的意义所在；掌握企业市场调研的方法；掌握市场营销调查问卷的设计方法。

（2）能力目标。

通过本章的学习与训练，能够深入地分析市场营销环境，敏锐地察觉市场营销环境的变动给企业带来的机会与威胁；会设计市场营销调查问卷；会进行市场调研活动；能够撰写营销分析调研报关、SWOT分析报告等。

（3）素质目标。

本项目要培养学生的分析能力，判断能力，整体思维的营销意识，为日后进行市场营销实际工作奠定良好的素质基础。

重点和难点

（1）重点。

本项目中的重点是宏观的营销环境因素，以及这些因素对企业市场营销活动的影响；市场营销调查问卷的设计，以及SWOT分析报告的撰写。

（2）难点。

本项目的难点是分析营销环境的意义所在，各种环境因素对企业市场营销活动的影响，当营销环境发生变动时，会分析出，这些变动会给企业带来哪些机会与威胁，企业应如何应对；另外，市场营销调查问卷的设计，也是本项目的难点。

项目二　营销环境分析与营销调研

项目名称：营销环境分析与营销调研	
项目说明：本项目通过对市场营销环境、市场营销调研等内容的讲授和实训，使学生能够了解到营销中，分析市场营销环境的意义，了解具体的环境因素，理解各类环境因素是如何影响企业的营销活动的；掌握企业市场调研的方法；掌握市场营销调查问卷的设计方法；会写SWOT分析报告	
核心词：营销环境、市场调研、SWOT分析	
任务一　宏观的营销环境分析实训 任务二　微观的营销环境分析实训 任务三　市场调查实训 任务四　SWOT分析法实训	实训成果： 案例分析结论报告、所设计的调查问卷、营销分析调研报告、SWOT分析报告等

课前思考：

请同学们思考几个问题：①曾在地球上生存过的庞然大物——恐龙，为什么最终会灭绝？②请你举几个因为不能适应环境而被环境淘汰的例子（生物或企业都可以）。③20世纪七八十年代，由于物资的匮乏，人们穿的很多衣服都一样，人们也喜欢同别人穿一样的，但物资丰富的今天，你还愿意与别人穿一样的服装吗？还是特别讨厌撞衫？这种价值观念的演变，是否是一种社会环境的变化？如果你是服装公司，是否会对这种环境的变化无动于衷呢？你会怎么做，以适应这种观念的变化？④你是一家食品商，销往富裕国家迪拜的产品和销往贫穷国家阿富汗的产品，其设计会是完全一样吗？为什么？

任务一　宏观的营销环境分析实训
任务分配：根据所提供的材料，进行案例分析，提交分析结论
任务一成果展示：案例分析结论

案例材料

（一）王安公司：败走麦城

美国王安电脑公司曾经拥有帝国般的辉煌。1967年，王安公司在电脑行业的激烈竞争中不仅站稳了脚跟，而且在不少方面处于领先地位。王安一举成为富翁，王安公司也被评为当时美国成长率最高、最有潜力的少数精英公司之一。

20世纪80年代中期，王安公司冲上了事业的巅峰，分公司遍及全球100多个国家和地区，员工3万人，总营业额达23.5亿美元。1971年，王安电脑公司的营业额还只是美国最大电脑公司IBM公司的1/225，到1985年，就变为1/20，王安公司的发展速度之快可见一斑。

20世纪80年代是王安公司的鼎盛时期。然而，它在极盛的巅峰中却开始显露出危机。

20世纪80年代后期以来，计算机行业成了面临环境急剧变化的典型例子。它对像国际商用机器公司、数据设备公司和尤利系统公司（Unisys）这样的大企业都造成了不利的影响。顾客需要已经从大型计算机转为小型机乃至更小的、多用途的个人计算机。这个时候，公司的创建者，王安博士本人也没有意识到变革的需要。他自以为使办公室职员们从打字机时代中解放出来，就已经完成了办公室的革命。他和他的整个管理队伍没能看到，飞速发展的个人计算机已远远超过了王安的单功能文字处理机和价格昂贵的微型机。

自20世纪60年代以后，王安公司屡屡推出新产品，此后称雄达十多年。尽享成功之喜悦的王安自傲于自己产品在设计和科技水准上的优势和声誉，未认识到在电脑市场上个人用微电脑正在迅速崛起，仍坚持以中型机为主攻方向。80年代中后期，当IBM等公司都已致力于更廉价和更多功能的个人电脑时，王安自以为是，不听各方忠告，拒不开发新产品，致使公司的产品趋于老化而缺乏新生代。

电脑客户从使用方便出发，要求厂家保证电脑具有某些技术标准，以便在不同机种和资料处理系统之间易于交换资料或交互作用。不少公司为了适应这一需求，纷纷推出与

IBM产品相兼容的个人电脑。王安则固执己见，长期坚持生产与IBM产品不相容的电脑，引起客户的反感和不满。此外，王安公司还通过机器维修和其他附加费用，从老客户那里不断收取钱财，伤害了众多老客户的感情。由于王安公司不注意市场需求，不听取客户意见，服务意识淡薄，使得王安公司与客户间的关系日趋紧张，企业经营走下坡路成为必然。

王安出于浓厚的父爱和家族观念，对其长子王菲德寄予厚望，认为"虎父无犬子"，非常希望王菲德能继承父业，将王氏家族发扬光大。为了达到这一目的，王安曾安排其在公司各个部门熟悉情况。但王菲德表现令人失望。王安却不顾他人劝告，仍令其接任父职，出任公司总裁。公司决策层一时矛盾四起，曾跟随王安20年的销售能手愤然离去。与此同时，一系列附属性的家庭企业急剧膨胀，引起公司进一步动荡。一些董事见规劝无效后，亦离职而去，导致人才流失严重。1989年8月，公司竟出现了令人震惊的奇事：股东联名控告王安父子营私舞弊。无奈之下，王安撤掉了王菲德，但此时公司已元气大伤。

1989年是各国电脑界深感恐惧的一年。一向位居世界第一宝座的IBM公司的经营形势急转直下，纯利润从1984年的65.8亿美元骤降至1989年37亿美元，Digital\CDL以及苹果公司等均遭重创。本已危机四伏的王安公司处境更加维艰、营业额减少4 000万美元，支出却增加了2亿美元；公司股票从1983年的40美元降至1989年的6美元。

1990年2月，GEC以最低价格收购了王安公司的海外租赁融资作业机构。3月，法国的一家公司吞并了王安公司的分公司Intecom Inc……

面对如此态势，王安公司被迫在同年8月18日向法院提出破产保护申请，向社会公开承认了公司的破产现状。

阅读这一案例，回答如下问题：
1. 王安公司由盛而衰的事例能给我们以什么样的启示？
2. 在环境不断变化的情况下，一家高科技企业应如何调整经营方向及策略？

（二）骆驼香烟，落荒而逃

著名的骆驼牌香烟，有一句广告语："我愿意为了'骆驼'多走一里路。"意思是，宁可多费些工夫，也要吸骆驼香烟。当骆驼香烟进入泰国市场时，为了提高品牌知名度，快速打开销路，公司也为骆驼香烟设计了一些广告针对泰国市场。其中有一则广告是：一个人跷着二郎腿，瘫坐在椅子上，惬意地吸着骆驼香烟，他的脚底冲着观众，鞋底已经磨穿，露出里面的脚趾来，这个画面刚好配上那句广告语："我愿意为了'骆驼'多走一里路。"广告的设计者认为这个广告展现出来的是一种特别悠闲自在的氛围，让人们体会到骆驼香烟带给吸烟者的快乐感觉，但设计者也隐约感觉到，这个跷腿瘫坐的动作是一个很"美国式"的动作，为了拉近与泰国人的距离，设计者希望能够融入一些泰国的元素进来做背景，可是，最有泰国特色的背景是什么呢？当然是寺庙了！于是，这则广告成了：在最神圣、庄严的寺庙前面，一个人跷着二郎腿，瘫坐在椅子上，吊儿郎当的夹着烟，毫无顾忌地吸着，他的脚底冲着观众，鞋底已经磨穿，露出脚趾头来！这则广告让泰国民众很不爽，对骆驼香烟不但不买账，而且超级反感！使得骆驼香烟不得不落荒而逃！

1. 骆驼香烟的广告宣传忽视了营销环境中的哪个要素？
2. 这个案例给你什么启示？

知识储备：

一、人口环境

现代市场营销理论认为，市场是由具有购买欲望和购买能力的人构成的。人口越多，市场的规模和潜在容量越大。影响企业市场营销的人口因素是多方面的，包括人口的年龄结构、婚姻状况、民族构成、地理分布、教育程度、人口密度、出生率、死亡率及地区间的流动规律等。这些因素会给市场需求格局带来长远性、全面性的影响，左右人们的消费习惯和消费模式。因此，企业的营销人员绝不能忽视人口环境问题。

当前世界人口发展的主要特点表现在以下几个方面。

1. 世界人口增长迅速

随着社会生产力的不断发展和人民生活水平的提高，世界人口的增长速度日益加快。许多国家面临着人口膨胀、资源危机的压力。但人口数量的多寡又直接影响着日用生活必需品的市场规模。因此，许多外国企业家都将中国市场看作全球最大的市场。

2. 人口老龄化趋势突出

据统计，我国60岁以上的人口1980年近1亿人，到20世纪末时1.3亿人，占总人口的11%；到2025年，将会达到2.8亿人，占总人口的20%。银发阶层的壮大无疑会给企业带来新的市场机会或挑战。目前，人口老龄化趋势较明显的美国、法国等发达国家的儿童用品的生产企业正在实施产品和促销宣传转移策略，以适应已经到来的"银发工程"的需要。

3. 人口流动性加强，城市化浪潮迅猛。

随着社会分工和市场经济的发展，越来越多的人口同农业分离，由农村流入城市，像法国、加拿大、德国、英国等西方发达国家都经历了农村人口流向城市这一过程。人口流动带来了城市市场规模的扩大，使城市出现更多的繁华商业区，促进城市交通运输的发展，零售商店增多。

4. 许多国家家庭结构在发生着变化

（1）家庭规模趋于小型化。家庭是社会的基本细胞，它是由居住在一起的具有血缘关系的人构成的基本单位。一个市场拥有多少家庭单位及家庭成员多少，对于市场营销活动有很大影响。从世界来看，家庭规模和家庭结构近几十年来发生了巨大变化。

（2）晚婚。男女青年第一次结婚的平均年龄越来越大。结婚越来越晚，就意味着已经成人，却没有组成家庭的单身男女越来越多，单身男女这个市场越来越大。单身人士由于没有家庭负担，往往花起钱来更大方，对于一些单身公寓、迷你咖啡机、品牌服饰的需求就会增加。企业应该善于从人口结构变化中，发现那些有利可图的市场空间。

（3）子女减少。20世纪80年代，由于我国实行计划生育政策，导致一个家庭中，子女的数量急剧下降，虽然在2015年，我国全面开放了二胎政策，但由于抚养孩子的成本太高，导致很多年轻的父母仍选择只生一个孩子。子女的减少，意味着孩子在一个家庭中的地位越来越高，过去花在几个孩子身上的钱，全都花在唯一的孩子身上。因此，各种高级奶粉、儿童玩具、儿童服装、甚至各种高价补习班，都很有市场，父母宁可自己省吃俭用，也要给孩子买最好的。

（4）离婚率高。近些年，由于妇女地位的上升，女性越来越独立；此外，人们婚姻观念的转变，不将就、不对付的态度使得我们这个年代，离婚率越来越高。离婚率高，意味着家庭户数的增加，这必将带来各种家庭用品的市场需求的增加。

人口是组成市场的第一要素，因此，营销人员一定要善于分析人口环境的变动，从变动中发现机会与威胁。

二、经济环境

经济环境是指企业在开展市场营销活动时所依赖的社会经济条件，包括经济发展状况、消费者收入特征、消费结构、储蓄和信贷、市场竞争状况。

（一）经济发展状况

现阶段，我国已走出了"短缺经济"的困境，消费市场中的商品日益丰富，并已从供不应求的卖方市场转向供过于求或供求基本平衡的买方市场。在这种买方市场的态势下，企业在开展市场营销活动中，必须把消费者的利益放在首位，大力推行CS战略，即顾客满意战略，及时发现并满足消费者的现实需求，以便在竞争中立于不败之地。

（二）收入特征

市场中现实的需求是由具有实际购买力的消费者决定的。与实际购买力相关的因素有：国民生产总值、人均国民收入、个人收入、个人可支配收入、个人可任意支配收入等系列指标。

（1）国民生产总值。是一个国家某一时期（通常为一年）所生产的产品和劳务的总和，是目前很多国家用来衡量其总体经济发展水平的重要指标。在预测某一国家的工业用品、社会集团消费品的生产潜力时，国民生产总值水平比个人收入水平更具意义。

（2）人均国民收入。是一个国家物质生产部门新创造的价值，即国民收入与总人口的比例，客观上反映了一个国家经济发展的水平。

（3）个人收入。指一定时期内（通常为一年）个人所得到的总收入，通常包括消费者个人的工资、奖金、退休金、红利、租金、赠与等收入。个人收入是衡量一个国家人民生活水平的重要指标。

（4）可支配收入。即个人收入中扣除税款（如西方国家的个人所得税、遗产税及人头税等；我国对高薪实行个人所得税）和非税性负担（如学费、会费、罚款）后所得的余额，可以用于消费支出或储蓄。个人可支配收入是影响消费者购买力水平的决定性因素。

（5）个人可任意支配收入。是指从个人可支配收入中减去维持生活所必需的支出，诸如食品、衣服、住房支出和其他固定支出，如分期付款、房租、保险费、水电费、燃料费等，所剩余的那部分个人收入。该收入是影响消费者在奢侈品、旅游等商品购买时最为活跃的因素。因此，在营销活动中，企业应多加关注这部分收入的变化情况，从而把握未来的消费趋势，及时调整企业的营销策略。

企业的市场营销人员在分析消费者收入问题时，还要注意区别货币收入和实际收入。只有实际收入才影响实际购买力。消费者收入是要受产品价格变化和通货膨胀率影响的，在消费者的货币收入不变时，如果价格下跌，则表明实际收入上升，反之，则表明实际收入下降。即使消费者的货币收入随着物价的上涨而有所增长，但当通货膨胀率超过货币收入增长率时，实际收入也会减少。

（三）消费支出结构

消费支出结构是指以家庭为单位消费不同种类产品与服务的比例关系。家庭消费的类型主要可分为物质生活消费和精神生活消费。物质生活消费由最基本的生活需要，如吃、穿、住、行等要素构成；精神生活消费属高层次需求，由科学文化、教育、体育、娱乐、旅游及其相关物质资料构成。

1. 恩格尔定律

消费者收入的变化直接影响着消费者支出结构的变化，对此，德国统计学家恩格尔根据对美国、法国、比利时等国许多工人家庭的收支预算的调查研究，发现工人家庭收入变化与各方面支出变化之间的比例关系的规律性，于1857年提出"恩格尔定律"。主要内容是：

（1）随着家庭收入的增加，用于购买食品的支出占家庭收入的比重会逐渐下降，这种情况称恩格尔系数下降。

（2）随着家庭收入的增加，用于住房、服装、燃料等方面的支出占家庭收入的比重会逐渐下降。

（3）随着家庭收入的增加，用于娱乐、教育、文化、卫生保健等方面的支出占家庭收入的比重会上升。

当收入达到一定水准后，用于食品等生活必需品的支出尽管有所增加，但是在总收入中的比重反而下降。实践证明，恩格尔定律基本揭示了家庭消费支出结构与收入之间的变化趋势的一般规律。根据联合国粮农组织提出的标准，恩格尔系数在40%~50%为小康水平，目前中国城镇居民总体消费水平已接近小康。

2. 产品饱和度

是指一项产品在某一市场上可以达到的最大扩散程度，它决定着该产品所具有的市场潜力的大小。消费者收入状况是影响产品饱和度的一项重要指标，通常随着收入水平的提高，该产品的饱和度也会加大。但是当消费者具有对某项产品的现实购买力时，其他一些因素如社会、文化、消费者价值观念、自然地理等，也会限制对该产品的实际需求和购买，从而影响了这一产品的饱和度。

3. 家庭位置

消费者因家庭位置不同，其消费支出结构也存在着明显的差别。因地域的不同，生活方式和价值观念的差异，农村居民用于住房支出比重最大，且远远高于城市居民的平均水平，而城镇居民用于服装、娱乐、旅游和交通方面的支出则明显高于农村居民。

4. 家庭生命周期

指个人从离开父母独立生活始到退休为止的全部过程。家庭生命周期具有不同的阶段，在各阶段的家庭收支情况不同，消费支出结构也各有差异。

（1）单身阶段。其消费支出特点是：由于无经济负担，个人收入多用于购买厨房用具、高档消费品及娱乐设施，属消费前卫群体。

（2）新婚无子女阶段。是购买力最强的消费群体。购买商品以家居用具、厨房用具、家用电器、旅游度假等耐用消费品或娱乐、休闲等商品为主。

（3）满巢阶段一，即已婚有子女，但子女尚幼。这是家庭用品采购的高峰期，夫妻收入的绝大部分用于日常生活开支和培养子女，经济状况相对紧张。

（4）满巢阶段二，即拥有青少年子女的中年家庭。这一阶段夫妻双方收入稳定、经济状况较好，购买商品多以生活必需品、教育、旅游、文娱活动为主，具有求实、求廉的心理特征。

（5）满巢阶段三，即年长的父母与尚未独立的子女同住。此时子女已有稳定收入，家庭经济状况较好，用于购买日用必需品、旅游用品、保健品、更新换代的家具用具和家用电器的开支加大。

（6）空巢阶段。子女离家单独立户，经济负担减轻，有一定的储蓄，在旅游、娱乐、教育和奢侈品的投入较大，是企业不可忽视的一个市场。

（7）丧偶阶段。一个人形支影单，此时收入减少，休闲在家，购买商品以营养保健食品、药品、医疗服务、旅游等为主。

（四）储蓄与信贷

除消费者收入外，储蓄和信贷也是影响社会购买力与消费者支出的主要因素。

1. 储蓄

储蓄是指城乡居民将闲置不用的资金存入银行或购买债券、股票，以获取一定的资金回报的投资行为，储蓄主要来源于消费者的货币收入，其最终目的还是为了消费。在一定时期内，当消费者收入不变的情况下，储蓄数量越大，现实购买力就越小，反之就越多。储蓄数量的增加，会促使潜在购买力的增强。企业在开展营销活动时，有必要了解影响居民储蓄的各种因素，以便采取有针对性的营销策略。

影响居民储蓄的主要因素有：

（1）收入水平。这是影响居民储蓄数量的首要因素。当个人或家庭收入超出一定消费支出水平时，消费者才有能力储蓄。收入越高，储蓄额越大。

（2）通货膨胀的情况。当物价不断上涨，造成恶性通货膨胀时，货币的贬值将会刺激消费、抑制储蓄。因为此时，对于广大消费者来说，存钱不如存物。如果市场物价平稳，居民储蓄有利可图，就会刺激储蓄、抑制消费。

（3）利率。利率是调节经济增长最有效的杠杆之一。利率调高，储蓄额会增加，从而抑制经济发展，利息调低，储蓄额会减少，从而促进经济发展。

（4）市场商品供给。当商品短缺或产品的质量、款式、价格、服务不能满足消费者需要时，消费者会把钱存入银行或购买债券、股票。

（5）对当前或未来需求的偏好程度。如果消费者重视当前消费，其储蓄倾向弱化，储蓄水平也比较低；若重视未来消费，其储蓄倾向强烈，储蓄水平就比较高。消费者不同需求的偏好倾向受民族文化传统、价值观念、年龄等因素的影响。如我国人民自古以来推崇勤俭节约的持家观念，所以家里中老年人的储蓄意识很强；相反，不少年轻人受现代消费观念的影响，储蓄意识较为淡薄。

2. 消费信贷

消费信贷是指有一定的支付能力的消费者凭信用先取得商品的使用权，然后按期归还贷款以购买商品的消费模式。实际上消费信贷就是提前购买，提前消费，因此它是影响消费者购买力水平的又一指标。消费者信贷的种类有：

（1）短期赊销。例如，消费者在某零售商店购买商品，这家商店规定无须立即付清货款，有一定的赊销期限（比如30天），如果顾客在期限内付清货款，则不付利息；如果超过期限，要计利息。

（2）购买住宅，分期付款。消费者购买住宅时，必须支付一部分房款，然后以所购买的住宅作为抵押，向银行借款购买；以后按照借款合同规定在若干年内分期偿还银行贷款和利息。分期付款购买住宅，实质上是一种长期储蓄，而且有助于解决居民的住房问题。

（3）购买昂贵的消费品，分期付款。消费者在某商店购买电冰箱、昂贵家具等耐用消费品时，通常签订一个分期付款合同，先支付一部分货款，其他货款按计划逐月加利息偿还。如果顾客连续几个月不按合同付款，商店有权将原售物收回。

信贷让消费者融资成为可能，可以提前购买商品，分期付款，因此，很多企业都提供分期付款服务，让消费者实现提前购买。

三、科技环境

在当代，科学技术已成为推动人类社会向前发展的重要力量。大到火箭、飞机、原子弹，小到电视机、收录机、人体器官移植、CT扫描仪，以至盘尼西林药片等，无不是科学技术发展的结果。有人曾这样测算：科技对生产力发展的影响程度在其所有的影响因素中占70%以上。它以无可阻挡的攻势闯入了生产、流通及消费领域，左右着企业的市场营销活动，改变着人们的生活方式及价值观念。

1. 科学技术是市场机会与市场威胁的双重携带者

一项新技术的发明与推广，能够培养出一个极具发展潜力的新兴产业，带给新兴企业以无限的商机。然而，科学技术又像是一柄"双刃剑"，在创造新的市场机会的同时，又带给某些老产业和老企业以极大的市场威胁。诸如电视机的普及冲击了电影市场；复印机伤害了复写纸等现象不胜枚举。面对被称之为"创造性的毁灭力量"的科学技术，企业必须跟上时代的发展步伐，以科学技术为立业之本，不断提高产品的水平，以巩固现有市场并进入新的市场。

2. 科技的发展提高了企业管理水平，促使传统的市场营销方式发生了变革

在信息社会中，随着交通运输和通讯事业的发展，世界变得越来越小，企业可以在更加广阔的营销天地中选择合作伙伴，选购和销售产品，从而打破了长期形成的地方性垄断。

电脑、传真机等新技术成果被广泛应用于企业的经营管理中，发达的信息网络和快速的信息处理使企业能够迅速掌握市场行情，准确进行市场预测和商品购进、销售、运输、储存的管理，使企业的各项业务工作处于高效运转状态。

由于实行了电脑管理，引入了条形码技术，开架售货、自动售货的销售形式逐渐取代了传统的柜台式销售；超级市场、连锁商店得到了迅猛的发展。发达国家私人轿车、电冰箱、冰柜的普及使得仓储式商场悄然兴起；电话、传真机、个人电脑进入居民家庭，也使得消费者可以坐在家中实现电话购物、电视购物和网络购物，从而节省了购买时间，简化了交易环节、降低了销售费用。

3. 科技革命的浪潮推动了消费革命的进程

新技术的发展和应用，使消费领域发生了一系列的变革，具体表现在以下几方面：

（1）消费结构日趋复杂化。消费者在购买商品时，不仅看重产品的实际效用，更重视产品的品牌、式样、包装及售后服务，以满足其追求独特个性和自我实现的高层次需求。

（2）生活方式的悄然改变。航空技术的发展使人们能够一日游遍世界，计算机技术的升级使它成为融音响、视像、通信为一体的家庭娱乐中心和全能信息终端。依靠计算机和传真机，人们足不出户就可以知晓天下事，处理工作中遇到的各种问题。

（3）价值观念得以更新。许多科技含量较高的商品，年初购买时尚属于超前消费，但到年底就已落伍。因此，不少消费者开始认识到与其成为一件商品的拥有者，还不如成为使用者。致使为数不少的消费者以租代购，以便不断使用具有最新功能的产品，成为消费潮流的先导者，这使得租赁行业得到了空前的发展。

四、政治法律环境

（一）政治环境

政治环境是一个具有广泛含义的概念，包括政治形势以及政府机构、利益集团在国内社会生活和国际关系方面的政策和活动。

1. 政治形势

一个国家、一个地区经济发展的前景与水平同政治形势息息相关。政治局势对于企业市场营销活动的影响，也是直接和显著的。营销人员一定要具有政治敏锐度，才能从政治形势的变化中发现机会和威胁。

[案例链接2.1] 政治变动对企业营销的影响案例两则

（1）20世纪80年代，经过长时间艰苦卓绝的谈判，一家美国公司终于获得了在苏联铺设天然气管线的业务，但90年代，里根政府突然宣布对苏联实施冷战政策，所有的经济往来都切断，致使这家公司不得不把到手的业务拱手让给了他的日本竞争对手。

（2）日本曾跟伊朗就石化项目进行合作，日本给伊朗贷款900亿日元，有好几万人参与两国企业合作这个事情。在这个过程中日本人失了一算。当时两伊战争爆发，伊拉克首先轰炸目标就是伊朗石化项目，伊拉克一点没犹豫，就把合作项目给炸为平地，结果日本人认为这是一种偶然的冲突，仍继续投资，第二次又被夷为平地，这时日本人才醒悟过来，将资金、人员都撤了回来。但是战争期间是不能获得赔偿的，公司遭受了很大的损失。

2. 政府机构

政府机构承担着制定政策、执行法律、管理社会、保护环境的权力职能，具有强大的宏观调控的力量。党和国家的方针政策规定了国民经济的发展方向和目标，是整个国民经济发展的纲领，而且，重大的经济决策和措施又直接关系到企业的生产经营模式与权限，规定着企业投资方向、规模、发展速度等。企业开展的一切营销活动都应遵循政府机构所制定的经济政策、经济法规和行政管理条例。

3. 利益集团

利益集团又称压力集团，是指社会上具有共同利益的公众和对某些问题有共同见解者，为敦促政府维护其自身利益或实现其主张而形成的组织。在西方国家，利益集团具有很大的政治影响力。如1997年5月，美国20家大公司自愿组织起来，敦促美国政府和国会无条件的给予中国最惠国待遇，因为这些大公司近年来在中国投入大笔资金，他们的经济利益同中美两国的政策密切相关，一旦取消对中国的最惠国待遇，这些公司也将面临几万人失业的困境。在压力集团中消费者协会最为著名。在当代世界消费者运动已成为一支强大的社会力量。我国已于1985年1月12日经国务院批准成立了中国的消费者协会，目前，从全国来看这个组织已遍布神州大地，消费者协会的目的是监督企业的营销活动，保护消费者利益，指导消费。这个组织在我国深受消费者的欢迎和信赖，它对企业的营销活动将会产生越来越大的影响，企业必须密切注意这方面的动向，把它作为重大课题认真加以研究。

（二）法律环境

20世纪20年代以后，世界各国都注意运用法律手段规范企业的生产经营活动，颁布大量的经济法规，对企业的经营活动和经营行为加以干涉和限制。因此，企业在进行经营活动时，必须注意目标市场的法律环境，亦即要掌握与企业市场营销活动有关的经济法律。近些年来，我国已陆续颁布了数十个重要经济法规和条例，如《中华人民共和国食品卫生法》《中华人民共和国药品管理法》《中华人民共和国烟草专卖法》《中华人民共和国商标法》《中华人民共和国专利法》《中华人民共和国消费者权益保护法》《中华人民共和国反不正当竞争法》《中华人民共和国广告法》《中华人民共和国仲裁法》等。这些法规和条例规范了生产市场和消费市场，保护了生产者、经营者和消费者的合法权益。如欲进入国际市场，还要研究有关国家的法律及国际贸易法的有关规定，国际贸易法的每条都影响企业的市场营销活动。

五、社会文化环境

从广义上说，文化是指人类在社会实践中所创造的物质财富和精神财富的总和。从狭义上说，文化指的是社会意识形态，包括价值观念、风俗习惯、宗教信仰、美学艺术等。

每一个人都是生长在一定的文化环境中的，文化因素对消费者的购买行为具有广泛而深刻的影响。因此，企业必须重视对不同区域市场中文化环境的研究与分析，做到知己知彼。

（1）价值观念。它是人们对于是非、善恶、好坏的评判标准。价值观是一种总的信仰，它阐明什么是正确的，什么是错误的，或说明一种总的偏爱。同一种商品有人认为美，有人认为丑，同一种消费行为，有人认为天经地义，有人就认为不可思议，其原因就在于人们的价值观念不同。它决定了消费者的生活方式和价值取向。自古以来，人们就渴望实现等价交换、公平交易的买卖关系，这从中国传统杆秤的由来中便可略见一斑：中国杆秤是十六两制，它是由北斗七星加南斗六星，再加福禄寿三星构成，杠秤上再饰以金银表示心地纯良。如果商家缺斤短两，那么缺一两无福，缺二两少禄，缺三两折寿。基于这一价值观念的影响，企业在营销活动中必须遵循诚实经商，信义为本的原则，否则将会为同业人士和消费者所不齿。

[案例链接2.2] 文化冲突案例两则

(一)热情的主妇

一位保加利亚主妇招待一位亚洲来的留学生吃晚饭,当客人把盘子里的菜吃完后,主妇问客人要不要再添一盘,于是,亚洲学生接受了第二盘,紧接着又是第三盘,女主人忧心忡忡地又到厨房准备了一盘,结果,亚洲学生在吃第四盘时竟撑得摔倒在地上。这难堪的局面是怎样造成的?原来,在保加利亚,如果女主人没让客人吃饱,是件很丢脸的事情,而那位留学生所在的国度里,宁可撑死也不能以吃不下去来侮辱女主人。保加利亚主妇和亚洲留学生之间的误解,并非来自理想、精神、感情方面,而是缘于不同价值观念的差异。

(二)特殊含义的"绿帽子"

一次,来自中国的一个代表团,去美国采购约5 000万美元的化工设备和技术。美方自然想方设法令他们满意。其中一项是在第一轮谈判后送给代表团每人一个小纪念品。纪念品的包装很讲究,是一个漂亮的红色盒子,红色代表发达。可当代表团高兴地按照美国人的习惯当面打开盒子时,每个人的脸色却显得很不自然——里面是一顶高尔夫帽,但颜色却是绿色的。美国商人的原意是:签完合同后,大伙去打高尔夫。但他们哪里知道"戴绿帽子"是中国男人最大的忌讳。最终代表团没签下合同,不是因为美国人"骂"人,而是因为他们对工作太粗心,连中国男人忌讳"戴绿帽子"这点常识都搞不清。怎么能放心地把几千万美元的项目交给他们?美国人这次谈判失败,是由于他们不了解中国文化。

市场营销活动中,类似的误会导致的失败还有很多,归根到底,还是不了解对方所在地的商业或民俗习惯所致,因此,在营销活动中,必须了解不同国家和地区的文化,才能避免误解,提高市场营销活动的成功率。

(2)伦理道德。相对于法律而言,伦理道德属于软性监控指标,但它对于企业经营活动的作用力和影响力并不逊色于法律因素。在日本,消费者购物从不检查,说明了公众对于企业道德水准的认同和信赖,蓬勃发展的自动售货的营销方式印证了整个社会所具有的良好公德意识。在规范有序的市场环境中,商誉、商德是企业开展营销活动的生命线。

(3)宗教信仰。宗教信仰直接影响着消费者的生活态度、风俗习惯、需求偏好、购物方式和促销特征。在世界上构成影响的宗教主要有佛教、伊斯兰教、基督教、天主教等。世界上约有60%的人具有宗教信仰。在日常生活中,宗教徒们都严格地遵守着所信仰的教规和教义,像吃、穿、用和婚丧嫁娶以及宗教活动、宗教节日等,在各自的经典中都有明确的规定,多少个世纪以来,这些宗教在不同的国家或民族中起着主宰生活的作用,几乎成了难以动摇的生活习惯。佛教信徒视佛祖释迦牟尼为至尊至圣,决不允许出现任何亵渎佛祖的行为。因此,当索尼公司在将佛教作为国教的泰国播放以佛祖为模特的视听电视广告时,遭到了泰国政府、宗教界、国民的一致抗议,最后不得不公开道歉才平息风波。但索尼公司因忽视了业务所在国的文化环境,付出了一定的经济损失和信誉损失。

[案例链接2.3]　索尼公司的失败广告

索尼公司的随身听产品第一次进入泰国市场时，索尼公司为了推广产品，进行过这样一个广告宣传：画面上，佛祖释迦牟尼脸色庄重，闭目凝神，潜心修炼，纹丝不动。然而，当佛祖套上索尼随身听的耳机之后，竟然凡心启动，在佛堂上眉飞色舞、手舞足蹈……佛祖之威严和宗教之虔诚荡然无存。泰国是"佛教之国"，这则广告触犯了国教，激起了泰国人的愤怒。于是，泰国政府责令索尼公司立即停止播放此广告，同时规定，在随后的一年里，任何公众媒体不得刊登任何有关索尼的信息，给索尼公司造成了巨大的损失。

（4）美学艺术。以音乐、戏剧、舞蹈、绘画、建筑、民间文学为代表的美学艺术同样深刻地影响着生产、流通和消费领域。如果生产企业不能正确捕捉适合目标市场的美学价值观念，就无法设计出适销的商品。忽略商品所具有的美学意义不仅会使商品的包装设计和广告制作失去市场促销作用，甚至会引起顾客的反感和抗拒。

（5）语言文字。语言是人们沟通感情，交流思想的工具。一名成功的市场营销人员必须具有高超的交际能力和表达能力，这就要求他不仅应通晓当地的语言，还应理解其深层的文化内涵。

可口可乐公司推出的雪碧饮料，就是在深刻了解中国文化背景的基础上，取其晶晶亮、透心凉的美好感受。但如果把英文直译为精灵，那么中国的消费者在心理上是难以接受的。再有康师傅方便面的品牌也是台湾顶新集团在充分考察了京津语言文化风格的前提下，信手拈来，取了一个颇具津味儿特点的名字。而其广告词"康师傅方便面，香喷喷、好吃看得见"也因简明扼要、朗朗上口，而被人们传诵一时。

[案例链接2.4]　糟糕的翻译

有不少营销人员曾在语言的翻译上栽过跟头，这在国际市场营销中尤为突出。如百事可乐公司的广告词"百事可乐伴您美好生活"翻译成德文变成了"从坟墓中复活"，大大影响了公司产品在当地市场的销路。我国某一企业将其生产的"白象"牌电池销往某一国家，在将中国文字译成英文时，对其英文字意没有加以探讨，结果导致产品滞销，原因是英文的"白象"是废物的意思。雪佛兰曾推出一款"Nova"牌的轿车，引入到西班牙语系的国家却滞销，通过实地调查才发现，原来，"Nova"在西班牙语中，是走不动的意思。这当然不会有人买了。

（6）受教育程度。一个国家的社会教育机构是与其经济发展水平密切相关的，社会的教育机构决定人们的文化程度。由于各地的经济发展水平不同，教育水平也就不一样，因此各地的文化水平也就存在着程度不同的差异。

六、自然地理环境

（一）自然环境

1. 自然资源的类型

（1）可更新资源，如土地、水资源、森林、动物。只要处于适宜的自然环境中，遵循其恢复和循环的规律，这类资源就可以不断地更新，成为再生性资源。一旦人类盲目掠夺这类资源，就会造成资源匮乏，使其丧失再生力。

（2）不可更新资源，如煤、铁、石油等矿产资源。这类资源的生成历史久远，其储量会随着开发利用而逐渐减少。

（3）恒定性资源，是取之不尽、用之不竭的资源。如太阳能、风能。对于这类资源，企业可采用先进技术，尽可能开发利用。

2. 自然资源在开发、利用过程中存在的问题

（1）资源开发过度。近年来，随着社会经济的增长速度的加快，资源开发的强度不断加大。一些企业为追求利润最大化，对资源进行了掠夺性的开发，致使森林资源锐减，耕地肥力下降，水资源枯竭，矿产资源的缺口在逐渐拉大。

（2）资源的破坏、浪费现象严重。长期以来，我国基本上沿袭一种高投入、高消耗、低产出、低质量的经济增长方式，致使资源消耗大，经济效益低，环境污染严重。据统计，我国能源的平均利用率约为30%，远远低于发达国家50%的利用率水平。

3. 生态环境

生态环境与经济发展是当前国际社会普遍关注的问题。从世界范围来看，工业化的进程与环境污染、生态恶化是同步而行的，人类所赖以生存的地球在饱受着大气污染、废水污染及放射性污染的蹂躏，生态环境恶化的范围在扩大，水土流失，草原绿地荒漠化的程度在加重。这一问题已经严重影响了社会经济的健康发展。因此，企业在制定营销战略和战术时，绝不可忽视生态环境的制约作用。

与此同时，环境保护这一话题也促使不少企业发现了新的市场契机。随着环境宣传和教育的不断普及和深入，人们逐渐认识到食品污染、水污染所带来的可怕后果，消费观念发生了很大的变化。绿色食品、保健食品、矿泉水、纯净水已经成为现代消费的时尚，一个个广阔的市场空间展现在经营者面前，令人目不暇接。无公害、纯天然已经成为显示生活质量的象征。最近，日本的科研人员尝试用茶叶作为纺织品的染色剂，以实现消费者向往的杀菌、消毒、不含刺激物的着装境界。

（二）地理环境

一般来说，地理环境与营销活动的关系反映在以下几个方面：

（1）地理位置的优劣直接影响着当地的经济发展水平。

（2）气候条件作为地理环境的重要组成部分，常常要影响产品在市场上的供求状况。比如中东地区气候炎热，容易出汗，那里的消费者喜欢气味浓烈的香水。同时该地区气温很高，凉风很少，人们喜欢用发乳涂身以防暑，致使当地对发乳的需求量很大。

（3）地理环境对市场营销的影响还可能来自于地域文化。所谓"十里不同风，百里不同俗"。而地域文化又直接影响着一个国家、一个地区消费者的购买心理与购买行为。

如我国南方人和北方人饮食结构和饮食口味不尽相同,有南甜北咸、东辣西酸之说。

（4）地理环境直接影响着产品的使用性能。由于气候的因素,各地的温度、湿度差异很大,地形地貌也呈现出不同的特征,很多在本地区适用的商品往往不能适应外地环境的需要,致使企业与市场机会失之交臂。比如在寒冷地带,汽车若无特别保温装置便无法起动;在湿度较高的地区推销产品,要特别注意防湿措施。

任务一结果测评:

评价依据	评价分值	得分
结论正确、有自己的见解；分析深入、态度认真	90分以上	
结论正确；分析比较深入；态度认真	70~90分	
案例分析结论正确,但分析不够深入,仍存在需要完善的地方	60~70分	
案例分析结论错误；态度不认真	60分以下	

任务二 微观的营销环境分析实训
任务分配：根据所提供的材料,进行案例分析,提交分析结论
任务二成果展示：案例分析结论

案例材料:
网络上曾流行这样的一个段子:
当摩托罗拉还沉醉在V8088的时候,不知道诺基亚已迎头赶上。
当诺基亚还在研究怎么把产品做得更结实时,乔布斯的智能手机——苹果已经潜入。
当宝洁公司认为自己的产品很好时,直销产品已经融入人们的心中。
当中国移动沾沾自喜为中国最大的通信运营商时,浑然不觉微信客户已突破4个亿。
当中国银行业高歌猛进时,阿里巴巴已经推出网络虚拟信用卡。
当很多人还在想租个门面房开个小生意时,光棍节一天中国互联网上创造天价成交额。
这个时代,百度干了广告的事！淘宝干了超市的事！微博干了媒体的事！微信干了通信的事！支付宝干了银行的事！
问题:
1. 除了各种宏观环境因素,还有哪些因素在影响着企业的营销活动？
2. 你怎么理解竞争者？
3. 这个段子给你什么启示？

知识储备:

微观环境指与企业紧密相关的供应商、营销中间商、顾客、竞争对手、社会公众以及企业内部影响管理决策的各个部门,它们是与企业具有一定的经济联系,并直接作用于企业营销活动的各类因素和力量,因而又被称为直接环境。

一、供应商

供应商是指向企业及其竞争对手提供原材料、设备、零部件、资金、能源和劳动力等资源的企业和个人。供应商是对企业的生产经营活动产生巨大影响的力量之一。供应商向企业提供的生产原料的质量、价格、数量,将直接影响企业生产出来的产品的质量、价格和数量，因此，作为企业的营销人员，必须综合考虑，选择合适的供应商，而且必须时刻关注各类供应商品的价格变动趋势和市场供求状况，建立与重要供货商长期稳定的供销关系，以防在原料短缺、价格上涨的情况下，陷入被动。

二、营销中介

营销中介是指协助公司推广、销售和分配产品给最终买主的那些企业。它们包括中间商、实体分配公司、市场营销服务机构及金融机构等。企业进行营销活动，离不开这些营销中介的协助，因此，要善于利用这些机构，为企业服务。

1. 中间商

中间商是协助公司寻找顾客或直接与顾客进行交易的商业企业。中间商对企业产品从生产领域流向消费领域具有极其重要的影响。在与中间商建立合作关系后，企业要随时了解和掌握其经营活动，并可采取一些激励性合作措施，推动其业务活动的开展，而一旦中间商不能履行其职责或市场环境变化时，企业应及时解除与中间商的关系。

2. 实体分配公司

实体分配公司协助公司储存产品并把产品从原产地运往销售地。仓储公司是在货物运往下一个目的地前专门储存和保管商品的机构。运输公司包括从事铁路运输、汽车运输、航空运输、船舶运输以及其他搬运货物的公司，他们负责把货物从一地运往另一地。每个公司都需从成本、运送速度、安全性和交货方便性等方面进行综合考虑，确定选用成本最低而效益更高的运输方式。

3. 市场营销服务机构

市场营销服务机构指市场调研公司、广告公司、各种广告媒介及市场营销咨询公司，他们协助企业选择最恰当的市场，并帮助企业向选定的市场推销产品。

4. 金融机构

金融机构包括银行、信贷公司、保险公司以及其他对货物购销提供融资或保险的各种公司。公司的营销活动会因贷款成本的上升或信贷来源的限制而受到严重影响。

三、顾客

顾客是企业的服务对象，是企业的目标市场，是企业营销活动的出发点与归宿点，企业的一切营销活动都应该以满足顾客的需要为中心。因此，顾客是企业最重要的环境因素。如果按照顾客性质的不同，可将市场划分为消费者市场、生产者市场、中间商市场、政府市场和国际市场五大类型。由于每个市场都有不同的需求，致使企业所制定的营销策略和所提供的服务方式迥然相异。

四、竞争者

除受政策性限制外，企业在市场中很难居于垄断地位，竞争是不可避免的。企业所面临的竞争者有：

（1）愿望竞争者，任何产品之间都有可能构成愿望竞争者的关系。比如平板电脑和金项链，看起来完全不相及的两个产品，会不会是竞争关系呢？答案是肯定的，因为，这两个产品虽然看起来毫不相关，但它们争夺的客户可能是同一个人，由于消费者的购买力是有限的，因此，一个女士，她买了平板电脑，就没有钱买金项链了，而这两个产品都是她想要的，该买哪一个呢？自然是对她吸引力更大的那一个。消费者纠结的过程，就是平板电脑和金项链的竞争。愿望竞争者的概念给营销人员的启示是，对竞争者的认识不能只局限于同一产品，任何企业都可能是你的潜在竞争者，因此，即使自己的产品在这一领域中做到第一，甚至垄断，都不能高枕无忧，仍要不断地完善产品，满足消费者需求。

（2）平行竞争者，是指提供消费者同一需求的不同产品的竞争者。

产品形式竞争者，是指满足消费者同一产品需求的不同形式的竞争者。如同是生产饮料，可乐，啤酒和矿泉水的生产企业之间就构成了一种产品形式竞争关系。

（3）品牌竞争者，是指生产产品的品质，性能，款式相同，但品牌不同的竞争者。消费者实际购买时，通常依据品牌的知名度、美誉度以及价格，渠道，促销，服务等竞争力来做出决定。

五、公众

公众是指与企业存在着相互作用，彼此联系的利益群体。

一个企业的公众除了顾客、营销中介及竞争者之外，还包括以下几种：

（1）金融公众。金融公众是指帮助企业融通资金的金融组织，包括银行、投资公司、保险公司、信贷投资公司、证券交易所等。

（2）媒介公众。媒介公众是指帮助企业集宣传企业文化、塑造良好形象、顺畅沟通信息为一体的各种大众传播媒体，包括电视、广播、报刊、网络、图书、音像制品等。

（3）政府公众。政府公众是指负责管理企业经营业务的相关政府职能机构，包括工商、税务、物价、卫生检疫、政策、公检法等机构。

（4）社团公众。社团公众一般指影响企业营销业务、保障消费者利益、维护社会利益的各种相关群众团体和民间组织，包括环保组织、消费者权益保护协会、学术团体、少数民族组织、华侨组织、商会等。

（5）社区公众。社区公众是指企业所在地的企事业单位、社会组织和当地的居民。

（6）一般公众。一般公众是指社会大众。与企业无直接利害关系，但其言论对企业市场营销有潜在影响的公众。

（7）内部公众。内部公众是指企业内部全体员工，从董事长到各层次的管理者、各类技术人员、操作人员等。

公众对企业的生存和发展产生巨大的影响。公众对企业的各项营销活动既可能产生积极的推动作用，又可能出现消极的妨碍作用。因此，企业必须密切关注各类公众的态度，运用公共关系手段加强与公众的交流和沟通，争取得到公众的关心、理解和支持，使企业处于良好的公众关系状态。

六、企业

企业要实现既定的营销目标，必须建立规范的组织机构体系，包括最高管理层、财务部、人力资源部、研究开发部、采购部、生产部、销售部、公关部等。各个部门既应有明确的分工，又必须保持良好的协作关系。

任务二结果测评：

评价依据	评价分值	得分
结论正确、有自己的见解；分析深入、态度认真	90分以上	
结论正确；分析比较深入；态度认真	70~90分	
案例分析结论正确，但分析不够深入，仍存在需要完善的地方	60~70分	
案例分析结论错误；态度不认真	60分以下	

任务三　市场调查实训

任务分配：分组进行。每组成员选择一种产品，最好是学生们都熟悉和用过的产品，如校园手机卡、食堂某一档口、洗发水、运动服饰等，针对在校学生进行一份问卷调查，为该产品提供市场调查资料。老师评分，以小组成绩作为每位成员的成绩。

任务三成果展示：市场营销调查问卷、问卷分析

知识储备：

正所谓："出海看天气，经营看信息。"信息的重要价值越来越引起人们的重视。1979年，美国前总统卡特曾在一次白宫会议上形象地比喻说："对于我们，信息就像阳光和氧气，它点燃了创造智慧的火花，它照亮了通向未来的道路。"

在当今商品经济社会里，很多企业十分重视市场情报。他们认为："情报就是金钱""情报是企业家事业成功的保证，是企业家最宝贵的资源，无形的财富"；"到了20世纪80年代末，市场情报将比黄金，石油和任何其他物质财富更为宝贵"。因为市场情报灵通，能使企业绝路逢生，市场情报不灵，会使企业失去市场机会，甚至走投无路。

一、市场信息的概念

市场信息是企业所处的宏观环境和微观环境的各种要素发展变化和特征的真实反映，是反映它们的实际状况、特性、相关关系的各种消息、资料、数据、情报等的统称。市场信息是社会信息的重要组成部分，它是企业了解市场、掌握市场供求发展趋势，了解用户、为用户提供产品和服务的重要资源。

二、市场信息的特征

市场信息能否发挥应有的作用，一方面取决于能否收集到信息；另一方面也取决于企业能否认识到信息的价值并有效应用。要想有效地利用市场信息就要了解市场信息的特征。

（1）时效性。任何信息所表明的都是一定时间内所发生的事情，企业只有在某一时间内获得了所需要量的某种信息，这一信息才有所值。信息一旦过时，就没有任何利用价值，甚至会起反作用。因此，信息的利用必须要讲究时间效应，谁能最先掌握某种信息，谁就最有可能取得经营上的成功。

（2）分散性和大量性。首先，市场信息的产生没有固定的时间和地点，而是随时随

地地发生和传播；其次，信息内容量大面广，各类信息五花八门，十分广泛、庞杂；最后，信息往往需要多条合在一起才能表达出某一完整的意思。市场信息这种分散性和大量性的特点，要求企业必须广泛地开辟信息渠道。

（3）间接性。就是说市场信息具有隐蔽性，它只有经过分析才能认识它所表达的深层含义。信息利用效果反映了人的智慧，因而这是一项要求具有很高智力的工作。

（4）再创性。所谓再创性，是指信息接收者需要对信息得出创造性见解，而不能仅停留在对市场信息的表面和直观理解上。

作为一名优秀的经营者，总是更加注意信息的明天价值。如果只注意传统的需求，就是你采用高科技手段，也总是面临着极大的危险，而且投资越大越危险。如果你注重的是发展需求，那么你的投入就是有风险，也会逐渐降低，许多现在是零的市场需求，在将来则是个"无限"的概念。

三、市场调查的概念

市场调查就是运用科学的方法，有目的、有计划、有系统地收集、整理和分析研究有关市场营销方面的信息，并提出调研报告，以便帮助管理者了解营销环境，发现问题及机会，作为市场预测和营销决策的依据。

市场调查实质上就是取得和分析整理市场营销信息的过程。

四、市场调查的程序

市场调查的程序是指对具有一定规模的一项正式调查，从调查准备到调查结束全过程的工作的先后次序和具体步骤。在市场调查中建立一套系统的科学的程序，有助于提高调查工作的效率和调查质量。一般来说，一项正式调查的全过程大体可分为：调查准备、调查实施以及分析和总结等三个阶段，每个阶段又可分为若干具体步骤。

（一）调查准备阶段

调查准备阶段是调查工作的开端。准备是否充分周到，对于随后的实际调查工作的开展和调查的质量影响颇大，应引起足够的重视。这个阶段的工作步骤大体是：

（1）提出需要调查研究的课题。
（2）分析有关问题的情况，对调查本身进行可行性研究。
（3）拟定调查方案和工作计划。

经过上述分析研究以后，如果决定要进行正式调查，就应制订调查方案和工作计划。调查方案是指对某项调查本身的设计，它包括调查的目的要求，调查的具体对象，调查的内容提纲和调查表格，调查的地区范围，调查资料的收集方法等主要内容。调查工作计划是指对某项调查的组织领导、人员配备和考核、完成时间和工作进度、费用预算等的预先安排。

（二）调查实施阶段

（1）建立调查组织，集中调查人员，组织学习或培训。
（2）组织调查人员，收集现成资料。

市场调查所需的资料，可分为原始资料和现成资料两大类。

现成资料也称第二手资料，是经过他人收集、记录和整理所积累起来的各种数据和文字资料。利用现成资料所花的时间短，费用省，因而在市场调查中首先要利用现成资料。

原始资料也称第一手资料，是调查人员从实地调查中所得到的资料。原始资料要经过筛选、分类和整理才能应用，所花的时间长，费用大，所以一般在收集了现成资料后再去收集原始资料。

（3）确定调查单位，收集原始资料。

在实地调查中，应当根据调查方案所确定的调查方式，先选择好调查单位，然后运用各种不同的调查方法，取得第一手资料。

（三）分析和总结阶段

1. 整理分析资料

市场调查所得的大量信息资料，往往是分散的、零星的，某些资料也可能是片面的、不真实的，必须系统地加以整理分析，经过去粗取精，去伪存真，由此及彼，由表及里的改造制作，才能客观地反映被调查事物的内在联系，揭示问题的本质和各种市场现象间的因果关系。

2. 编写调查报告

调查报告，是根据调查研究的结果写成的书面报告，是某些调查的最后成果。它要用事实材料对所调查的问题做出系统的分析说明，提出结论性的意见。

3. 总结经验教训

市场调查全过程结束以后，要对各个阶段的工作，认真回顾和检查，总结经验教训，以便改进今后的调查工作。

五、市场调查方式

1. 市场普查

市场普查是对调查对象（总体）的全部单位所进行的逐一的、无遗漏的专门调查，以达到搜集比较全面、比较精确的统计资料。市场普查的范围可以是全国性的，也可以是地区性的，或者是某特定的同一对象。它的特点是对调查对象进行逐一的调查，表现在调查工作上的一次性、大量性和准确性。

普查工作并不经常进行，主要用于搜集那些不能用或不宜用经常调查而又要求准确程度高的全面调查对象，间隔较长的时间才进行一次。

2. 重点调查

重点调查就是在调查对象（总体）中选定一部分重点单位进行非全面调查。所谓重点单位是指在总体中处于十分重要地位的单位，或者在总体某项标志总量中占绝大比重的一些单位。它们的重点地位客观上是明确的。

在市场调查中，重点调查方式常用于商品需求和商品资源的调查。

3. 典型调查

典型调查就是在调查对象（总体）中有意识地选择一些具有典型意义或有代表性的单位进行专门调查。

搞好典型调查的关键在于选好典型单位。所谓典型，是指调查单位所具有的代表性。

典型单位是否具有代表性,直接关系到调查效果的好坏。典型单位代表性的具体标准,应当根据每次市场调查的目的和调查对象的特点来确定,不可能规定一个统一的固定不变的标准。

4. 固定样本连续调查

固定样本连续调查,是指把随机选定的调查单位固定下来,进行长期连续的调查和观察。主要目的是为了了解和掌握市场事态在时间历程中的变化趋势,寻找事态发展的连续性、可比性和规律性。在实践中,我国的城市职工家庭生活调查(即家计调查),西方国家的住房调查,都采取固定调查户进行连续调查。

5. 抽样调查

抽样调查就是从调查对象的总体中,按随机原则抽取一部分样本进行调查观察,根据调查样本数据来推断总体的专门调查。在我国通常所谓抽样调查是指随机抽样调查,而广义的抽样调查还包括非随机抽样调查。

随机抽样调查中抽选样本单位的组织方式,最基本的有简单随机抽样,分类抽样,等距抽样,分群随机抽样四种。

(1)简单随机抽样。简单随机抽样,也称纯随机抽样,就是在总体单位中不进行分组、排队,排除任何有目的的选择,完全按随机原则抽选出调查单位(即用纯粹偶然的方法从总体中选取)。这种方式的特点是每个样本被抽取的概率相等,各个样本完全独立,彼此间无一定的关联性和排斥性,完全排除了抽样中主观因素的干扰。

(2)分类抽样。分类抽样,也称分层随机抽样,就是将总体中所有单位,按其属性、特征分为若干类型(组、层),然后在各类型(组、层)中再用纯随机抽样方式抽取样本单位,而不是从总体中直接抽取样本单位。搞好分层随机抽样的关键是分类或分层的标准要科学,要符合调查总体的实际情况。

一般来说,分类抽样比纯随机抽样的代表性要高,抽样误差要小。市场调查中较多采用这种抽样方法。分类抽样的具体做法有等比例分类抽样和不等比例分类抽样两种。

(3)等距抽样。等距抽样,也称机械随机抽样、系统抽样,就是在总体中先按一定标志顺序排列,并根据总体单位总数和样本单位数计算出抽样距离(即同等的间隔),然后按相等的距离或间隔抽取样本单位。

排列顺序可以用与调查项目无关的标志为依据,也可以用与调查项目直接或间接有关的标志为依据。第一个单位随机抽取的次序决定了整个样本的抽取次序。等距离抽样,应视第一个样本是否按随机原则抽样而分别归属随机抽样或非随机抽样。

(4)分群随机抽样。分群随机抽样,也称整群抽样。就是从整体中成群成组的抽取调查单位。它的做法是,先将总体按某个标准(如地区、地段、街道、企业、事业单位等)分为若干群(组),然后成群成组地抽选,对抽中的每个群(组)中所有单位全部进行调查。

整群抽样与分类抽样,都要把总体分为若干群或若干类,但两者的目的要求不同。分类抽样是要区分各类型之间的差异,而同类型内部的单位具有共同性,差异较小,目的是为了增加样本的代表性。整群抽样要求各群之间差异较小,而各群内部的单位差异却较大,其目的是为了便于抽选样本和组织调查工作。两种抽样法如图2-1、图2-2所示。

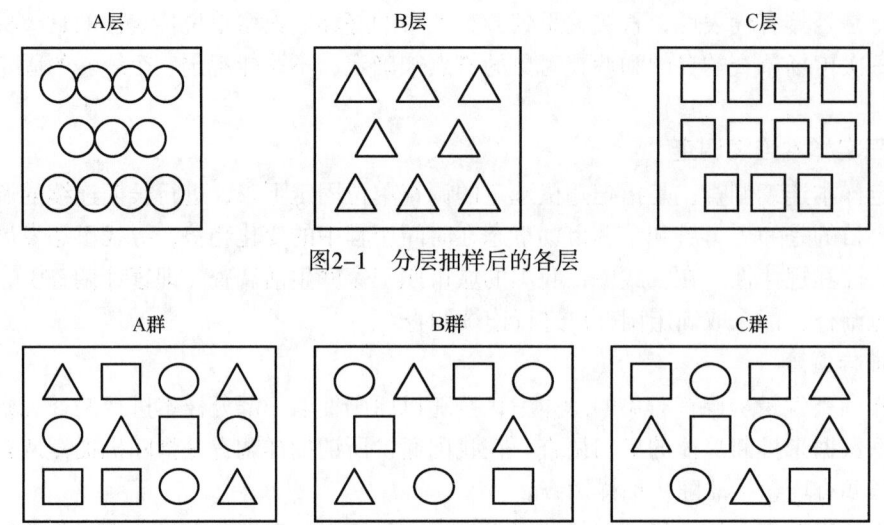

图2-1 分层抽样后的各层

图2-2 分群抽样后的各群

6. 非随机抽样调查

非随机抽样调查，也称非概率抽样调查，是指不按随机原则，而是按调查者主观设定的某个标准，抽选样本单位的调查方式，可分为任意抽样、判断抽样和配额抽样等不同抽样方法。例如，在商店营业现场任意选定一群顾客，向他们调查了解对商店服务质量的意见；一些大城市作流入购买力调查，往往无法采取随机抽样法，而是在车站、码头、机场、旅馆或大商场，碰到外地旅客就随便进行询问调查。

六、市场调查的方法

市场调查方法，是指市场调研人员在实地调查过程中搜集各种信息资料所采取的具体方法。

（一）询问法

询问的内容包括：一是事实询问，要求被调查人用事实来回答问题就可以了；二是意见询问，调查人希望被调查者提出自己对所询问的事项的意见或评论性的见解；三是阐述询问，这类询问是当调查人想了解被调查人的购买行为或提意见的理由，以及购买动机时采用。

询问调查法按询问内容传递方式不同，可分为面谈调查、电话调查、邮寄调查、留置问卷调查等方法。

（1）面谈调查。面谈调查是调查人员同被调查者面对面接触，通过有目的的谈话取得所需情况资料的一种调查方法。

（2）邮寄调查。邮寄调查是将调查表（问卷）邮寄给被调查者，由被调查者根据调查表要求填妥后寄还的一种调查方法。

（3）电话调查。电话调查是指通过电话向被调查者询问有关调查内容和征求意见的一种调查方法。此法在试探性调查阶段用得较多。

（4）留置问卷调查。留置问卷调查就是将问卷由调查人员当面交给被调查人，并详细说明调查目的要求，由被调查者事后自行填写回答，再由调查人员约定日期收回的一种调查方法。这种调查是介于面谈调查与邮寄调查之间的一种折中调查法，它吸收了面谈调查和邮寄调查的一些长处，克服了二者的某些缺点。

（二）观察法

观察法是调查人员在现场对调查对象的情况直接观察记录，取得第一手资料的一种调查方法。

观察法的特点在于当被调查者被调查时并不感到正在被调查。因为调查人员不直接向被调查者提出问题要求回答，而是凭借自己的感觉或者利用照相机、录音机、摄像机和其他仪器对调查对象的活动和现场加以考察记录。观察法主要有：

（1）直接观察法。直接观察法，是指市场调查人员在商品展销会、订货会、博览会上，在工厂、农田、商店里，在消费者集中的场所或其他场合，直接观察市场活动，取得第一手市场信息的一种调查方法。

（2）现场计数法。现场计数法就是在市场活动现场，通过一定时间的观察计数，得到定量的市场信息的一种调查方法。

（3）痕迹观察法。这种方法不是观察市场活动本身，而是通过观察市场活动留下的痕迹来收集市场信息的一种调查方法。

（三）实验法

实验调查法是从影响调查对象的若干因素中，选出一个或几个因素作为实验因素，在其余诸因素均不发生变化的条件下，了解实验因素变化对调查对象的影响。实验法是观察法的一个分支，是把调查事物放在某种特定条件之下来作观察，是一种对比观察。简单易行的实验调查，主要有以下几种：

（1）事前事后实验调查。采取这种实验调查，事先要对正常经营情况进行测量，然后再测量实验后的情况，进行事前事后对比后，观察、了解实验变数的效果。

（2）有控制组的事后实验调查。这种方法就是在同一时间内，通常把调查对象分为两个组，一个是实验组，按一定的实验条件进行试验；另一个是控制组，即非实验组，按一般情况组织经济活动，用来同实验组进行对比，来测定实验的效果。这样就可以排除由于对比时间不同而可能出现的外来变数的影响。

应用控制组同实验组对比实验调查，必须注意控制单位同实验单位之间要有可比性，要求两组的主客观条件基本相同。

（3）有控制组的事前事后实验调查。是指控制组事前事后同实验组事前事后之间进行对比的一种实验调查方法。

七、问卷调查的设计

问卷调查是系统地记载需要调查的问题和调查项目的文件。它用来反映调查的具体内容，为调查人员询问和被调查者回答提供依据，是实现调查目的任务的一种重要工具。

问卷调查设计是否完善，直接影响到调查效果。设计问卷调查的工作程序应包括下列步骤：

（1）根据整个调查计划的目的，具体地列出实地调查所需搜集的资料是什么。

（2）按照所需搜集的资料，写出一连串问题，并确定每个问题的类型。
（3）按照问题的内容、类型、难易程度、安排询问问题的次序。
（4）抽取一些被调查对象作调查表的初次测试。
（5）根据初步测试的结果，对调查表作必要的修改，最后拟定正式的调查表。

（一）问题的类型（询问技术）

1. 自由回答式

这种方式是在调查表中所列问题后面不规定答案或任何限制，被调查者可自由发表看法。

2. 二项选择式（是非式）

这种方式是指在调查表中所提的问题后面，只允许在两个规定答案中选择其一。最常见的是在"是"与"否"、"有"与"无"、"好"与"坏"、"买"与"不买"中选答，二者必居其一。

3. 多项选择式

这种方式的特点是在调查表所提问题的后面附有三个以上供被调查者选择的答案。被调查者回答时可任选其中一个或几个。

4. 顺位式

调查表中所提问题应有多种供选择的答案，要求被调查者按自己的态度确定其重要程度，进而加以有序选择，即顺位选择。顺位式问题有两种类型：一种是事先拟定供选择的答案；另一种是不事先拟定出答案。

5. 漏斗法

也称过滤法，是指调查者最初提出离调查主题较远，内容较广泛的一般性问题，然后，根据对方回答情况，逐步缩小提问范围，有目地引向所要调查的某个专题性的具体问题，使被调查者能够很自然地回答。

这种提问法，不是开门见山、单刀直入，而是采取投石问路、引水归渠的方法，一步一步地深入，最后引出被调查者对某个问题的真实想法。

6. 比较法

比较法，是指采用对比的提问方式，要求被调查者做出肯定回答的方法。

7. 程度评等式

调查人员对所询问的问题列出程度不同的几个答案，并对答案事先按顺序评分，有利态度分数高，不利态度分数低，请被调查者选择答案。在将全部调查资料汇总后，通过总分计算，可以了解被调查者的态度。

8. 回想式

这种方式用于调查牌名、企业名、公司名、广告等的印象程度，主要用于测定记忆强度。

9. 配合式

这种方式多用于调查牌名、企业、广告等被了解的深度。这种方式是把商标与企业名、牌名与提示文字等依两列（两行）列出，进而由被调查者确认对应关系，以发现其认识深度。

（二）问题的排列次序

调查问卷须根据预定格式将问题依照一定的逻辑顺序排列，使得各个问题能紧密地互相衔接，承上启下，有机地连成整体。这样既有助于创造融洽气氛，使双方洽谈顺利进展，也有助于加强实地调查主体资料工作的系统性。

一般来说，调查问卷可将问题按下列逻辑顺序排列：

（1）介绍情况。
（2）非敏感性的"分级问题"。
（3）"过滤性"问题。
（4）自由回答式问题。
（5）有关调查的其他问题。
（6）敏感性的"分级问题"。

调查问卷样本

农产品物流调查问卷

为了解决社区便利店迫切需要第三方物流配送的问题，更好地服务于××市社会经济的发展，提升物流发展水平，××集团物流部计划开展此项调查，为实现服务内容与要求的有效结合，现对您进行有关内容的调查，感谢您的大力配合。同时，我们保证，所有的调研资料仅用于我们调研分析，绝不会对外公开。

请您在最符合您的情况的方框内画√，另有说明的题目除外。

一、被调查者基本情况

1. 您的性别是？
□男　　　　　　□女

2. 您的年龄是？
□30岁以下　　□30~40岁　　□40~50岁　　□50岁以上

3. 您的职业是？
□白领　　　　□公务员　　　□便利店职员
□家庭主妇　　□工薪阶层　　□其他

4. 您的收入是？
□月入2 000元以下　　□月入2 000~3 500元　　□月入3 500~5 000元
□月入5 000~8 000元　　□月入8 000元以上

5. 您受教育的程度？
□高中　　　　□大专　　　　□本科　　　　□本科以上

二、调查内容

1. 您经常购买农产品的场所有哪些地方？（可多选）

☐流动菜贩 ☐农贸市场
☐大型超市 ☐便利店
☐马路市场

2. 您需求而又无法正常供应的正宗新鲜农产品有哪些种类？（多选题）
☐禽蛋类 ☐水果类 ☐蔬菜类
☐主食类 ☐杂粮类 ☐野生类

3. 您会选择品牌的农产品吗？为什么？
☐一定会 ☐不会 ☐无所谓
原因是_____
_____

4. 品牌的农产品与普通农产品相比，您能接受的价格是多少？
☐贵10% ☐贵20%
☐贵25% ☐贵30%

5. 您的进货渠道有哪些？
☐自身采购 ☐供货商提供 ☐两者兼有

6. 您觉得农产品的损耗主要源于哪个环节？
☐包装环节 ☐运输环节 ☐存储环节 ☐装卸环节

7. 您认为哪类农产品在运输途中损耗最严重？
☐蔬菜 ☐水果 ☐肉类 ☐水产

8. 您一般是在什么时候去采购农产品？
☐6:00—9:00 ☐9:00—11:00
☐16:00—19:00 ☐其他

9. 如果一个农产品中心批发市场能满足您所有要求，但路程稍远您会选择前往采购吗？
☐会选择 ☐不会选择

10. 您认为本地农产品物流有哪些特点？（多选题）
☐量大 ☐点多 ☐面广
☐某些农产品消费的生鲜要求时间性强

11. 您对本地的农产品物流是否满意？
☐不满意 ☐满意 ☐非常满意 ☐没感觉

12. 您认为本地农产品物流公司的服务收费情况如何？
☐很合理 ☐较高，但能接受 ☐很高，无法接受

13. 您认为阻碍农产品物流发展的因素是什么？（多选题）
☐政策支持程度 ☐信息技术落后
☐硬件设备不完善 ☐物流人才的缺乏

衷心感谢您的配合，谢谢！
资料来源：

http://wenku.baidu.com/link?url=v7QtTqlPBFzrb9QIO09nx1j7MEh67XbGc9dOE4Jh_mEUy3izYIrWjFtghqvxnmcngARsviRdxZE_enk1_SUcomavRFlYJsOeStfyfIYILLW

八、市场调查报告

市场调查报告是对市场的竞争状况、消费情况等进行深入细致地调查研究后所写成的书面报告。市场调查报告的作用在于帮助企业了解掌握市场的现状和趋势，从而增强企业在市场中的应变能力和竞争能力。市场调查报告的内容结构一般由如下几部分组成：

（1）市场调查报告的标题。

（2）市场调查报告的引言。引言要写得简明扼要，一般应交代出调查的目的、时间、地点、对象与范围、方法等与调查者自身相关的情况，也可概括市场调查报告的基本观点或结论，以便使读者对全文内容、意义等获得初步了解。

（3）市场调查报告的主体。这部分是市场调查报告的核心，它要完整、准确、具体地说明调查的基本情况，进行科学合理的分析预测，在此基础上提出有针对性的对策和建议。具体包括以下内容：

市场调查报告——情况介绍：市场调查报告的情况介绍，即对调查所获得的基本情况进行介绍，是全文的基础和主要内容，要将调查对象的情况，包括市场占有率、消费者群体、竞争状况等表述清楚。或者列示数字、图表等加以说明。要准确、具体。

（4）市场分析预测。市场分析预测，即在对调查所获基本情况进行分析的基础上对市场发展趋势做出预测，要对调查所获得的资料进行科学的研究和推断，并据以形成符合事物发展变化规律的结论性意见。

（5）市场营销建议。这层内容是市场调查报告写作目的和宗旨的体现，要在市场调查情况和分析预测的基础上，提出具体的营销建议和措施，供决策者参考。要注意建议的针对性和可行性，能够切实解决问题。

任务三结果测评：		
评价依据	评价分值	得分
问卷调查设计完整	25分	
问卷调查设计严谨、条理清晰	25分	
问题设计得当、容易回答	25分	
可实施性强	25分	
合计	100分	

任务四　SWOT分析法实训

任务分配：选择一种产品，在市场调查的基础上，撰写该产品的SWOT分析报告。由老师依据报告质量酌情赋分

任务成果展示：SWOT分析报告

知识储备：

一、SWOT分析法

SWOT分析法又称为态势分析法，它是由安索夫在1956年提出的，后来经过多人的扩展成为一个用于企业营销战略分析的实用方法。是一种能够较客观而准确地分析和研究一个单位现实情况的方法。从它的字面SWOT四个英文字母分别代表：优势（Strength）、劣势（Weakness）、机会（Opportunity）、威胁（Threat）就可以看出来分析的意义。从整体上看，SWOT可以分为两部分：第一部分为SW，主要用来分析内部条件；第二部分为OT，主要用来分析外部条件。利用这种方法可以从中找出对自己有利的、值得发扬的因素，以及对自己不利的、要避开的东西，发现存在的问题，找出解决办法，并明确以后的发展方向。

SWOT分析最大的现实意义在于：在帮助分析形势、企业战略制定时，为公司做出正确的决策提供支持。

二、SWOT分析报告的内容

一个完整的SWOT分析报告至少应包含以下五个方面的内容：

（1）优势，具体包括：有利的竞争态势；充足的财政来源；良好的企业形象；技术力量；规模经济；产品质量；市场份额；成本优势；广告攻势等。

（2）劣势，具体包括：设备老化；管理混乱；缺少关键技术；研究开发落后；资金短缺；经营不善；产品积压；竞争力差等。

（3）机会，具体包括：新产品；新市场；新需求；外国市场壁垒解除；竞争对手失误等。

（4）威胁，具体包括：新的竞争对手；替代产品增多；市场紧缩；行业政策变化；经济衰退；客户偏好改变；突发事件等。

（5）对策，根据企业的优势、劣势、机会及威胁，充分考虑，为企业开具的"营销处方"。

SWOT分析法可以对研究对象所处的情景进行全面、系统、准确的研究，从而根据研究结果制定相应的发展战略、计划以及对策。

任务四结果测评：

评价依据	得分区间	得分
报告有说服力，并完善、精彩，态度认真	90分以上	
报告有说服力，内容、方向正确，态度认真	70~90分	
报告勉强有说服力，态度比较认真	60~75分	
报告无说服力，分析错误，态度不认真	60分以下	

小结：

市场营销环境是指对企业营销活动有影响而又不可控的各种因素的总称。营销环境可以分为微观市场营销环境和宏观市场营销环境。

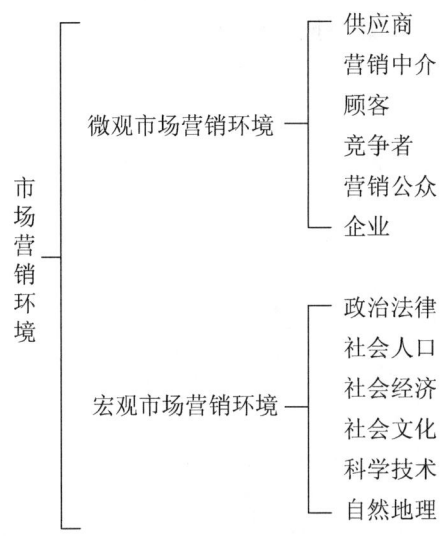

现代市场营销学认为，企业营销成败的关键，在于企业能否适应不断变化着的营销环境。市场营销环境的发展变化，既可以给企业带来市场营销机会，也可以给企业造成严重威胁。要准确地把握营销环境的变动，市场调查的作用就显得尤为重要了。市场调查问卷是系统地记载需要调查的问题和调查项目的文件。市场调查问卷设计是否完善，直接影响到调查效果。在市场调查的基础上进行SWOT分析，有利于帮助企业认清形势，为公司做出正确的决策提供支持。

课后作业：

案例分析：

（一）走俏的特殊地毯

世界地毯市场曾一度不很景气。有一位比利时商人突发奇想，设计了一种嵌有指针的地毯，无论身处何地，穆斯林信徒只要铺好这种地毯，指针就可以正确指向圣地麦加的方向，方便虔诚的穆斯林教徒朝拜。因而这种地毯深受阿拉伯国家的欢迎，此商人也因此而发了大财。

问题：请你运用所学市场营销环境理论来说明这位商人成功的原因。

（二）抓住机会的"威露士"

今天，相信大家对于威露士洗手液，一点都不陌生，但洗手液刚生产出来时，要把人们的洗手习惯，从用香皂改为用洗手液，并不是一件容易的事。进入2003年，一个突发性的事件，让机警的威露士看到了商机。全国非典型肺炎的肆虐，带走了一个又一个生命，一时间，人人自危，恐慌中的人们急切地希望能有预防这种病毒的方法，至少，能把感染的风险降到最低，在大家对这种病毒的治愈束手无策时，也只能用勤洗手来降低被传染的风险了。此时，以威露士为代表的消毒洗手液品牌强势出击，洗手液比传统的香皂更卫生，消毒的定位也更符合当时人们的心理，威露士看准了机会，大规模的进行广告宣传、公关、捐赠多管齐下，使得中国洗手液市场规模空前扩大。

问题：

1. 为什么说营销环境的变动是一把"双刃剑"？
2. 威露士的营销给你什么启示？

项目三 对各类市场的分析与认识

学习目标

（1）知识目标。

通过本章的学习，深入理解各种类型的市场，以及不同市场的特点，能够区分不同的市场类型，尤其要掌握消费者市场的概念和特征，理解影响消费者心理及行为的各种因素，了解消费者的不同类型。

（2）能力目标。

能够运用所学的知识区分不同的市场类型，根据不同的市场类型特点制定不同的营销策略；能够运用影响消费者心理和行为的因素来影响消费者的行为，从而实现企业的营销目标。

（3）素质目标。

本项目要培养学生的分析能力，团队合作能力、逻辑思维能力，为日后进行市场营销实际工作奠定良好的素质基础。

重点和难点

（1）重点。

本项目中的重点是不同类型市场的区分，尤其是消费者市场的特征；另外，影响消费者心理与行为的因素也是本项目的重点内容。

（2）难点。

本项目的难点是不同类型市场的区分；影响消费者行为的因素，以及如何利用这些因素来操控消费者的行为；此外，消费者的个性类型，以及他们的购买特征，也是本项目的难点。

项目三　对各类市场的分析与认识

项目名称：对各类市场的分析与认识	
项目说明：本项目通过对不同的市场类型、市场特征的讲授和实训，使学生能够了解到营销中，市场的类别；不同市场的含义、特征；掌握消费者市场的特点、影响消费者行为的各种因素和力量；善于分析市场、能够利用影响消费者行为的各种因素去影响和操控消费者的行为，提高营销能力	
核心词：组织市场、消费者市场、消费者心理、消费者行为	
任务一　认识组织市场的实训 任务二　认识消费者市场的实训 任务三　消费者心理与行为的分析实训	实训成果： 案例分析结论、PPT展示、营销策略方案、个人阐述、展示等

课前思考：

首先，请同学们回忆一下，什么是市场？市场就是有能力、有购买欲望来买本企业商品的人，那么，同样是市场，他们的购买行为是一样的吗？比如，我是一家水果商，是卖橘子的，有三个人来买我的橘子。他们三个都是我的市场。第一个人买我的橘子回家吃；第二个人买我的橘子是因为他开了一家小超市，他要进些水果回去售卖；第三个人买我的橘子是因为他开了一家罐头厂，他要做橘子罐头卖。大家想一想，这三个人都是买我东西的人，可他们的购买目的一样吗？在购买时，他们关注的利益点一样吗？针对这三个不同的顾客，聪明的营销人员应该如何去经营呢？

任务一　认识组织市场的实训

任务分配：假设你是某水泥厂的产品推销员，已知某大型建筑企业需大量采购水泥，但你的竞争者也很多，在众多竞争对手中，你公司的产品质量优良，但价格也较高，面对工业用品市场，你会如何开发市场、针对这家公司开展你的推销活动呢？请同学们以小组为单位，进行表演。

任务一成果展示：对产业市场特点的分析、推销过程

知识储备：

一、市场类型

营销学认为，市场就是有能力、有意愿购买本企业产品的人，而按照人们购买动机的不同，市场又可以分为组织市场和消费者市场。组织市场又包括生产者市场、中间商市场、政府采购市场。如果一个购买者来买本企业的产品，是因为他是一个生产商，他要将产品作为原材料采购回去，这是工业采购，这就属于生产者市场。如果一个人买产品是因为他是一个中间商，要买回去转售、赚取转售收益，那么他的行为属于商业采购，这是中间商市场。如果是政府为执行其工作职能而采购产品，这就属于政府采购市场。如果一个人是为了个人生活需要而购买产品，则他就属于消费者市场。由于购买目的的不同，不同的市场类型呈现出不同的特点，营销人员一定要学会针对不同的市场类型制定不同的营销策略。

二、组织机构市场

与消费者市场相比，组织机构市场（特别是工业企业市场）有许多鲜明的特点，主要概括如下：

（1）购买者比较少。工业用户比消费者要少得多。汽车专用收录机制造厂商的命运几乎就取决于一两家汽车制造厂商的订单，而民用收录机的市场面就非常广阔。

（2）购买批量大。工业用户属规模性或集团性购买。像一汽、二汽、上海大众三家汽车制造厂商所购买的专用汽车轮胎，就要占轮胎市场的80%左右。

（3）买者在地理区域上比较集中。由于工业布局的原因，工业购买者的分布具有集中的特点。如东北是重工业区，苏杭及中原一带为轻纺工业区。这种地理上的区域集中有助于降低销售及制造成本。

（4）延伸需求。对工业品的需求，最终取决于对消费品的需求。采购皮革，是因为消费者要购买皮鞋、箱包以及其他皮革制品。如果这些消费需求疲软的话，对皮革的需求必然下降。

（5）弹性需求。工业性需求是相对固定的，价格上的变化不会对这类商品的购买产生太大影响。如皮革价格上升，会导致皮鞋的价格上浮，但不会减少对皮革的采购。

（6）其他特点。由于这类产品都具有不同程度的技术性，所以购买人要具有专业特点；这类产品的转移发生在用户之间，而且有很大的批量，所以无须中间环节，直接采购；由于制造的原因，两家的产品可能被互购；工业购买者日益转向设备租赁，以取代直接购买。

[案例链接3.1] 零件厂的客户

某汽车零部件公司有一个大客户——当地一家轿车厂，零部件公司只有这一个客户，所以这个客户就是该汽车零部件厂的全部市场了。该零部件厂生产的全部产量都不足以满足这个客户的需要，所以轿车厂不仅包揽了该零部件厂的汽车零件，还要从别的渠道获得相同的零件才能满足全部的生产需求，而该零件公司由于只有这一个客户，所以产品的设计、质量的控制几乎都要根据轿车厂的要求进行。

轿车厂提出对某种零件的需求计划，零件厂就要完全根据这一计划来安排生产。首先，在原材料采购方面就要根据轿车厂的要求来采购，轿车厂会指定某种原材料，甚至指定原材料的供应商！在生产设备方面，轿车厂会规定对生产设备的要求，要求设备能力指数达到指定要求，以确保零部件成品的质量。轿车厂对成品零件的规格、尺寸、大小的要求更是严格，废品率要求低于0.2‰。轿车厂甚至指定零部件厂用哪种包装以保证产品在运输过程中不会被磕碰，还要求零部件厂用封闭而不是敞篷的货车来运送，这是为了保证产品不进灰尘，保证质量。

你能猜得到，对于轿车厂的要求，零件厂会一一照办，因为轿车厂是它唯一的客户和全部的市场！否则，当轿车厂决定不使用该厂的零件时，该零件厂就没有了市场，而它又很难找到新的用户，因为产业市场的供求关系是相对稳定的，最终，零件厂就会面临灭顶之灾！这就是消费者市场和组织市场的不同。消费者市场相比之下人数众多，购买量少，而组织市场用户少，但每个用户的购买量都很大，这样的用户，失去一个就会让企业很痛心，甚至元气大伤！组织市场的特点要求营销人员必须区别对待，根据其特点制定营销组合策略。

三、生产者市场

生产企业购买行为的影响因素

（1）宏观环境因素。这方面的因素包括：

第一，国家在一定时期内的工农业生产状况。如工业生产规模、产品结构，将直接影响原材料工业的供应；农业生产的规模、发展方向的变化，又直接关系化肥、农药、农用机械等产品的供需。

第二，基本建设的投资方向和规模。

第三，科学技术的发展趋势。科技发展关系企业新产品开发的前景，对企业采购原材料影响极大,对于即将要淘汰的老产品,企业不会去多备原材料。

第四,政治法律环境的制约。国家在一定时期内提倡什么、反对什么,方针政策和法令中会有明确规定,企业的采购将受政治法律环境的制约。

(2)企业内在因素。这类因素包括:

第一,业务目标。即企业的产品方向、发展目标等,关系所采购原料或设备的性能、特点、质量、型号和标准化,直接影响企业的购买动机。

第二,营销策略。指企业主要的市场营销策略的侧重,或者注重产品质量,或者注重产品价格,或者注重服务态度。每个企业因其营销特点不同,采购原材料的考虑也不相同。

第三,采购制度。指企业购买原材料是实行分散决策还是集中决策。有的企业采购面广泛,购买决策权不集中,由购买者自行决断;有的企业购买原材料是高度集中决策,采购目标也集中,购买者仅是个体办事人。购买制度不同也要影响工业购买者动机。

(3)采购部门在企业中的地位。工业购买者是集团购买,每一购买行为的发生不仅仅是个人的作用,而是由提出购买、决策人决策、影响人提出建议、使用人提出具体要求、采购人员经办等多方影响而构成的买卖行为。因此,企业采购部门在企业内部的职权地位如何,采购部门负责人在企业中地位、威望如何,对购买动机均有很大的影响。

(4)采购人员个人因素。在具体洽谈购买业务、现场交易的时候,采购人员的个人因素对购买动机有直接影响。他的年龄、文化素养、事业心、负责精神、职位高低影响着买卖交易的达成。

研究工业购买者动机及其影响因素,就是要根据他们的购买动机特点,做好原材料和设备的供应。在实际工作中,要根据情况区别对待,更好地满足生产企业的采购需要。

四、生产企业的购买过程

工业购买者只有经过八个购买环节,才算达成一次交易,每一个过程都是分析、评价、判断的过程。

(1)认识需求。由新产品生产的实施或某项新任务的下达,提出新的购买需求。

(2)判断需求项目的特征和数量。在进一步分析需要的基础上,由采购部门制定所要采购的产品项目、特征和数量。

(3)说明需求。规定需求项目的规格、数量、型号、标准交验期等具体内容。

(4)寻找供应商。可以由企业的新产品使用人提供供应商,也可以派采购人员联系新供应商。

(5)征求建议。接下来,生产者会设法同合适的供应商取得联系,提出建议。如果所购品种复杂、价格较高,生产者的采购人员还会向每个可能的供应商提出详细的书面建议。

(6)选择供应商。根据各个供应商的答复情况,生产者会组织有关人员进行评价和选择。一般来说,生产者会从产品质量、产量、价格、信誉、交货能力、技术服务和可靠程度等方面进行评价,选择最有吸引力的供应商。在做出最后决定之前,生产者还会和比较中意的供应商举行谈判,以修订和争取更为有利的供货条件。

(7)选择订货程序。选定供应商以后,采购人员会开具订单、列举技术说明、购买数量、交货时间等要求,签订合同。现在西方国家日益趋于采用"一揽子合同"的做法,而不是"定期采购交货"。因此生产者一方如果采购次数少,每次采购批量就相对要大,原材料等库存就会增加;反之,采购次数较多,每次批量较小,库存量就会减少。

(8)检查合同履行情况。生产企业的采购人员要经常向使用者征求意见,了解对所购产品满意与否,检查和评价各供应商履行合同的情况,然后根据这种评价,决定以后是否继续向其购买。

(一)生产企业的购买类型

生产性购买所经历的购买阶段多少,取决于生产者的购买类型。下面介绍三种形态:

(1)持续再购买。这种形态的购买,生产者的采购部门根据过去与许多供应商打交道的经验,从列在名单上的供应商里选择供货企业,并继续订购过去采购的同类产品。也就是说,这种购买是惯性化的,最简单的。生产者只需不断地检查合同履行情况。对这种形态的购买,作为供货一方的企业,要是已经入选,就要努力保持服务质量和服务水平,以稳定顾客队伍。而未入选的企业则应先设法争取一些订货,以后逐步争取更多订货。

(2)变动再购买。即采购部门为了更好地完成采购任务,适当改变采购的规格、价格等条件,或更换供应商,这种形态的购买行为较为复杂,参与决策过程的有关人员也比较多。采购人员必须说明要求,检查合同履行情况。生产者的变动再购买,给未入选的供应商提供了市场机会,同时给已入选的供货企业造成了威胁。因为后者要设法拉拢现有顾客,保护既得利益。

(3)新购。即生产者第一次采购某种产品,此时情况最为复杂。生产者要对采购品种、规格、价格、交货条件和时间、服务要求、付款条件、订购数量、寻找和选择供应商等一一做出决策。采购的成本费用越高,风险越大,参与购买决策的人员和需要掌握的信息就越多。对待新购形式的顾客,供货一方企业应派出训练有素的推销人员,向他们提供所有必要的信息,帮助他们解决疑难问题。

(二)采购行为过程中的参与角色

生产者的购买通常不是个人决策,而是集体决策的结果。作为供货企业,就有必要分析哪些人参加生产者的购买决策、他们对购买决策的相对影响力、每位成员的评选标准以及如何对可能的供应商进行评价等问题。参与购买决策的所有人员形成的组织,叫"采购中心"。其成员扮演着五种不同角色:

(1)使用者。产品购买以后实际操作、运用的人员。他们对所购产品的型号、规格等负有重要责任。

(2)影响者。他们协助解释规格,提供决策用的有关资料。企业的工程技术人员是主要的影响者。

(3)采购者。采购者也可能帮助确定采购品种的规格,但其主要任务是选择和决定供应商,并在其权限范围内进行磋商。在复杂的采购中,采购者还可能包括企业的高层领导。

(4)决策者。这是采购一方中正式或非正式的有权最后决定供应商和交易的人员。在经常性的或标准件的购买中,采购者往往就是决策者。而在较为复杂的重要购买中,往往要企业高层领导亲自定夺。

(5)信息控制者。也称"把门者",这是对采购一方中,有权或能够控制有关信息传递的人员的称呼。例如,国外有的企业设有采购代理,他们往往有权决定不让他不满意的供应商见到本单位的使用者或决策者。工程技术人员有时也有这种权限，他们的主要作用在于防止泄露有关购买取舍的信息。

五、影响生产者的购买时机的因素

（1）产品特性。如产品的易腐性、价格、大小及消费频率等。一家钢铁厂可能每天要运送矿石以应付日常生产所需，但只会按月或按季度订购办公用品用具，甚至几年才购买新的熔炉。

（2）存货政策。有的企业会增大采购批量以减少成本或求得价格折扣与优惠；也有的为降低存货占用大量资金所承受的产品报废、损毁或"精神磨损"的风险，从而减少批量，增加购买次数。这都会影响生产者对购买时机的抉择。所以，供货企业应了解采购单位的存货政策，调整报价，提供适当的产品。

（3）经济前景。生产者对产业用品的需求，取决于市场对其加工制造的产品的需求，它们与经济现状和可能的走势有直接关系。

六、中间商市场

（一）中间商市场的概念

中间商，或称商业企业，是指购买商品再转售以获得利润的组织机构。从地域上说，商业企业比生产企业分散，但比消费者集中。除了少数的直销商品，几乎其他所有产品都需要商业企业转售给最终消费者。生产企业应当把商业企业视为最终顾客的代理采购商，而不应是生产企业的推销代理商。

（二）中间商采购者的类型

对于供货厂家来说，了解中间商采购者的购买风格是一件很重要的事情，下面介绍六种中间商采购者的类型：

（1）忠诚型采购者。这类买主年复一年地向某一固定渠道采购。

（2）机会型采购者。这类采购者选择那些能增进其长远利益的供应商，并通过讨价还价来谋求最大的好处。

（3）寻求最佳型采购者。这类采购者在某一特定时机，选择可能获得的最佳条件。

（4）创造型采购者。这类采购者具有很突出的谋划性和工作的艺术技巧性，他会告诉供应商有关他们所需要的产品、服务与价格条件等。

（5）广告型采购者。这类采购者总是试图得到一份广告补贴，以作为交易的条件。

（6）计较型采购者。这类采购者善于讨价还价，要求卖方在价格上作特别让步，所接受的条件是他认为其他方再不可能有如此优惠的价格折让。

七、政府采购市场

1. 政府采购市场的概念

政府市场是由各种为执行政府职能而采购或租用商品的中央、省区及基层的政府单位组成。在美国，政府已经成为全美最大的采购主顾，约占国民生产总值的20%左右。在我国，社会主义市场经济体制下的政府将成为一个新的采购市场，关于这一点，所有的企业都必须给予足够的重视。

2. 政府采购人员的购买决策

政府采购是建立在政府机构为实现国家及公众目标所必须得到的产品和服务的基础上的。政府采购也同其他组织的采购一样，需要就购买什么、购买多少、去什么地方买、要支付多少款项以及需要哪些服务等项内容做出决策。这里需要提及的只有两点：一是政府采购会很注重那些能满足要求规格的最低成本出价者；二是政府究竟要采购哪些产品。以美国政府为例，它们购轰炸机、工艺品、教育设施、家具、卫生设施、衣服、材料搬运设备、灭火机、汽车以及燃料等，还要就邮政建设、太空研制、住宅及城市改造等方面形成少量支出。

3. 政府的采购方式

政府采购，主要受两个方面的影响：一是财政预算，它有规定金额、指定购买方向以及检查的作用；二是由于政府采购量大，属非私人性购买，所以要受到廉政建设的监督和公众的评论。因此，政府的采购方式应主要有两种类型，即公开招标和协议合同。

（1）公开招标。公开招标采购是指政府采购办事机构邀请合格的供应商对政府的购买项目进行投标。一般来说，中标者是出价最低的供应商。除了日用品和标准品之外，对非标准品来说，供应商必须考虑产品的规格要求及政府能够接受的条件。在有些情况下，如按时或提前高质量完成任务，政府部门会给予供应商一定的奖励或折扣。

（2）协议合同。采购机构同一家或多家公司接触，并就项目和交易条件进行谈判，最后达成采购协议。这种采购方式主要用于复杂项目的交易。供应商如果能将成本降下来，就可以获得巨大利润；但供应商的利润过高时，合同就有可能受到公司公开复审或重新谈判。

大公司获得的政府合同能给小公司带来足量的分包机会，但是，得到分包合同的企业必须与主体公司共担风险。可见，政府的采购活动能为生产者市场创造出很多的延伸性需求。

任务一结果测评：		
评价依据	评价分值	得分
对产业市场特征把握准确、推销说辞准确、能击中要害、打动用户、体现团队合作精神、态度认真	90分以上	
对产业市场特征把握准确、推销过程能够打动用户	70~90分	
对产业市场特征的把握基本准确、推销过程能够说出产品的优点	60~70分	
对不同类型的市场特征不了解、准备不充分、态度不认真、不能完成推销活动过程	60分以下	

任务二　认识消费者市场的实训
任务分配：分小组进行，请同学们自行选择一种消费品，从消费者市场特点的角度分析，应如何经营这种产品，小组讨论后派出代表阐述本小组的结论，由老师为每组表现赋分
任务二成果展示：讨论过程、结论表述

知识储备：

一、消费者市场的概念

营销学中，市场指的是具有购买力和购买欲望的人口，而消费者市场指的是这样的人：为了个人生活需要而购买消费品和服务的一切个人和家庭。也就是说，为了最终的生活消费而购买产品的行为就属于消费者行为，这样的人和家庭就是消费者市场的组成者。按照购买目的的不同，市场还可以分为生产者市场、中间商市场和政府组织市场，但它们购买产品的目的都不是为了最终的消费，而消费是产品的流通终止的环节，因此，以消费为目的的购买者组成的消费者市场，是一个最终的市场。而生产者购买产品是为了加工制造其他产品，中间商进购产品是为了转卖，它们都不是最终的市场，但生产者生产产品、中间商进购产品却都是为了满足最终的消费者市场的需要，所以，必须要研究消费者市场的特点和消费者行为，才能投其所好，使其满意。

二、消费者市场的特点

1. 分布的广泛性

消费者人数众多，地理范围分布广泛，尤其是基本的日用消费品，如牙膏、香皂、米、面、油、盐、衣服等，更是人人都需要使用，这就是消费者市场分布的广泛性。

2. 购买的频繁性

消费者对消费品的购买，次数多、频繁，但由于个人和家庭对商品的消耗量不大，所以每次购买量较少，这就是消费者市场购买的频繁性。

3. 需求的扩展性

消费者对商品的需求会不断扩展。由于人的需求是永无止境的，一个需求满足了，人们还会产生新的需求；低层次需求满足了，还会产生高层次的需求，对企业来说，意味着机会无限，这就是消费者市场需求的扩展性。

4. 复杂多变性

由于消费者市场人数众多，每个消费者对商品都有不同的需求和偏好，而这需求和偏好又在不断地发生着变化，这一切，构成了消费者市场的复杂多变性，增加了企业营销的难度。

5. 消费的情感性

与产业用品的采购不同的是，消费者人数众多，大都对所购商品缺乏专业知识，有时购买并不理智，全凭个人喜好，这就是消费的情感性。

6. 可诱导性

消费者的需求和偏好虽复杂多变，但也是企业可以引导的，企业可以通过各种促销手段使消费者的需求从无到有，由弱到强。

任务二 结果测评：		
评价依据	评价分值	得分
消费品的选择合适；分析准确、深入；讨论热烈；表述清楚、大方；体现团队合作精神	90分以上	

续表

对消费者市场特点的分析准确、深入；结论正确；表述清楚	70~90分
对消费者市场特点的分析比较准确，但不够深入；结论正确	60~70分
对消费者市场的特征完全不了解，未能完成任务	60分以下

任务三　消费者心理与行为的分析实训

任务分配：根据所提供的材料，进行案例分析，提交分析结论

任务三成果展示：案例分析结论

案例材料：速溶咖啡：消费者怎么看？

当速溶咖啡刚刚生产出来时，生产厂商认为它适合人们追求便利、节省时间的需要，同时由于它的生产成本远低于传统咖啡，因而价格也低，故断定它投放市场必定大受欢迎，会带来丰厚的盈利。于是他们不惜花费巨资，利用各种宣传工具大做广告。

然而事与愿违，速溶咖啡的销量出乎意料地少。尽管传统咖啡的广告费用少得多，它还是牢牢地占据差不多整个市场。显然，对速溶咖啡的广告宣传肯定是在某一点上出毛病了。生产厂商请来消费心理学家研究。消费心理学家采用了问卷调查法，对消费者进行调查。问卷首先询问消费者是否使用内斯速溶咖啡，然后再问那些回答说"不"的人为什么不喜欢。结果，大部分人都回答说："我们不喜欢这种咖啡的味道。"

这结果使厂家深感奇怪，因为厂家知道，内斯速溶咖啡与传统咖啡在味道上并无区别。毫无疑问，被调查者讲的并不是真正的理由。看来，一定有某种连当事人也不十分清楚的原因，影响了速溶咖啡的形象。

于是，消费心理学家又采取了心理学调查的"投射"技术，设计了如下两张购物表，并把它们拿给妇女看，让她们按自己的想象描述两位"主妇"的个性特征。

表一：
5千克朗福德焙粉
2片沃德面包
胡萝卜
0.454千克内斯速溶咖啡
0.681千克汉堡牛排
10千克狄尔桃
2.27千克土豆

表二：
5千克朗福德焙粉
2片沃德面包
胡萝卜
0.454千克马克西维尔鲜咖啡
0.681千克汉堡牛排
10千克狄尔桃
2.27千克土豆

这两张购物表区别不大，表中绝大部分项目都相同，只有一项在表一中是速溶咖啡，在表二中是新鲜咖啡。但接受测试的妇女们对两位假想中的"主妇"的个性特征描述就有很大差异了。她们把那个买速溶咖啡的主妇描述成一个懒惰、喜欢凑合、不怎么考虑家庭的妻子，而把那位买新鲜咖啡的主妇描述成勤快能干、喜欢做事、热爱家庭的妻子。

这才是隐藏在表层理由下面，连当事人自己也弄不明白的速溶咖啡不受欢迎的真正理由！

这项调查使厂家吃惊不小。原来，他们在广告中宣传的速溶咖啡的优点——便利、省时，被人们看成是负债而非资产了，它给人们留下的印象是消极的而非积极的。由此厂家意识到，速溶咖啡需要一个受人们欢迎的新形象。

于是，厂商避开原来易在人们心目中形成消极形象的主题——便利、省时，转而着重强调速溶咖啡所具有鲜咖啡的味道和芳香。他们在杂志的整页广告中，在一杯咖啡后面放上一大堆棕色的咖啡豆，在速溶咖啡包装上写道："百分之百的纯咖啡。"不久，消极形象逐渐被克服，人们在不知不觉中开始接受了速溶咖啡真正有价值的特点——有效、及时等。速溶咖啡成了西方国家销量最大的一种咖啡。

问题：
1. 为什么速溶咖啡最开始销量不好？
2. 这个案例对你有何启示？

知识储备：

消费者购买行为收到社会、文化、心理、个人等因素的影响很大。营销人员无法控制这些因素，为了吸引消费者，开展有效的市场营销活动，必须充分考虑这些影响消费者行为的因素。

一、影响消费者行为的因素

（一）社会因素

消费者行为会受到社会因素的影响，它包括消费者的家庭、参考群体和社会阶层等。

1. 家庭

家庭是消费者个人所归属的最基本团体。一个人从父母那里学习到许多日常的消费的行为。即使在长大离家后，父母亲的教导仍然有明显的影响，其父母对某一产品的购买倾向或多或少会对孩子以后的消费行为产生影响。

家庭成员的态度及参与程度也会影响消费者的购买。例如，购买大件物品时，家庭整体的参与程度较高，而小件日常用品，家庭成员自己就可以决定。另外，如果是车子、电器等产品，丈夫的参与程度很高；如果是日用品，则妻子的参与程度更高；一个家庭中的孩子，虽然没有购买决定权，但却有着很大的影响力，尤其是儿童用品，很多家长在购买时还是会参考孩子的意见。因此，企业推出的商品、做出的宣传就要考虑这些因素的影响，有针对性的进行广告宣传。

2. 参考群体

一个人的消费行为受到许多参考群体的影响。直接影响的群体称为所属群体，包括家庭、朋友、邻居、同事等。间接影响的称为参照群体，也成为崇拜群体，是指消费者不属于其中，但其心理向往的群体，如电影明星、体育明星，很多都是人们崇拜和效仿的对象，他们用过的、喜欢的，都会引起时尚潮流。这就不难解释为什么企业会花大把的资金请名人来代言产品了，就是为了利用崇拜性群体对消费者的影响，促使消费者购买。

3. 社会阶层

社会阶层是指按照一定的社会标准，如收入、受教育程度、职业、社会地位及名望等，将社会成员划分成若干社会等级。同一社会阶层的人往往有着共同的价值观、生活方式、思维方式和生活目标，并影响着他们的购买行为，美国市场营销学家和社会学家华纳从商品营销的角度，将美国社会分成六个阶层。既然每个社会都有不同的阶层，其需求也具有相应的层次。即使收入水平相同的人，其所属阶层不同，生活习惯、思维方式、购买动机和消费行为也有着明显的差别。因此，企业的营销人员，可以根据社会阶层进行市场细分，进而选择自己的目标市场。

（二）文化因素

1. 文化

文化是人类在长期的生活和实践中形成的语言、价值观、道德、风俗、知识、信仰、艺术等的总称。文化是人们在社会实践中形成的，是一种历史现象的沉淀；同时，文化又是动态的，处于不断的发展和变化之中。文化对消费者行为具有非常深远的影响。

2. 亚文化

每种文化之间有巨大的差异，在同一种文化的内部，也会因民族、宗教等诸多因素的影响，使人们的价值观念、风俗习惯和审美标准表现出不同的特征。亚文化通常按民族、宗教、种族、地理、职业、性别、年龄、语言、文化与教育水平等标准进行划分。在同一个亚文化群中人们必然有某些相似的特点，以区别其他的亚文化群。熟悉亚文化特点，有助于企业制定相应的营销策略。

3. 价值观念

价值观念是指人们对社会生活中各种事物的态度和看法。不同的文化背景，人们的价值观念相差很大。市场的流行趋势都会受到价值观念的影响。企业在制定促销策略时应该将产品与目标市场的文化传统，尤其是价值观念联系起来。例如，美国人希望得到个人最大限度的自由，追求超前享受，人们在购买住房、汽车等时，既可分期付款，又可向银行贷款支付。而在我国，人们则习惯攒钱买东西，人们购买商品往往局限于货币支付能力的范围内。

[案例链接3.2] 价值观念对购买行为的影响

20世纪50年代，纸尿裤刚进入日本市场时，厂商认为该产品方便省时、使年轻的妈妈照顾孩子不那么辛苦，不用经常换尿布，而且价钱也并不贵，厂商认为该产品一定会大行其道，进行了大规模的宣传。厂商针对年轻母亲做了广告，诉求点是：让妈妈们照顾宝宝更方便。结果发现越这样宣传，妈妈们就越不买。经过进一步调查才发现，日本的妈妈跟美国的妈妈们有着不同的价值观念。日本的女性很传统，也很勤劳。她们认为带孩子辛苦是应该的，如果给孩子穿纸尿裤是为了自己方便，会导致她们的内疚感，她们会认为只有懒惰的妈妈才会选用这种产品。原来这才是纸尿裤不受欢迎的原因！并不是它贵，或不符合消费者的习惯！而是厂商"便利、省时"的宣传恰恰是被消费者所反感的，不符合她们的价值观念！了解了产品不受欢迎的原因后，厂商将广告的诉求点变成了：宝宝用了尿不湿肌肤会更加干爽，能享受一整晚的舒适睡眠。既然用尿不湿是让宝宝更舒服，那么有几个母亲不愿意用呢？配合一系列的营销活动，尿不湿终于在日本市场打开了销路。

（三）个人因素

1. 消费者自身因素

消费者购买行为首先受其自身因素的影响，比如：消费者的经济状况，即消费者的收入、存款与资产、借贷能力等。消费者的经济状况会强烈影响消费者的消费水平和消费范围，并决定着消费者的需求层次和购买能力。消费者经济状况较好，就可能产生较高层次的需求，购买较高档次的商品，享受较为高级的消费。相反，消费者经济状况较差，通常只能优先满足衣食住行等基本生活需求。

2. 消费者的职业、地位

不同职业的消费者，对于商品的需求与爱好有着很大的不同。一个从事教师职业的消费者，一般会较多地购买书报杂志等文化商品；而对于时装模特儿、造型师等职业的人来说，漂亮的服饰则更为需要。消费者的地位不同也影响着其对商品的购买。身在高位的消费者，将会购买能够显示其身份与地位的较高级的商品。

3. 消费者的年龄与性别

不同年龄的消费者，消费观念有着很大的区别。破洞的牛仔裤会受到年轻人的欢迎，老人们却完全看不惯。不同性别的消费者，其购买行为也有很大差异。烟酒类产品较多为男性消费者购买，而女性消费者则喜欢购买时装、首饰和化妆品；此外，女性消费也更为感性和冲动，而男性消费者往往更理智。

4. 消费者的个性

个性是指一个人特有的心理素质，不同性格的消费者具有不同的购买心理和购买行为。刚强的消费者在购买中表现出大胆自信，而懦弱的消费者在挑选商品中往往缩手缩脚。

（四）心理因素

福特汽车公司曾推出了一种适合年轻人开的跑车，投放到市场后，居然有部分老年人也喜欢。经过调查，福特公司了解到，老年人购买跑车的原因是，觉得开上这种跑车年轻了几十岁。由此可见心理因素对消费者购买行为的影响。

1. 需求

（1）需要和动机。需要产生动机，动机又引发行为。人们的一切行为都是由需要和动机引起的。例如，饥饿会使人们产生对食物的需要，从而促使人去吃饭这一行为。而消费动机是一种升华到足够强度的动机，引导人们去付诸行动。由于需要和动机有着不同的强度，在购买力有限的条件下，只有最强烈的那个动机会引发行为，比如，一个人饿了，可能想吃包子、米饭、面条，那么，哪一个食物对他的诱惑最大，他就会选择哪个。因此，企业的营销人员要不断地刺激消费者的需求，使他对本企业产品的需求，越来越强烈，最终实现购买。

（2）马斯洛的需求层次理论。人道主义心理学家亚伯拉罕·马斯洛把复杂的人类需求分为五大层次，这五大层次被按不同的依存程度和先后次序排列为：生理需求、安全需求、社交需求、自尊需求和自我实现的需求。

1）生理需求。满足人类生理上的基本需求，是人类生存的起码条件。生理的需求就是生活的最基本的物质需求，主要是衣、食、住、行等。一个人三餐不继，其他需求就无从谈起。

2）安全需求。在人们基本的生理需求得到满足和保障以后，就要考虑安全问题了。这包括职业与收入稳定、劳动安全、不受疾病威胁、要避免危险、恐怖、失掉自由，要使人身不受侵犯，家庭财产免受损失等。

3）社交需求。当人们的物质生活需求得到保障以后，就要有提高精神生活水平的要求。这类社会的需求，就是友谊和社交等。因为人不是孤立的个体存在，而是群体的存在，有"归属感"，人往往希望自己归属于某一组织和某一团体。

4）自尊需求。自尊的需求是求得社会的承认。它一方面要求自尊、自信、自爱，有知识、有能力；另一方面，要求得到外界的尊重，有声望、有地位等。这一般是在前几种需求得到满足以后的比较高层次的需求。

5）自我实现的需求。这是马斯洛排定的最高层次的需求。主要是指追求更高的理想，希望更充分发挥自己的才能，做更有价值、更有意义的事业，有更大的贡献等。

人们的需求程度有差异，需求的层次也会不断变化。当某一层次得到满足以后，人就可能产生更高级的需求。当然，在特定情况下，如果缺乏基本的需求，人们也可能追求高级需求。企业的营销人员必须充分认识到，企业的产品是要满足消费者哪一个层次的需要，就应如何宣传产品。

[案例链接3.3]　红旗轿车的失策

曾经，红旗轿车红极一时。红旗车以它大气的造型、精心的工艺、宽敞的车身，代表着高级社会身份，成为人人皆知的名牌。如今，红旗车定位尴尬，不被人们接受。红旗车的这种悲剧就在于生产者给它定错了位，把它从炫耀性商品变为一般商品，没有了名牌的光环。

马斯洛的需求层次理论认为，人不仅有物质需要，还有精神需要。随着社会发展，人们富裕程度的提高，精神需要也越来越重要。精神需要是多种多样的，其中之一就是通过消费来显示、炫耀自己的社会身份，获得别人的认可与尊重。这种消费称为"炫耀性消费"，用于这种消费的物品称为"炫耀性物品"。在市场经济社会中，人的财富总是与社会地位和身份相关的，所以，消费高价名牌的物品表现出自己的财富，也炫耀了自己的身份。炫耀性物品就是高价的名牌物品。

红旗车之所以受青睐就是因为它是炫耀性物品。汽车至少有两种功能：交通方便与炫耀身份。一般车的功能主要是方便交通，而特殊的名牌车（如英国的劳斯莱斯、德国的奔驰与宝马、美国的凯迪拉克等）则主要是用于炫耀身份。红旗车从前作为炫耀性商品，一是因为它做工精细（许多零件由高技术工人手工制作），成本高，产量少，从而价格高；二是使用它有严格限制（据说"文革"前正部级以上干部才有资格坐红旗车）。这样，红旗车自然身价不凡，名震中外了。

像红旗车这样的炫耀性物品只有价格高才有炫耀作用，因此对这种物品的需求与一般物品不同。一般物品是价格下降，需求量增加，但炫耀物品如果降价，买的人很多，就没有炫耀的作用了。所以，价格下降，作为炫耀性物品的作用就没有了（作为一般物品的作用仍然有），作为满足炫耀性消费的需求量就减少了。这种物品的生产者必须坚持低产量、高质量、高价格才能维持自己作为炫耀性商品的地位，并从中获利。

红旗车的悲剧在于生产者没有充分认识到消费者的真正需求，不知道消费者花了高价钱买红旗车是哪方面的需求没有被满足，正在把这种炫耀性物品降为普通物品。如果说一般物品走向大众化是成功的起点，那么，炫耀性物品走向大众化则是它失败的开始。红旗车大批量生产，改变了原来典雅的形式，用机械生产的部件代替了手工精制的部件，降低了价格，与其他车型在作为交通工具的市场上竞争，这时它的悲剧也就开始了。作为普通汽车人人都可以用，何身份之有？但作为普通汽车，它的价格性能比又远远不如其他汽车。现在红旗车的价格几乎是捷达、富康、桑塔纳的三倍，性能比它好的本田、别克、欧宝价格都比它低。红旗车象征身份的作用没有了，作为普通车又没有优势，自然举步维艰了。

案例来源：http://www.landong.com/u/p_17_268118.html

思考：

根据马斯洛的需求层次理论，消费者需要以下几种产品，是因为他们哪个层次的需要没能得到满足？企业应如何经营这类产品？

①防盗门　　②豪华轿车　　③无公害蔬菜　　④馒头　　⑤名牌包、名牌手表

2. 认知

消费者有了购买动机后，就要采取购买行动，而采取什么行动则受到认知的影响。消费者的认知由感性认识和理性认识两个阶段组成。感觉和知觉属于感性认识的过程。感觉指人们通过感官对外界刺激形成的反应，知觉则是人脑对作用于感觉器官的客观事物的整体反应。

3. 学习

学习是指由于经验而引起的消费者行为的改变。人类的行为大都来源于学习。例如，某顾客要购买电脑，由于对电脑不了解，在购买之前就会有一个学习过程。企业的营销人员应为顾客学习提供方便，向顾客介绍、宣传有关产品的知识，让顾客熟悉产品，从而产生购买决策。

二、消费者的购买行为类型

按照消费者个性、购买习惯等的不同，消费者可以分成不同的行为类型，他们在购买时呈现出不同的消费特征，在市场营销活动中，必须区别对待。

1. 习惯型消费者

这类消费者习惯性的购买某一品牌的产品。消费这个固定品牌的产品已经成了他的生活习惯。这类消费者品牌忠诚度非常高。是任何企业都梦寐以求的顾客群。习惯型消费者较多地存在于日用消费品的购买者中。

2. 理智型消费者

理智型消费者购买商品非常认真谨慎，一般在购买前就对要买的商品进行了调查和研究，所以在购买时已经心中有数，购买后也很少后悔。当购买房子、车子、家用电器等价值较高的产品时，往往理智型购买者居多，因为不管什么个性的人，在购买这些产品时都会比较冷静和理智，因此，销售这类产品应着重介绍产品的质量、性价比。

3. 经济型消费者

这类消费者特别重视商品的价格，对物美价廉的货物很感兴趣。他们在平时就很关心价格，对价格变化的反应也特别敏锐，善于发现别人不易察觉的价格差异。这类消费者对商品的数量相当计较，很精明。因此，这类消费者能带给消费者的利润是很少的，必须目标群体足够大，才能做到薄利多销。

4. 冲动型消费者

这类消费者容易受到外界的刺激，他人说好的东西，有可能不加思索就去购买，具有突然性。这类消费者容易受到各种宣传的影响，也是在现场促销中，最容易争取的顾客。

5. 模仿型消费者

这类消费者缺乏鲜明的个性，往往是模仿他人的消费行为，看别人买什么自己就买什么。因此，企业可以找能够引领时尚潮流的明星来代言产品，从而引起模仿型消费者的购买，也可以在超级卖场中，通过促销宣传吸引冲动型消费者、经济型消费者，从而带来模仿型消费者。

6. 随机型消费者

这类消费者缺乏购买计划性，往往走到哪里买到哪里，想起什么买什么。本来想一件物品，但走上一圈一定会抱回一堆东西。现场的促销和商品摆设，对这类消费者有较大的影响。

任务三结果测评：

评价依据	评价分值	得分
分析结论正确	40分	
分析深入、有说服力	40分	
态度认真、书写工整	20分	
合计	100分	

小结：

　　购买者是企业的市场，最终消费者是购买者的一个部分，另一个部分是组织机构。组织机构的购买行为与消费者有所不同，即购买单位较少，供应者也不多；购买批量大；地域上比较集中；需求或供应有连锁反应，但需求弹性不大。因此供给需求链中任何一个环节出了问题就会造成重大损失。

　　消费者市场是个最终的市场，产品到此退出流通环节，被消费，而生产者市场和中间商市场都是为了满足这个最终的消费者市场的需要，所以必须要研究消费者市场和消费者行为。影响消费者行为的因素有社会因素、文化因素、个人因素和心理因素。消费者的购买行为类型也可以分成多种。企业的营销人员必须充分意识到这些因素对消费者行为的影响，从而制定更为有效的营销策略。

课后作业：

　　案例分析：张女士是什么购买行为类型？

　　某星期天，北京的张女士上百货商场给儿子买完鞋带不想马上就走，因为商场内冷气开放，凉爽爽的很宜人，于是便在店里逛起来。

　　在二楼滚梯口处，张女士被一排色彩鲜艳又很时尚的遮阳帽吸引，张女士想起自己的凉帽已戴了两年，有些褪色，今天碰上优惠促销，何不选购一顶呢？于是她在凉帽柜台，自由地试戴，并最终花60元选购了两顶精致的遮阳帽。下楼时，她又被在楼梯口的运动游泳用品大促销所吸引，为儿子又买了一副浅绿色的游泳镜。因为，她曾听儿子说他的泳镜橡皮带已经老化了，所以今天一看到这里促销，马上就引起了她的购买冲动。

　　下到一楼，准备回家的张女士又停住了脚步。一款夏季防晒喷雾一盒一盒地搭起了一座三米多高的宝塔，那新颖的摆放造型，那清一色的一大片浅蓝，在化妆品卖场里是那样的醒目。逛客们几乎没有不被吸引的，张女士自然也走过去，一看价钱还不贵，而且所有人都在购买，张女士便也顺便买了一盒。

　　在这一案例中我们看出：顾客本来想买一条廉价的鞋带，却不经意地购回了防晒喷雾、遮阳帽和泳镜。

　　问题：

　　1. 张女士在购买过程中，都呈现出了哪些购买行为类型？

　　2. 卖场中存在有很多随机型的顾客，你认为应如何摆放商品，能让随机型的顾客更多的买走产品呢？

项目四　市场细分与目标市场策略的实施

学习目标

（1）知识目标。

理解市场细分的概念、市场细分的前提条件；掌握市场细分的作用、依据；掌握市场覆盖战略的方法、理解市场覆盖战略的影响因素；理解市场定位概念的含义、理解市场定位的方法、要考虑的因素。

（2）能力目标。

能够运用所学知识，对某产品的市场进行细分；能够根据产品特征、消费者特点等选择合适的市场覆盖战略；能够为产品进行合适的市场定位。

（3）素质目标。

本项目要培养学生的分析能力、解决问题的能力；培养学生敏锐、独特的营销思维，为日后进行营销活动打下坚实的素质基础。

重点和难点

（1）重点。

本项目中的重点是市场细分的依据、市场有效细分的条件；目标市场选择战略、影响目标市场选择战略的因素；市场定位的含义和依据。

（2）难点。

本项目的难点是目标市场选择战略、影响目标市场选择的各种因素，尤其是其中的竞争因素，不容易被学生所理解，因此是本项目学习的难点。

项目四　市场细分与目标市场策略的实施

项目名称：市场细分与目标市场策略的实施	
项目说明：市场细分、目标市场选择和市场定位是企业营销机会选择和确定过程中的三个互相联系、不可分割的环节。本项目通过对上述内容的实训，使学生掌握市场细分的方法，根据不同消费群体的差异，把整个市场细分为若干个子市场，选择合适的市场覆盖战略，并会为产品进行市场定位	
核心词：市场细分、目标市场	
任务一　市场细分实训 任务二　目标市场策略实训 任务三　产品市场定位实训	实训成果： 市场细分结论、目标市场策略报告、产品定位结论

任务一　市场细分实训

任务分配：分组进行。服装市场可以根据消费者的年龄来分为儿童服装市场、青年服装市场、中年服装市场和老年服装市场。还可以根据性别分为男性服装市场和女性服装市场等。请同学们分组讨论，服装市场还可以如何细分？也可以列举其他的产品，目前这个产品的市场是怎么细分的，还可以怎么细分？写出结论报告，并派出代表汇报本小组市场营销结论。由老师赋分

任务一成果展示：市场细分结论、汇报展示

知识储备：

一、市场细分的含义

（一）什么是市场细分

面对日趋激烈的市场竞争，越来越多的企业都意识到不可能依靠单一产品满足所有的消费者需求，至少不能采用一种方式来吸引所有消费者，因此市场细分是市场营销战略中的一个关键环节。从整个目标市场的营销过程来说，它也是企业进行目标市场选择和品牌定位的基础。

所谓市场细分，是企业按照消费者的一定特性，把原有市场分割为两个或两个以上的子市场，以用来确定目标市场的过程。不同的细分市场之间，需求差别比较明显；而在每一个细分市场内部，需求差别则比较细微。通常我们在以下两种情况下，需要对市场进行细分：

（1）当公司面对某一个大市场时，无法将自己和其他竞争对手区分开来，就需要市场细分。

（2）当不同的消费者对营销策略的反应有很大的不同时，市场细分也是一种恰当的选择。

市场细分是20世纪50年代中期美国市场营销学家温德尔·斯密（Wendell R. Smith）提出的，其产生与发展主要经历了大量营销、产品差异化营销及目标市场营销三个阶段。

市场细分理论的产生，使传统营销观念发生了根本的变革，在理论和实践中都产生了极大影响，被西方理论家称之为"市场营销革命"。

市场细分理论产生之后经过了一个不断完善的过程。最初，人们认为把市场划分得越细，越能适应顾客需求，通过增强企业产品的竞争力便可提高利润率。但是，20世纪70年代以来，由于能源危机和整个经济的不景气，使不同阶层消费者的可支配收入出现了不同程度的下降，人们在购买商品时，更多地注重价值、价格和效用的比较。显然，过度细分市场必然会导致企业营销成本上升而减少总收益。于是，"反细分化"理论应运而生。营销学者和企业家认为，应该从成本和收益的比较出发，对市场进行适度的细分，这是对过度细分的反思和矫正，它赋予了市场细分理论新的内涵，使其不断地发展和完善，对指导企业市场营销具有更强的可操作性。

（二）市场细分的原因

（1）市场需求的差异性是市场细分的内在依据。以市场总人口中的一小部分作为目

标市场，在特定市场上发掘绝大部分购买力的方法既有经济性，又富有效率。

（2）企业的资源限制和有效竞争是市场细分的外在强制条件。为了巩固竞争地位，专门针对目标消费者及其需要的市场细分战略有助于企业提供更好的营销组合，针对目标消费者的需求，提高消费者的忠诚度，力争取得最大的竞争优势。

（3）企业为了求生存、谋发展，必须进行市场分析，满足不断变化、千差万别的社会消费需要。尚未满足的消费需求成为不同企业的一个又一个的市场机会，这些企业推出层出不穷的新产品，满足市场所有的购买和消费需求，促进了企业的发展。

所以，市场细分是企业是否真正树立"以消费者为中心"的市场营销观念的根本标志。它对企业营销具有这样的作用：有利于发现市场机会；有利于掌握目标市场的特点；有利于制定市场营销组合策略；有利于提高企业的竞争能力。

二、市场细分的依据

1. 理论依据

产品属性是影响顾客购买行为的重要因素，根据顾客对不同属性的重视程度，可以分为三种偏好模式。这种需求偏好差异的存在是市场细分的客观依据。

（1）同质偏好。市场上所有的顾客有大致相同的偏好，且相对集中于中央位置。

（2）分散偏好。市场上的顾客对属性的偏好高度散布在整个市场空间，偏好极其分散。

（3）集群偏好。市场上出现几个群组的偏好，客观上形成了不同的细分市场。

2. 消费者市场的细分依据

对消费者市场进行市场细分要依据一定的细分变量，消费者市场的细分变量主要有地理、人口、心理和行为四类变量。

（1）地理细分。地理细分是指企业按照消费者所在的地理位置以及其他地理条件（包括城市、农村、地形、气候、交通等）来细分消费者市场。处在不同地理位置的消费者对企业的产品各有不同的需要和偏好，他们对企业所采取的市场营销战略，对企业的产品价格、分销渠道、广告宣传等市场营销措施也各有不同的反应。市场潜力和成本费用会因为市场位置不同而有所不同，企业应选择那些本企业能更好地为之服务的，效益较高的理想市场为目标市场。

（2）人口细分。人口细分是指企业按照人口统计学变量（包括年龄、性别、收入、职业、教育水平、家庭规模、家庭生命周期阶段、宗教、种族、国籍等）来细分消费者市场。人口变量一直是细分消费者市场的重要变量，主要是因为人口变量比其他变量更容易测量。

（3）心理细分。心理细分是按照消费者的社会阶层、价值观、个性和生活方式等心理变量来细分消费者市场。心理标准是细分市场中比较复杂的一个标准，随着经济的日益发达和多元社会结构的出现，人们对于个性化的追求都使消费者心理因素变得更为复杂。企业必须根据消费者的不同心理，进行市场调查研究，从而获得可靠的数据，用来确定自己的目标市场。

（4）行为细分。行为细分是企业按照消费者购买和使用某种产品的时机、消费者所追求的利益、使用者情况、消费者对某种产品的使用、消费者对品牌的忠诚度、消费者待购阶段和消费者对产品的态度等行为变量来细分市场。许多营销人员认为，行为细分是进行市场细分的最佳起点。

三、市场细分的作用

市场细分对企业来说，具有以下作用：

（1）市场细分有利于分析、发掘新的市场机会。

市场细分后得到的子市场要比大众的市场简单得多，相对来说也便于企业及时地了解和认识当前市场的竞争形势。企业往往可以根据对细分市场需求的满足程度的分析，发现那些需求未得到满足或满足不够的消费者，从而使企业不断地寻求到新的市场营销机会，扩大市场占有率。

（2）市场细分可以给企业带来较高的销售额和更多的利润。

对于需求有差异的产品，企业施行市场细分和目标营销，可以在每个目标市场培养一批忠实的顾客，其结果往往比生产单一的产品面向整个市场更能给企业带来较高的销售额和利润。

[案例链接4.1] 准确细分市场的宝洁公司

宝洁公司有好几个洗发水品牌，分别用来满足人们对洗发水的不同需求。海飞丝，满足去屑需求；飘柔，使头发更柔顺；潘婷，有非常好的焗油效果。由于产品的独特功效和广告宣传的影响，宝洁公司每个洗发水的牌子都拥有一批忠实的消费者，这种生产多种产品满足不同消费者需求的做法使宝洁公司稳居中国洗发水市场龙头老大的位置。试想，如果宝洁公司的洗发水产品只有一种，就算它集去屑、柔顺和焗油等功能于一身，恐怕也不能使宝洁公司的洗发水业务获得今天这样的市场地位、这样巨大的销售额和可观的利润。

（3）市场细分有利于企业有针对性地制定市场营销组合策略。

企业向广阔的市场提供一种产品，就比较容易制定生产与销售策略，尽管这种无差异的生产与销售给企业的计划带来了方便，但是信息反馈却比较迟钝，对市场情况发生变化所作出的反应也很不灵活。而市场经过细分以后，企业与消费者之间的距离被拉近了，企业完全可以针对不同消费者的需要，制定不同的营销方案，提供不同的产品，及时对消费者的反应做出评价，一旦市场需求有新的变化，企业马上就可以对市场营销的有关战略进行调整，采取有效措施。

四、市场有效细分的条件

细分市场的方法有很多，但并非所有的细分后得到的子市场都有意义。因此，实行市场细分时必须以一定的条件来衡量潜在的子市场，企业最终确定的子市场必须具备下列条件：

（1）可衡量性。指企业细分后得到的子市场，其规模、容量、购买力等是企业能够衡量和推算的。例如，生产专门针对糖尿病患者的无糖食品的企业希望糖尿病人的数量是可以衡量的，事实上，这个市场也的确可以衡量，因此是有效的子市场。

（2）可接近性。指细分之后得到的子市场，是企业可以进入和为之服务的。例如，北京禁止放鞭炮，对于鞭炮的生产厂商来说，这个市场就不具备可接近性。

（3）可营利性。指细分后得到的子市场，能够给企业提供足够多的效益和利润。由于对细分市场的开发需要支付大量的资金，所以细分市场的规模必须足以实现企业的利润目标，而且要有相当发展的潜力，入不敷出，就不值得去占领。例如，中国也有很多身高在2米以上的人，但服装公司不可能把这类人作为目标市场，专门为这类消费者设计服装，因为这个市场实在是太小了，不能给企业提供足够的利润。

（4）可实施性。指企业的资源和市场营销组合能够与细分后的子市场相适应。如果对市场进行细分后，企业却无力生产出相应的产品，或不能有效地使这些消费者了解自己的商品和买到这些商品，这个子市场对企业来说也毫无意义。

很显然，市场细分是企业力量有方向的施用，企业既不能以单一产品勉强消费者，也不能过分创造多式样的产品和毫无根据的产品特色，企业对市场进行细分而增加的成本与所得利润这两者间的权衡抉择必须得当，否则企业就不会因此而获取应有的利益。

五、市场细分的方法

1. 单一变量法

所谓单一变量法，是指根据市场营销调研结果，把选择影响消费者或用户需求最主要的因素作为细分变量，从而达到市场细分的目的。这种细分法以公司的经营实践、行业经验和对组织客户的了解为基础，在宏观变量或微观变量间，找到一种能有效区分客户并使公司的营销组合产生有效对应的变量而进行的细分。

2. 主导因素排列法

主导因素排列法即用一个因素对市场进行细分，如按性别细分化妆品市场，按年龄细分服装市场等。这种方法简便易行，但难以反映复杂多变的顾客需求。

3. 综合因素细分法

综合因素细分法即用影响消费需求的两种或两种以上的因素进行综合细分，例如，用生活方式、收入水平、年龄三个因素可将妇女服装市场划分为不同的细分市场。

4. 系列因素细分法

当细分市场所涉及的因素是多项的，并且各因素是按一定的顺序逐步进行，可由粗到细、由浅入深，逐步进行细分，这种方法称为系列因素细分法。

任务一结果测评：

评价依据	评价分值	得分
市场细分报告中对市场、产品、顾客的分析深入	40分	
市场细分准确、合理	40分	
表达能力强、有说服力	10分	
讨论热烈、体现团队合作	10分	
合计	100分	

任务二：目标市场策略实训

任务分配：分小组进行本任务内容，请每组成员选择一种产品，为这个产品选择合适的目标市场，制定目标市场策略。也可以创造一种目前市场上没有的全新产品，为这个产品进行目标市场策略。撰写某产品的目标市场策略报告。并派出代表进行汇报。由老师赋分

任务二成果展示：目标市场策略报告、现场汇报

知识储备：

真正的市场细分不是为细分而细分，而是为了更好地满足消费者的需求，确定目标市场。市场细分和目标市场的选择是既有联系又有区别的。市场细分是目标市场选择的基础和前提。在市场细分的基础上，企业根据自己的资源条件和经营能力选择一个或几个子市场作为自己的目标市场。只有准确无误地确定了目标市场，企业才能制定并实施相应的营销战略与策略，这样的营销活动称为确定目标市场或市场目标化。市场细分提示了企业面临的细分市场的机会。

一、目标市场战略

目标市场是企业打算进入的细分市场，或打算满足的、具有某种需求的客户群体。对市场进行细分之后，企业面对许多不同的子市场，就要进行恰当的评价，结合自身的资源和目标选择合适的目标市场战略。

（一）目标市场战略的类型

1. 无差异性市场营销战略

无差异市场营销是指企业在市场细分后，不考虑各子市场的特性，只注重子市场的共性，决定只推出单一产品，运用一种市场营销组合，忽略细分市场区别的大众营销。一般在两种情况下，企业会采用无差异性营销策略：一是企业面对的市场是同质市场；二是企业把整个市场看成是一个无差异的整体，认定所有消费者对某种需求基本上是一致的。例如，可口可乐公司早期就使用单一规格、单一口味的瓶装饮料，以满足各种顾客的需要。再例如，食盐这种产品，消费者的需求差异性很小，企业一般都不会进行市场细分，都会采用大致相同的市场营销策略。

采用无差异性市场营销策略的最大优点是能够降低成本。大批量的生产销售，必然会降低产品单位成本，也可以减少广告宣传等促销费用，减少了相应的市场调研、产品研发等成本开支。

但是，无差异性市场营销战略对市场上绝大多数产品是不适用的，因为消费者的需求偏好具有极其复杂的层次，某种产品或品牌受到市场普遍欢迎的情况很少。即便一时能赢得某一市场，但如果竞争企业都如此模仿，就会造成市场上某个局部竞争非常激烈，而其他部分的需求却未得到满足。

[案例链接4.2]　自大的美国车

20世纪70年代以前，美国三大汽车公司都坚信美国人喜欢大型豪华的轿车，它们共同

追求这一大的目标市场，采用无差异性市场营销战略。在70年代能源危机发生之后，需求发生了变化，消费者越来越喜欢小型、轻便、省油的小型轿车。而美国三大汽车公司都没有意识到这种变化，更没有适当地调整营销战略，致使大轿车市场竞争"白热化"，而小型轿车市场却被忽略。日本汽车公司在这种情况下乘虚而入。

2. 差异性营销战略

差异性营销是指企业决定同时为几个子市场服务，设计不同的营销组合以适应各个子市场的需要。例如，艾迪生兄弟公司经营了900家鞋店，分为四种不同的连锁形式（高价鞋店、中价鞋店、廉价鞋店和时装鞋店）。每一种连锁形式都针对一个不同的细分市场，并且这几种连锁形式分别针对不同目标市场的鞋店往往在一条街上，相互靠得很近，却不会影响彼此的生意。这种差异性营销策略使艾迪生兄弟公司成了美国最大的女鞋零售商。

采用差异性市场营销战略的最大优点是有针对性地满足具有不同特征的顾客群，提高产品的竞争能力。但是，这种战略也会由于产品品种、销售渠道、广告宣传的扩大化与多样化，致使市场营销费用大幅度增加。所以无差异性市场营销战略的优势，基本上也是差异性市场营销战略的劣势，只有能在总量上扩大营销才有意义。因此，企业在市场营销中有时需要"反细分"或"扩大顾客的基数"，作为对差异性营销战略的补充和完善。比如某乳制品企业把整体市场按年龄细分为几个子市场，分别制定不同的营销组合策略，针对不同的目标客户（婴幼儿、老年人、中青年女性等）制定不同的营销渠道和促销策略。

差异市场营销策略往往比无差异市场营销能够赢得更大的总销售额，但也会增加成本。

3. 集中性市场营销战略

集中性市场营销战略是将整个市场分割为若干细分市场后，只选择其中一个或少数细分市场为目标市场，开发相应的市场营销组合，实行集中营销。其指导思想是把人、财、物集中于某一个细分市场，或几个性质相似的小型市场归并的细分市场。不求在较多的细分市场组成的目标市场上占有较小的份额，而要在少数或较小的目标市场上得到较大的市场份额。

集中性市场营销战略也称"弥隙"战略，即弥补市场空隙的意思。它适合资源较少的小企业。这些小企业与大企业硬性抗衡，往往弊多于利，因而必须寻找对自己有利的生存环境。如果小企业能避开大企业竞争激烈的市场，选择一两个能够发挥自己技术、资源优势的小市场，往往容易成功。由于目标集中，可以大大节省营销费用和增加盈利；又由于生产、销售渠道和促销的专业化，也能更好地满足这部分特定消费者的需求，企业易于取得优越的市场地位。

这一战略的不足是经营者承担风险较大。如果目标市场的需求突然发生变化，目标消费者的兴趣突然转移（这种情况多发生于时髦商品），或是市场上出现了强有力的竞争对手，企业就可能陷入困境。

例如，IBM公司最早实行无差异性营销战略，用单一的大电脑占据全球市场，后来出现了很多的竞争对手，纷纷采用集中性营销策略。它们在某一领域做得很专业，瓜分全球市场，给IBM公司带来了很大的威胁，迫使IBM公司不得不改变自己的营销策略。

（二）选择目标市场营销战略的条件

1. 企业能力

企业能力是指企业在生产、技术、销售、管理和资金等方面力量的总和。如果企业力量雄厚，且市场营销管理能力较强，即可选择差异性市场营销战略或无差异性市场营销战略。如果企业能力有限，则宜选择集中性市场营销战略。

2. 产品同质性

同质性产品主要表现在一些未经加工的初级产品上，如水力、电力、石油等，虽然产品在品质上或多或少存在差异，但用户一般不加区分或难以区分。因此，同质性产品竞争主要表现在价格和提供的服务水平上。该类产品适于采用无差异性市场营销战略。而对服装、家用电器、食品等异质性需求产品，可根据企业资源力量，采用差异性市场营销战略或集中性市场营销战略。

3. 产品生命周期阶段

新产品上市往往以较单一的产品探测市场需求，产品价格和销售渠道基本上单一化，因此新产品在引入阶段可采用无差异性市场营销战略。产品进入成长或成熟阶段，竞争加剧，同类产品增加，再用无差异经营就难以奏效，所以改为差异性或集中性市场营销战略效果更好。

4. 市场的类同性

如果顾客的需求、偏好较为接近，对市场营销刺激的反应差异不大，可采用无差异性市场营销战略；否则，应采用差异性或集中性市场营销战略。

5. 竞争者战略

如果竞争对手采用无差异性市场营销战略，那么企业选择差异性或集中性市场营销战略有利于开拓市场，提高竞争能力。如果竞争者已采用差异性战略，则企业不应采取无差异战略与其竞争，可以选择对等的或更深层次的市场细分战略或集中化市场营销战略。

二、选择目标市场

企业在市场细分的基础上，确定了目标市场战略之后，就要决定如何选择目标市场。选择目标市场的首要步骤，是分析评价各个细分市场，在综合比较、分析的基础上，选择最优的目标市场。

（一）评价细分市场

评价细分市场，即对各细分市场在市场规模和增长率、市场结构吸引力和企业目标与资源等方面的情况进行详细评估。

1. 细分市场规模和增长率

这项评估主要研究潜在细分市场是否具有适当的规模和增长率。"适当的规模"是一个相对概念，大公司可能偏好销售量很大的细分市场，对小的细分市场不感兴趣；小公司则由于实力比较弱，会有意避开较大规模的细分市场。细分市场的增长率也是一个重要因素。所有的企业都希望目标市场的销售量和利润具有良好的上升趋势，但竞争者也会迅速进入快速增长的市场,从而使利润率下降。

2. 细分市场的结构吸引力

一个具有适当规模和成长率的细分市场,也有可能缺乏盈利潜力。如果许多势均力敌的竞争者同时进入一个细分市场,或者说,在某个细分市场中存在很多颇具实力的竞争企业时,尤其是该细分市场已趋于饱和或萎缩时,则该细分市场的吸引力就会下降。潜在进入者既包括在其他细分市场的同行,也包括那些目前不在该行业经营的企业。如果该细分市场的进入障碍较低,该细分市场的吸引力也会下降。替代品从某种意义上限制了该细分市场的潜在收益。替代品的价格越有吸引力,该细分市场增加盈利的可能性就被限制得越紧,从而使该细分市场吸引力下降。购买者和供应者对细分市场的影响,表现在它们的议价能力上。购买者的压价能力强,或者供应者有能力提高价格或降低所供产品的质量、服务,那么该细分市场的吸引力就下降。

3. 企业目标和资源

选择目标市场除了满足上述条件。企业还需要考虑自身的目标和拥有的资源。某些有吸引力的细分市场,如果不适合企业的长期目标,也只能放弃,对一些适合企业目标的细分市场,必须考虑是否具有在该市场获得成功所需要的各种营销技能和资源条件等。

(二)目标市场的选择

企业有五种可供参考的市场模式

1. 市场集中化

这是一种最简单的目标市场模式。企业选取一个细分市场,生产一种产品,供应给单一的顾客群,进行集中营销。例如,服装厂商只生产儿童服装。选择市场集中化模式一般基于以下考虑:企业具备在该细分市场从事专业化经营或取得目标利益的优势条件;限于资金、能力,只能经营一个细分市场,该细分市场中没有竞争对手,准备以此为出发点,取得成功后向更多的细分市场扩展。

2. 产品专业化

产品专业化是指企业集中生产一种产品,并向各类顾客销售这种产品。如饮水器厂只生产一个品种,同时向家庭、机关、学校、银行、餐厅、招待所等各类用户销售。产品专业化模式的优点是企业专注于某一种或某一类产品的生产,有利于形成和发展生产和技术上的优势,在该领域树立形象。其局限性是该领域被一种全新的技术与产品所代替时,产品销售量可能会因此而大幅度地下降。

3. 市场专业化

市场化是指企业专门经营满足某一类顾客群体需要的各种产品。市场专业化经营的产品类型很多,能有效地分散经营风险。但由于集中于某一类客户,当这类顾客的需求下降时,企业也会遇到收益下降的风险。

4. 选择专业化

选择专业化是指企业选取若干个具有良好的盈利潜力和结构吸引力,且符合企业目标和资源的细分市场作为目标市场,其中每个细分市场与其他细分市场之间较少联系。其优点是可以有效地分散经营风险,即使在某个细分市场盈利情况不佳,仍可在其他细分市场取得盈利。采用这一种模式的企业应该具有比较充裕的资源和比较强的营销实力。

5. 市场全面化

市场全面化是指企业生产多种产品去满足各种顾客群体的需要。一般来说，实力雄厚的大型企业在一定阶段会选用这种模式，以求收到良好效果。例如，美国的IBM公司在全球计算机市场、日本的丰田汽车公司在全球汽车市场等都采取市场全面化的战略。

任务二结果测评：

评价依据	评价分值	得分
对市场、产品、顾客的分析深入	40分	
目标市场选择合理、准确	40分	
表达能力强、有说服力	10分	
讨论热烈、体现团队合作	10分	
合计	100分	

任务三　产品市场定位实训

任务分配：
子任务一：每位同学选择5～10种产品，分析这些产品的市场定位是什么？提交结论。
子任务二：分小组进行，请选择一种新产品，为这个产品进行市场定位。派出代表汇报本组产品及其市场定位，并给出定位原因

任务三成果展示：市场定位分析结论、结论展示与阐述

[案例链接4.3]　福特公司的汽车定位

当被问到"是谁发明了汽车？"这个问题时，许多人都会回答：亨利·福特。这个普遍的误解正是对亨利·福特的赞美。是他使千千万万人拥有汽车的梦想成为可能。他的指导原则是："我要制造一辆适合大众的汽车，价格低廉，谁都买得起。"正是亨利·福特的这种远见和激情促成了福特汽车公司的诞生。

1. 定位大众市场

亨利·福特梦想建造一种既简单又坚固耐用，而且人人都承受得起的汽车。1908年初，亨利·福特制定了一个划时代的决策，公司宣布从此致力于生产标准化，只制造较低廉的单一品种。生产统一规格、价钱低廉、能为大众所接受的车辆从根本上讲是明智之举。

为适应汽车需求量的剧增，天才般的亨利·福特潜心研究生产流程，开发出产品生产线。依靠良好的产品市场和高效的流水线作业，亨利·福特宣布福特汽车公司的最低日薪为5美元，这几乎两倍于当时的最低日薪，震惊了全世界。亨利·福特认为，既然已经能够大批量生产价格低廉的汽车，如果员工们能够买得起的话，就可以卖出更多的车。他相信一个8小时工作日5美元的报酬是他所做的削减成本的最佳举措。他认为如果降低薪水，

就是降低顾客的数量。

2. 顺应市场

随着美国汽车市场的成熟、居民消费水平的提高和消费需求的专业，福特公司适时调整了产品组合。当时的消费者需要更为豪华、动力更为强劲的汽车。福特汽车公司的下一个产品正好满足了这两种需要。同时福特汽车及其强大的发动机成为注重汽车性能的美国人的最爱。

知识储备：

一、市场定位的概念及原则

（一）市场定位的概念

市场定位又称产品定位或竞争性定位，是指企业根据竞争者现有产品在细分市场上所处的地位和顾客对产品某些属性的重视程度，塑造出本企业产品与众不同的鲜明个性或形象，并传递给目标顾客，使该产品在细分市场上处于强有力的竞争位置的过程。例如，圆通总是宣传"以客户为中心"的服务特色；顺丰主要是通过提供差异化的服务来赢得新的市场，注重业务创新，通过诸如代收货款、签单返还、时效件产品等增值服务产品的运作来扩大市场范围；而EMS在我国的网点覆盖率则是最广的。每种品牌都应突出一种属性，如"最好的质量""最佳的服务""最低的价格""最高的价值""最先进的技术"等，并使自己成为该属性方面的"第一位"。

市场定位的目的是取得目标市场的竞争优势，确定产品在顾客心目中的适当位置并留下深刻的印象，以便吸引更多的潜在顾客。

小贴士：

市场定位是以产品为出发点，是针对一种商品、一项服务、一家公司、一所机构，甚至一个人开展的活动。但市场定位的对象不是产品，而是针对潜在顾客的思想。也就是说，要为产品在潜在顾客的心目中确定一个合适的位置。具体地讲，就是企业从各方面为产品创造特定的市场形象，使之与竞争对手的产品显示出不同的特色，以求在目标顾客心目中形成一种特殊的偏爱。这种产品形象和特色，可以从产品实质和产品形式上表现出来，如产品的性能、成分、形状、构造等；也可以从消费者心理和消费时尚方面表现出来，如豪华、朴素、典雅、时髦、舒适等；或者通过两方面的共同作用而表现出来，如技术先进、物美价廉、服务周到等。企业所树立的产品形象、市场位置是否恰当，要通过与竞争对手的产品和市场上现有产品相比较来决定。

（二）市场定位的原则

1. 属性及利益原则

产品本身所具有的属性以及由此带给消费者的利益会使消费者体会到产品的定位。例如，奔驰汽车的精工、效率、安全等属性及其带给成功人士的尊崇感使其时刻彰显出豪华、气派、高端的定位。某些情况下，产品应强调一种属性，而这种属性往往是竞争对手没有顾及的，这种定位方法比较容易收效，例如，脑白金始终如一地强调"健康"属性，符合子女孝敬父母这一利益诉求。

2. 价格与质量原则

消费者在购买某些产品时是非常关心其价格和质量的。因此，在对这些产品进行定位时，遵循价格与质量原则是突出企业形象的有效方法。按照这种方法，企业可以采用"优质高价"定位和"优质低价"定位。例如，在"空调大战"如火如荼的同时，格力空调始终坚持不降价，保持较高的价位，这是"优质高价"的典型表现。

3. 产品用途原则

任何产品都有其用途，但并不是每种产品都按用途来定位。对某些特殊品来说，如果坚持用途定位原则，其效果会更佳。例如，"金嗓子喉宝"专门用来保护嗓子，"泻立停"专门用来止泻。

4. 使用者原则

企业总是试图将自己的产品指引给适当的使用者或某个目标市场，以便根据目标市场的特点创建起合适的形象。例如，各种品牌的护肤品是针对各个不同目标市场的，有的定位于雅致、富有和有品位的妇女；有的定位于生活方式活跃和追求时尚的年轻女子。

[案例链接4.4] 中国移动的市场定位

中国移动通信集团公司于1999年07月22日成立，经营范围包括基础电信业务等。其品牌定位可以细化到其三大品牌的品牌定位上。移动旗下有：全球通、动感地带、神州行。

1. 全球通的定位：体现生活品质

全球通专门为商务人士，成功人士打造的品牌，VIP可享受机场，火车站的贵宾候机厅和候车室；所以其定位是——体现生活品质。

2. 动感地带的定位：新奇、时尚、好玩、探索

动感地带是为年轻时尚人群量身定制的，为年轻人营造了一个个性化、充满创新和趣味性的家园。所以定位为——新奇、时尚、好玩、探索。

3. 神州行的定位：实惠（话费的低端市场）

神州行定位于对话费较为敏感的低端市场。

总的来说，中国移动的品牌定位致力于"服务与业务双领先"的综合优势，从而形成强有力的品牌文化。

5. 档次原则

产品一般可分为低档、中档和高档三个档次，企业可根据自己的实际情况进行选择。例如，著名的白象方便面公司在国内大多数企业角逐中低档农村市场的时候，通过对市场的调研分析发现了城市高档市场的潜在需求，于是，企业大胆地进行技术创新，果断地进入省会城市高档方便面的生产领域，成功地将其产品推入市场，并以高档优质的形象赢得了国内消费者的喜欢。

6. 竞争地位原则

在对产品定位时，可从与竞争有关的方面进行。如无铅松花蛋，将其定位为不含铅，间接地暗示普通腌制的松花蛋含有铅，对消费者健康不利。这种定位原则关键是要突出企业的优势，如技术可靠性程度高，售后服务方便、迅速，以及其他对目标顾客有吸引力的因素，从而千方百计地在竞争中突出自己的形象。

7. 多重因素原则

多重因素原则是指从多个层次或者依据多重因素对产品进行定位，使产品给消费者的感觉是产品的特征较多，具有多重作用或效能。例如，有些品牌饮料产品依据天然原料（质量定位）、饮用、佐餐均相宜（用途定位），适用于儿童、少年及成年人（使用者定位）等多重因素来进行产品定位。坚持这种定位原则，要求企业的产品本身一定要有充分的内容，其"全"就是它的竞争优势，是其他竞争对手一时无法达到的。但是，应注意的是，如果描述产品的特性过多，那反而会冲淡产品的形象，使产品显得过于平常，对消费者就失去了吸引力，因而难以留下深刻印象。

二、市场定位的步骤

1. 识别潜在竞争优势

识别潜在竞争优势是市场定位的基础。通常企业的竞争优势表现在两个方面：成本和产品差别化优势。成本优势是指企业能够以比竞争者低廉的价格销售相同质量的产品或以相同的价格水平销售更高一级质量水平的产品。产品差别化优势是指产品独具特色的功能和利益与顾客需求相适应的优势，即企业能向市场提供在质量、功能、品种、规格等方面比竞争者更好的产品。为实现此目标，首先，必须进行规范的市场研究，切实了解市场需求特点以及这些需求被满足的程度。这是能否取得竞争优势，实现产品差别化的关键。其次，要研究主要竞争者的优势和劣势，从三个方面评估竞争者：一是竞争者的业务经营情况，如近三年的销售额、利润率、市场份额、投资收益率等；二是竞争者核心营销能力，主要包括产品质量和服务质量的水平等；三是竞争者的财务能力，包括获利能力、资金周转能力、偿还债务能力等。

2. 准确选择竞争优势

竞争优势是企业能够胜过竞争对手的能力。这种能力既可以是现有的，也可以是潜在的。选择竞争优势实际上就是一个企业与竞争者各方面实力相比较的过程。比较的指标应该是一个完整的体系，只有这样，才能准确地选择相对竞争优势。通常的方法是分析、比较企业与竞争者在经营管理、技术开发、采购、生产、市场营销、财务和产品七个方面究竟哪些是强项，哪些是弱项。最终形成核心优势，然后放大优势，形成自己独有的风格，与竞争者产生明显的差异，由此决定采用哪一种定位策略。

3. 彰显独特的竞争优势

企业在选择了自己的竞争优势之后，就要通过一系列的宣传促销活动，把自己的定位信息和企业形象向消费者进行传播，引导和影响消费者，使消费者接受、认同企业的这种独特的竞争优势，并在消费者心目中留下深刻印象。为此，企业应着重做好以下几点：

（1）树立与市场定位一致的形象。企业应使目标顾客了解、知道、熟悉、认同、喜欢和偏爱本企业的市场定位，在顾客心目中树立与该定位一致的形象。企业在树立形象过程中，要积极主动地与消费者交流、沟通，以引起消费者的注意、兴趣，使目标市场消费者与企业的定位产生共鸣。

（2）巩固与市场一致的形象。企业树立与市场一致的形象后，就要通过各种努力强化这一形象。顾客对企业产品的形象认识需要一个不断加强的过程，当顾客对企业的定位有了进一步的认识后，企业就要保持目标顾客的认识，通过稳定目标顾客的态度和加深与目标顾客的感情来巩固自身与市场一致的形象。

（3）及时纠正与市场定位不一致的形象。企业应注意目标顾客对其市场定位理解出现的偏差或由于企业市场定位宣传上的失误而造成的目标顾客模糊、混乱和误会的现象，及时纠正与市场定位不一致的形象。

三、市场定位的策略

1. 避强定位

避强定位是一种避开强大的竞争对手进行市场定位的模式。企业并不与竞争对手直接抗衡，而是将自己置于某个"空隙"市场。企业通过分析评估竞争对手的位置、消费者的实际需求和自己的产品属性等内容后，寻求现有市场存在的缝隙或空白。如果这一缝隙或者空白市场有足够的需求，那么企业就可以将此作为一个潜在市场。当企业发现自身的产品难以与竞争对手正面交锋，或者发现这一潜在市场比原有市场更有潜力时，企业就可以通过开发特色产品来开拓这一潜在市场。

避强定位的好处是：能够迅速在空隙市场上站稳阵脚，尽快在消费者心中树立起一定的形象。由于避强定位的市场风险较小，成功率较高，常常被多数企业所采用。

2. 迎头定位

迎头定位是一种与强有力的竞争对手"对着干"的定位方式，即企业选择与竞争者相重合的市场位置，抢占同样的目标客户，彼此在产品、价格、分销、促销等方面采取相似的策略。采用这种定位策略，企业必须具有比竞争对手更强的优势，拥有比竞争对手更多的竞争资本和能力，能提供优于竞争对手的产品，使更多的目标客户乐于接受本企业的产品，而不愿意接受竞争对手的产品。例如，百事可乐进入世界饮料市场时，就曾采用过迎头定位策略，"你是可乐，我也是可乐"，与可口可乐开展针锋相对的较量。采用迎头定位的企业，必须做到"心知肚明"，知己知彼，争取做得比竞争对手更好。否则，迎头定位可能会成为一种非常危险的策略，使企业陷入歧途。

3. 重新定位

重新定位通常是指企业对那些销路不佳、市场反应不良的产品进行再次定位。产品初次定位后，一方面，由于新的竞争对手进入目标市场，选择与本企业相似的市场位置，抢占相同的目标市场份额，从而使本企业产品的市场份额下降；另一方面，由于顾客需求偏好发生变化，原来喜欢本企业产品的消费者转而喜欢竞争对手的产品，从而使本企业产品的市场份额减少。在这些情况下，企业就必须对其产品原先的定位进行重新思考，再次定位。所以，一般而言，重新定位既可能是企业为了摆脱经营困境，寻求新的竞争优势和增长的手段，也可能是由于发现新的产品市场范围而采用的一种战术策略。

任务三结果测评：

评价依据	评价分值	得分
子任务一：结论正确、分析深入	25分	
子任务一：产品选择多样化	25分	
子任务二：定位准确	25分	
子任务二：市场定位分析深入、有说服力	25分	
合计	100分	

小结：

市场细分就是以顾客需求的某些特征或变量为依据，区分具有不同需求的顾客群体的过程。市场细分不是通过产品分类而是按照顾客需求爱好的差别来细分市场的。细分市场所依据的因素很多，有地理因素、人口因素、心理因素、行为因素、人文变量、经营变量、采购方法、情境因素、个性特征等。影响市场细分的因素比较多，在市场细分中，应遵循市场细分的程序，并满足有效细分市场的可衡量性、可实现性、可营利性和差异性等条件。

市场细分是为了选择目标市场。企业在选择目标市场时，应先对各细分市场进行评估，判断细分市场是否具备一定的规模和发展潜力、吸引力、符合企业目标和能力等条件。然后选择进入目标市场的模式，可供参考的市场模式包括市场集中化、选择专业化、产品专业化、市场专业化和市场全面化。目标市场营销策略主要有三种，即集中性营销策略、无差异性营销策略和差异性营销策略。

市场定位是指根据竞争者现有产品在细分市场上所处的地位和顾客对产品某些属性的重视程度，塑造出本企业产品与众不同的鲜明个性或形象并传递给目标顾客，使该产品在细分市场上占有强有力的竞争位置的过程。市场定位通过识别潜在竞争优势、准确选择竞争优势和彰显独特的竞争优势三个步骤来实现。

课后作业：

案例分析：

日本资生堂公司根据"年龄分类"的销售策略推销化妆品，在激烈的市场竞争中，引人注目。

资生堂公司在1978年组成了专门的调查机构，对消费者对化妆品的需求心理和消费情况进行了分析研究，按年龄将消费者分成了四个类型：

第一类型为15~17岁的消费者，她们讲究打扮，追求时髦，对化妆品的需求意识较强烈，但购买的往往是单一的化妆品。

第二类型为18~24岁的消费者，她们对化妆品也非常关心，消费态度积极，只要是中意的商品，价格再高也在所不惜。这一类型的消费者往往是购买成套的化妆品。

第三类型为25~34岁的消费者，她们大多数已经结婚，因此对化妆品的需求心理和消费行为也有所变化，化妆已经成了她们日常生活的习惯。

第四类型为35岁以上的消费者，她们中间可以分为积极派和消极派两种类型，但也显示出购买单一化妆品的趋向。

资生堂根据上述情况，制订"年龄分类"的销售策略，生产计划也有相应改变。他们通过广播、电视和报刊，针对各类消费者的特点大做广告，组织消费者提意见，并通过开设皮肤保养"门诊"，向消费者提供最新化妆品的信息，千方百计招徕顾客。

资生堂公司在日本有两万家经销店，根据这一"年龄分类"的销售策略，许多经销店都专门设立了各种年龄类别的化妆品专柜，并积极做好店内的商品陈设和推销工作，努力使化妆品的式样、包装做到适应各个类型消费者的特点和需要，受到了普遍的欢迎。

问题：

1. 你认为以年龄为标准细分化妆品市场，是否可以充分体现化妆品消费者的不同需求特点？

2. 资生堂采取的是哪一种目标市场策略？该策略有什么好处，又有什么缺点？

项目五　产品策略的运用与实施

学习目标

（1）知识目标。

了解市场营销中产品的整体概念的内涵，掌握产品整体概念的三个层次，能够在制定产品策略时充分考虑这些因素；掌握不同的产品种类，掌握不同产品的经营方法；掌握产品的品牌策略，品牌设计时要考虑的因素；理解产品生命周期的原理，掌握产品生命周期不同阶段的产品特征和适合的营销对策。

（2）能力目标。

能够运用所学的营销知识、市场需求状况设计整体产品；能够根据不同的产品种类，制定适合的经营策略；能够根据产品特点，设计适合产品的品牌与商标，运用适合的品牌策略；能够灵活使用各类营销策略，经营不同生命周期阶段的产品，为企业增加竞争能力。

（3）素质目标。

本项目要培养学生的分析能力，创新能力，整体思维的营销意识，为日后进行市场营销实际工作奠定良好的素质基础。

重点和难点

（1）重点。

本项目中的重点是对产品整体概念的认识；产品生命周期的概念和原理；品牌的命名与设计的要求；产品生命周期各个阶段的特点和适合的营销对策，都是在现实营销过程中经常会遇到的问题，因此是本项目的重点内容。

（2）难点。

本项目的难点是产品整体概念中，核心产品的理解和认识，因为核心产品的概念非常抽象；此外，产品生命周期的概念、原理，尤其是产品生命周期与产品自然寿命的区分，容易发生混淆；产品生命周期中，介绍期的营销对策，也是本项目的难点。

项目五　产品策略的运用与实施

项目名称：产品策略的运用与实施
项目说明：本项目通过对产品策略的讲授和实训，使学生能够了解到营销中，产品整体概念的含义；理解产品的种类，不同种类的产品适合的营销对策；掌握品牌的作用、设计品牌的相关要求；掌握产品生命周期原理；掌握产品生命周期各个阶段的特点和对策，能够根据产品生命周期不同阶段来制定产品策略
核心词：产品整体概念、产品分类、品牌策略、产品生命周期、新产品

续表

任务一　认识产品概念的实训 任务二　产品分类实训 任务三　产品组合实训 任务四　品牌策略实训 任务五　新产品开发与创意实训 任务六　产品生命周期策略实训	实训成果： 产品整体设计方案、PPT展示、设计的品牌和思路介绍、销售海报、产品策略方案、新产品推广方案、案例分析结论、个人展示等

任务一　认识产品概念的实训
任务分配： 子任务一：在学习了相关内容的基础上，老师列出几种商品，要求同学们表述这些产品的三个产品层次（核心产品、有形产品、附加产品），并解释清楚原因。 子任务二：分组进行，在学习了产品整体概念的基础上，每组自己设计一个产品，派出代表介绍该产品和该产品的三个层次（核心产品、有形产品、附加产品），由其他组成员投票评选最能适销对路的产品。投票成绩计入任务测评得分
任务一成果展示：对产品整体概念的解释、产品设计

知识储备：

产品是企业市场营销组合当中最重要的一个因素，是营销组合中其他策略的基础。进行有关产品的决策，首先要知道什么是产品。

一、产品整体概念

了解和明确产品的概念对于营销人员来讲，有着非常重要的意义。因为市场营销学中所讲的"产品"，可不同于生活中我们所看到的那个有形的、具体的物品。营销学中所指的"产品"包含的内容更为广泛，是一个包含着多层次内容的整体概念，它包括三个层次的内容，分别是：核心产品、有形产品和附加产品。而现实生活中，我们所提到的产品，通常指产品整体概念中的第二个层次，即有形产品，如图5-1所示。

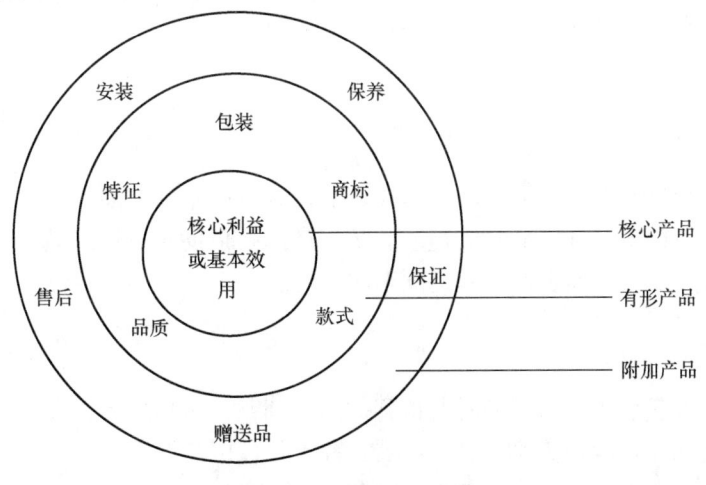

图5-1　产品整体的三个层次

二、核心产品

核心产品指满足顾客需要的实质性内容,是一种解决问题的方法,是顾客真正想要的东西。例如,一个顾客购买一瓶具有美白功效的护肤品,其实顾客真正需要的并不是瓶子里的膏状物,而是美白,顾客真正想要买走的是护肤产品能给她带来的美白效果,而不仅仅是表面上看到的具体物品,而"美白"就是这款护肤霜的核心产品,这才是顾客真正寻求的利益。了解核心产品的概念对营销人员来讲意义非凡,这有助于营销人员发现消费者的真正需要是什么。有时,相同商品的核心产品可能是不同的,例如,有的人买服装可能仅仅是为了保暖,有的人是为了美观;再如手表,有的人买手表仅仅是为了看时间,有的人用它来显示自己的身份和地位。营销人员一定要明白,自己提供的不仅仅是一款产品,更是一种解决问题的办法,只有了解顾客对产品的真正需要是什么,把顾客真正需要的核心利益提供给他们,这样的商品,才能在市场上长盛不衰。

[案例链接5.1]　芭比娃娃的核心产品

著名的芭比娃娃多年来一直是美国的标志性玩具,每个小女孩都梦想着拥有一个芭比娃娃,这使芭比的制造商美泰公司(Mattel)连续四十几年成为玩具市场的霸主。芭比娃娃究竟有什么不同?能在众多制造娃娃的厂商中脱颖而出?独树一帜?年轻的女性读者朋友们,你们可以问问自己,小时候喜欢玩娃娃吗?你们喜欢什么样的娃娃呢?女孩子们玩娃娃都是玩过家家,照顾娃娃,是不是应该更喜欢像婴儿一样的娃娃呢?可是,企业研究人员在调查中发现,女孩子们喜欢更为成熟的娃娃,她们有着高挑的身材,漂亮的脸蛋,迷人的长发,得体的穿着……女孩子们可以按照自己的想象去给这样的娃娃梳妆打扮。调查人员终于发现,小孩子们不能决定自己的人生时,她们可以按照自己对未来的设想、自己的穿衣喜好去打扮这些娃娃,可以在这些娃娃身上实现自己的想法!所以,芭比娃娃发现了娃娃这种玩具的核心产品!女孩子们需要的,不仅仅是娃娃本身,更是对自己将来的一种梦想!所以芭比娃娃不仅推出了各种漂亮娃娃,还为娃娃配套了各种房间、车子、服装配饰,以及各种职业等,以满足女孩子们的梦想。正是因为芭比娃娃深深地抓住了娃娃这种玩具的核心产品,才使它成为全世界最负盛名的娃娃。

三、有形产品

有形产品是指核心产品借以实现的具体产品形式,是整体产品的第二个层次。有形产品包括:质量、特征、式样、商标和包装。核心产品要借助于有形产品来实现,营销人员应努力完善有形产品,从而更好地满足顾客的需要。

四、附加产品

附加产品指顾客购买有形产品时所得到的附带利益,包括送货、安装、保养、维修、售后服务等。例如,顾客购买海尔牌的电器,并不仅仅因为海尔的产品质量好,更重要的是海尔的各项服务做得也很到位,免去了顾客的后顾之忧。产品的竞争,不仅仅体现在产品本身，还在于我们能为顾客提供什么样的附加利益。附加利益也是增强整体产品竞争能力的重要环节。

[案例链接5.2]　劳斯莱斯为什么这么贵？

　　劳斯莱斯牌汽车是世界公认的一流的汽车，它不仅仅是财富的象征，更是身份和地位的标志。劳斯莱斯车子的价格贵得惊人，之所以它能卖上这样的高价，是因为劳斯莱斯的整体产品做得太出色了。

　　首先，是它的核心产品，顾客买汽车，有比劳斯莱斯更优的选择，有的车子性能也不错，而价钱却要比劳斯莱斯便宜好多，为什么顾客一定要买劳斯莱斯呢？这是因为顾客真正要买走的不仅仅是一个代步的工具，而是一种身份和地位的象征，这种核心产品只有劳斯莱斯能提供给他们，这是其他的产品所不具备的核心价值，顾客愿意为这个核心产品支付更高的价格，因为这个核心产品本身也给他们带来了太多的满足感。

　　其次，是它的有形产品，并不是什么样的车子都配得上这样昂贵的价格，也并不是所有的车子都能作为身份和地位的象征。劳斯莱斯的核心产品所得以实现的是它性能卓越的有形产品。每一部劳斯莱斯都是经过精雕细刻的艺术品，不计工本不计时效，但务必尽善尽美。每一部生产出来的劳斯莱斯，都是非常坚固、耐用和无故障的，人们几乎听不到噪声，觉不出晃动。在第一次世界大战后，经过评比和对该车各种性能的严格审查，劳斯莱斯获得了"世界第一"的光荣称号，它的名声早在一战前就响彻世界各国。这样出色的有形产品，才发挥了身份和地位的象征这样的核心利益。

　　最后，是它的附加产品，劳斯莱斯的售后服务也是非常到位的。有一次，一对美国夫妇开着劳斯莱斯到欧洲去旅行，车子行驶到法国的一个村落时，后轴断裂。这里离劳斯莱斯的代销店有数百公里，这对夫妇就直接打电话到劳斯莱斯的伦敦总部，倾吐牢骚。让人想不到的是，两三个小时后，从天空中飞来一架直升机，降落在这辆车的旁边，劳斯莱斯公司居然专门派人开直升机来维修。这使得这对美国夫妇感动不已。精益求精的有形产品，能够给顾客带来巨大满足感的核心产品，再加上出色的附加产品，劳斯莱斯的整体产品堪称完美，昂贵的价格也就不足为奇了。

　　案例来源：王慧彦.市场营销案例新编［M］.北京：清华大学出版社，北京交通大学出版社，2004.

　　总之，核心产品、有形产品和附加产品这三个层次结合起来，就是产品的整体概念。任何一个层次的薄弱，都会削弱整体产品的竞争力。只有了解了产品的整体概念，才能全方位的满足顾客的需求。

任务一结果测评：

评价依据	评价分值	得分
子任务一：回答正确、解释正确	30分	

续表

子任务二：整体产品设计合适、有竞争力	30分	
子任务二：获得投票较多	30分	
子任务二：表达能力强、有感染力	10分	
合计	100分	

任务二　产品分类实训
任务分配：分组进行。老师出几种产品，写在纸条上，由每小组派代表抽签，抽中的产品，小组成员要根据所学内容，讨论这种产品的类别，适合的经营方法。最后由小组派出代表到教室前面阐述小组观点，由老师和其他组成员点评
任务二成果展示：对产品分类的掌握、表述与展示

知识储备：

产品可以根据不同的方法来进行分类，不同类型的产品，性质存在很大差异，适合不同的营销方法，营销人员如果不清楚自己经营的产品具有何种性质，适合如何经营，那将是非常被动的，因此，必须对产品分类有所了解。在现代市场营销学中，通常可以根据以下三种方法来对产品进行分类：

（1）根据是否耐用和是否有形，可以将产品分为：非耐用品、耐用品和服务。

1）非耐用品。非耐用品指消费周期短的低值易耗品，例如，牙膏、肥皂、食品等。由于非耐用品消费周期短，消费者需要经常和重复购买，所以售价不能太高，利润不可过高，并应利用广告宣传来使消费者形成偏好。

2）耐用品。耐用品指使用时间长、价值较高的有形物品，例如，冰箱、彩电、洗衣机、机械设备等。由于耐用品使用时间长，价值高，消费者一定会特别注重产品的质量，是否用得住。所以应特别注重产品的质量和售后服务，售价可以相对高些，并应保证售后服务，确保消费者没有后顾之忧，这样才能促使消费者购买。

3）服务。服务指出售的活动或利益，如：理发、擦鞋等。服务是无形的，不能储存，通常要重复消费，所以应特别注重服务质量和信誉。

（2）根据消费特点可将产品分为：便利品、选购品、非寻求品和特殊品。

1）便利品。便利品指顾客随时需用、购买频繁的商品。便利品可以进一步分为日常用品、冲动购买品和特定情况需用品。日常用品是顾客生活中经常用到的商品，如牙膏、肥皂、纸巾等。冲动购买品是事先没有计划、即兴购买的商品，如杂志、书籍、装饰品等。特定情况需用品指在特定的情况下需用的物品，如雨伞、药品、甲醛去除器等。因为消费者对于便利品是随时需用、购买频繁，而且很多便利品差异不大，可替代性强，消费者一定是哪个方便买哪个，所以便利品的经营应尽量接近消费者，深入到消费者触手可及的地方，使他们非常方便地就能实现购买。

2）选购品。选购品指顾客需要对产品的质量、价格、款式等进行反复比较和权衡才能决定购买的商品,如家具、汽车、服装等。选购品又可以分为同质品和异质品,同质品指产品质量差异不大,但品牌和价格不同的选购品,如高压锅、电熨斗等。顾客主要通过比较产品的价格、品牌等来进行购买决策。异质品指产品差别较大的选购品,如服装、家具等。顾客在选购异质品时,往往更看重产品的特色,而不是产品的价格。所以,经营异质品,要特别注重产品的特色和质量,品种和款式应丰富些,以便满足不同的消费者需求,此外,还应利用优秀的推销人员为顾客提供信息和咨询。

3)特殊品。特殊品指独具特色或特定品牌的商品,消费者愿意花费较多的时间、金钱和精力去购买的产品,如LV的手提包、Zippo打火机等。消费者之所以愿意花费较多的努力去购买这类商品,正是因为它是独具特色的、是不可替代的,所以经营这类商品一定要塑造和保持产品的特色。可以自己组建销售队伍、门店,而不要让产品在超级市场中,摆在一堆同类产品中销售,这样只会削弱产品的特色。

4)非寻求品。指消费者不了解,或了解但一般情况下也不会购买的商品,如人寿保险、百科全书等。正因为人们在一般情况下不会购买,所以经营这种商品要特别注重发挥广告宣传和人员推销的功能。

思考:以下消费品属于什么消费品类型(便利品、选购品、非寻求品和特殊品)?塑料袋、女士纯牛皮手提包(售价500元)、爱马仕女士手提包(售价10万元)、打火机(超市一元钱一只)、电冰箱、火腿、金华火腿、人寿保险。

(3)产业用品按照参与制造过程的程度可以分为三类:

1)完全进入产品的产业用品。它们经过生产者的加工、制造,成为其产品的组成部分。包括:原料,如小麦、棉花、烟叶、水果等农产品;木材、原油、矿石等天然产品;经过加工的原料,如钢铁、水泥和纺织原料等;零部件,如小马达、轮胎、铸件等。

2)部分进入产品的产业用品。主要是各种设备,在生产过程中会逐渐磨损,将其价值分期分批转入产品。包括:主要设备,如厂房、办公楼、土地、机床、电脑、电机等固定设备;附属设备,如小工具、起重机、办公设备等。

3)不进入产品的产业用品。它们对于维持企业的经营管理是必要的。虽然其价值和费用要计入或摊入产品成本,但不会构成该产品实体的一部分。诸如:物品,如润滑剂、煤炭和文具等业务用品,油漆、刷子和扫帚等维护用品;服务,如各种维修服务和管理咨询服务。

对每一种产业用品,供货企业应根据产品本身的物理特性和购买者的不同要求,采取相应的市场营销行动和市场营销组合。例如,精密仪器一类的主要设备,技术要求高,大多按购买者指定的式样、规模来制造并由销售专家直接出售给用户,有的还要用租赁方式来融资和推销;附属设备中的办公用具,如打字机、复印机等,相对轻巧一些,价格也要低,可以通过中间商销售;对于农产品原料,由于农户分散生产,而且价格较低,所以一般都通过若干中间商卖给用户;制造的原料和零部件,由于生产者大多数是企业,许多零部件又是按用户指定的要求制造的,所以生产者一般都直接销售给用户。

任务二结果测评：

评价依据	评价分值	得分
回答正确、解释正确	40分	
产品经营思路正确	40分	
阐述清楚、表达力强	10分	
小组讨论热烈、体现团队合作精神	10分	
合计	100分	

任务三　产品组合实训

任务分配：本次任务根据给出的材料，进行案例分析，案例分析书面结论作为本次任务的成果

任务三成果展示：案例分析书面结论

案例材料：

最近，金嗓子喉片卖起了植物饮料。作为润喉片制造商，金嗓子的利润来源主要是金嗓子喉片，从2012年到2014年，每年为公司贡献九成以上的收益。收入构成单一则意味着公司整体收入直接受到该产品的影响，因此，金嗓子开始推出新产品金嗓子饮料。

金嗓子的饮料，仍然沿用了喉片的品牌。同一个品牌，扩大产品组合，重要的是如何让消费者将对原有品牌的认知转移到新产品上。金嗓子饮料主打的品牌概念是"润嗓润肺、清新口气"，这个主题与之前消费者对金嗓子喉片的认知是相同的。虽然两个产品看起来毫不相干，但统一在品牌核心价值之下，还是比较容易被消费者接受的。

但是，国内植物饮料行业竞争激烈，王老吉和加多宝两大品牌不断扩张，正在挤压其他品牌的生存空间，尽管金嗓子饮料的定位有一定差异，但能否在热门行业中争得一席之地，仍然是一个疑问。

在扩大产品组合的，并不止金嗓子一家，小米、格力最近几年都在扩大产品组合，他们的一些成功经验和失败教训，都给后来的企业提供了借鉴。

一个品牌下有很多产品，会给消费者造成困扰，削弱品牌的影响力；而且，产品项目过多，产品之间可能互相冲突，争抢资源。小米旗下除了手机还有小米盒子、小米电视、小米平板、小米路由器、小米手环……诸多产品。现在小米也意识到产品线过多带来的问题，在多个场合公开声称：小米不能做太多产品，要专注在现有的几个产品上。

问题：1.你认为金嗓子饮料会成功吗？请说明原因。
　　　2.请你谈谈你对产品组合的认识。

知识储备：

对于企业来说，只要有产品（品种）就一定会有一个相应的企业产品经营结构。不管企业领导者对产品品种是否存在着有意的规划，其结构都客观存在。合理的产品经营结构（或范围或品种）是根据市场要求和企业的财力、资源及技术条件来确定的，这是任何企业面对市场所必须要解决的首要问题。

一、产品组合

指企业所经营的全部产品的有机构成，或者是各种产品的数量比例。产品组合的容量很大，它通常要包括很多个产品项目及产品线。

1. **产品线**

指产品的每一类别,是一组相关的产品,也就是产品大类。产品线的划分可以依据下述五个方面的原因:能够满足消费者相同的需要;产品构成了一个系列,必须一起使用;销售给同一类型的消费者;都使用共同的销售渠道和方式;属于某种价格范围之内。例如,洗涤用品、饮料、保健品、食品等都是产品大类,都可以形成一条产品线,而每条产品线又包括很多的产品项目。

2. **产品项目**

指产品线中包含的每一项产品。如表5-1所示,该公司有4条产品线:饮料、食品、保健品和洗涤用品,而每条产品线中所包含的具体产品,如饮料中的矿泉水、果汁等就是产品项目。

由于企业所拥有的产品项目和产品线的多少不同,产品组合就有了宽窄、长短、深浅和产品的相关疏密之分。

表5-1　　　　　　　　　　　某企业的产品组合图

饮料	食品	保健品	洗涤用品
矿泉水	方便面	复合维生素片	洗衣粉
果汁	饼干	蛋白质粉	肥皂
茶饮料	面包		香皂
醋饮料	薯片		牙膏
碳酸饮料			

3. **产品组合的长度**

指产品线中包含的产品项目数。如表5-1中,饮料这条产品线中的产品项目数是5,这就是该产品线的长度,而产品组合的长度指产品线的平均长度。该企业产品组合的长度为(5+4+2+4)÷4=3.75。

4. **产品组合的宽度**

一个企业的产品组合中包含多少个产品线,被称为产品组合的广度或宽度。表5-1所示的这家企业的产品组合的宽度为4。一般,大的百货商场经营的产品类别多,所以产品的组合较宽,而小店铺或专业商店的产品组合就窄得多,因为它经营的通常只是一个产品线。

5. **产品组合的深度**

一个企业经营的每一具体产品项目包含多少种具体的规格、款式、口味等,被称为产品组合的深度。如表5-1所示的饮料线中的果汁项,如果该公司生产的果汁有4种口味,每种口味有3种规格,则该项产品的深度就是4×3=12,而产品组合的深度就是各项产品深度的平均值。

6. **产品组合的相关度**

产品组合除了广度和深度以外,还要考虑它的产品线之间的一致性。这种一致性,是指各个产品线的最终用途、生产条件和销售渠道或其他方面的关联程度，所以也称之为产品组合的相关性。美国的赫尔克里士公司，虽然有很多条产品线，而且又计划生产聚丙烯胶卷，但它们的相关性很高，都与化学有关。日本的综合商社经营的产品从面条到原子能，无所不包，但许多产品之间却没有任何联系。

一个公司的产品组合，必须是那些在目标市场中能够满足消费者需要的产品。但是，公司的资源状况和市场竞争的环境在不断地变化，公司的产品要想适应变动中的消费需求，就必须要不断地改变自己的产品组合，以使产品组合中的每一个产品项目和产品线都能与未来市场需求保持良好的平衡。一个公司的产品组合可以由三个方面予以更改。

第一，改变现有产品。公司可以改进产品的品质，可以加强产品的特色，也可以改变产品的外在形态。总之，要适应消费者的需要。

第二，增加新产品。这个新产品是就公司而言的，也就是说，公司从未生产过这一产品，只是由于这一产品市场的销售状况很好，而且大有潜力，才决定生产这一产品，合理改变公司的产品结构。如果所要增加的新产品是市场上从未出现过的，那么公司就必须要认真研究，慎重对待，因为它的风险性很大。

第三，剔除旧产品。这是改变组合的第三个途径。正像一个公司必须要投产新产品，以适应消费者偏好的变动一样，它也必须要剔除不能再继续满足消费者需要的旧产品。

上述三种途径，公司可以同时并用，也可以作一个方面或两个方面的改变，但组合行动必须系统，淘汰旧产品和投入新产品要有承接性，否则会给公司造成严重损失。因为每一个公司都必然要遇到这样的三种情况：某些产品前景可观，某些产品销售正值高峰，而另外一些产品则到了必须淘汰的地步。所以，系统改组产品结构是极为重要的。

产品的剔除、增加和改进与产品组合宽度、深度以及相关性是紧密关联的，一个企业的产品结构如何，是企业发展与产品销售的大问题。产品组合的最优化并不取决于结构的模式，而是取决于产品的销售增长率、市场占有率和企业的利润率。所以，产品组合有多种形式，企业对产品组合的宽度、深度和相关性的决策就有多种选择。下面概要介绍几种常见的产品组合策略。

二、产品组合策略

1. 扩大产品组合

这种策略着眼于扩大产品组合的深度和广度，也就是增加产品线和产品项目，增添经营品种，扩展经营范围。增加的产品线既可与原产品有密切的关联，也可以不受相关性的约束。扩大产品组合的策略包括以下三个方面：

（1）垂直多样化。这是增加产品组合深度的策略。企业对现有的产品组合，并不增加新的产品线，而是在原有产品线上增加新的产品项目。

（2）水平多样化。这是增加产品组合宽度的策略。即在原有产品组合中增加一个或几个新的产品线。

（3）无关联多样化。这也是一种扩展产品组合宽度的策略。但这种策略所强调的不是经营与原产品线有关的产品，而是要发展与原产品线无关的产品。

2. 缩减产品组合

这种策略着眼于收缩、削减产品线和产品项目。企业为了更好地节约资源，发挥自己的优势，趋向于取消一些产品线或产品项目，力求通过缩减产品组合，取消需求渐弱的产品，集中力量发展销售潜量可观的产品。缩减产品组合包括以下两种具体策略：

（1）有限产品线。采用这一产品组合策略的企业，根据自己的特点，将企业的全部力量施用于有限的几条、甚至一条产品线之中，实行专门产品的生产，以提高企业的销售量和市场占有率。它通常适用于中小型生产企业。

（2）合并产品项目。这种策略主张将两种以上的具有不同功能的产品并为单一产品，达到一物多用。采用这一策略的企业，不仅可以收缩产品线，节约生产成本和销售费用，还可以通过提供方便消费需要的产品，而争取到更多的顾客。

3. 产品线延伸决策

产品线延伸策略分为向上延伸、向下延伸和双向延伸三种。

（1）向上延伸策略。指在一种产品线内增加高级产品项目，以提高现有产品的声望，这样既可增加原有廉价产品的销量，又可以逐步提高高价产品的销售。但要改变产品在顾客心目中原有的地位比较困难，而且可能会影响原有低档品的销售，所以有一定的风险。

（2）向下延伸策略。指在高价产品线中增加廉价商品，利用高档产品的声誉，吸引更多购买力较低的消费者。这种策略的缺点是：如定位不慎，会影响降低顾客对原有高档品的印象，对高档品产生怀疑。

（3）双向延伸策略。指经营中档产品的企业，向产品的上下两个方向延伸，既增加高档商品，又增加低档商品，增加产品的覆盖面。

以上三种策略均有一定的风险，企业要根据实际情况，权衡利弊，进行选择。

4. 特殊能力和特殊产品策略

特殊能力策略，是企业凭借自己所拥有的特殊生产条件和生产能力，向消费者提供能满足其特殊需要的产品。具有独一无二的企业环境和生产条件的企业，采用这一策略可以免去竞争者的威胁。

特殊产品策略，是企业生产某些具有特定销路的特殊产品，以满足某些有限的市场需要。由于产品的特殊性，可供销售的市场又不大，所以采用这一策略的企业一般不会遭遇激烈的竞争。

5. 产品线现代化决策

产品线现代化决策指与时俱进，采用现代化，科学的生产经营方式，如果产品组合的深度、长度、广度是合适的，但生产方式却已经很落后了，或跟不上消费需求的潮流，就要实现产品线的现代化，跟上时代发展的步伐。

产品线现代化决策有两种：渐进更新和快速更新。两种策略各有优缺点，渐进更新可以节省资金，并能探试市场反应，但容易被竞争者洞察和模仿。快速更新速度快，不易被竞争者察觉，可使竞争者措手不及，但所需要的资金投入也相对较高。

任务三结果测评：

评价依据	评价分值	得分
回答正确、分析深入、阐述清楚、有理有据、有说服力	90~100分	

续表

回答正确、分析比较深入、阐述比较清楚	70~90分
回答正确、分析和阐述不够深入、说服力不强	60~70分
回答错误、思路不正确	60分以下

任务四：品牌与包装策略实训
任务分配：学生自己选择一种产品，根据产品的消费特点、目标顾客等，为产品设计一个品牌（包括品牌名称与品牌标志），解释该品牌的含义、设计思路。为该产品设计一个合适的包装，并解释选择这种包装的原因
任务四成果展示：设计的品牌标志、品牌名称、对产品包装的解释与理解、书面作业

知识储备：

一、产品的品牌策略

1. 品牌与商标的概念

（1）品牌。品牌是用以识别某企业的产品，并使其与其他竞争产品区别开来的商业名称和视觉标志，通常由文字、图形、符号等组成。品牌包括两个部分的内容：品牌名称和品牌标志。品牌名称指品牌中能够用语言称呼的名称，如"耐克""康师傅""花花公子"等。品牌标志指无法用语言称呼、但可以依靠视觉来识别的标志，如"耐克"的像个对号一样的钩子形象、"康师傅"的胖厨师形象、"花花公子"的长耳兔子形象等，都是品牌标志。

（2）商标。在一些发达国家，商标是指注册了的品牌。而在我国，商标有注册商标和非注册商标之分，统称为商标。商标和品牌是很容易混淆的两个概念，有时可以指相同的事物，但二者又有不同。品牌是泛指产品的牌子，是个市场概念，而商标则是法律术语。有的企业在开展市场营销活动的时候，品牌意识淡薄，产品非常成功，却不知将品牌进行注册，结果被竞争者抢先注册，造成了很大损失。国际上对商标权的认定，有注册在先和使用在先两种原则，而我国主要是采取注册在先的原则。例如，有个雪糕厂曾经生产过一种名叫"娃娃乐"的奶油雪糕，市场反应非常好，但该企业并未对"娃娃乐"这个牌子进行注册，结果被它的竞争对手钻了空子，抢先注册了这一商标，使这家雪糕厂损失惨重，究其原因，就是品牌意识的淡薄，这都是企业在营销活动中要避免的。

2. 品牌与商标的作用

久负盛名的品牌与商标往往代表着企业的信誉和产品的品质，也代表着消费者的信赖，是企业重要的无形资产。品牌在市场营销中的作用非常明显，其作用主要体现在两个方面：对企业的作用和对消费者的作用。

（1）对企业的作用。

1）有利于保护企业的合法权益。

2）有利于促进产品的销售，培养稳定的顾客群。

3）有利于实施市场细分和市场定位战略，根据不同细分市场的要求使用不同的品牌。

（2）对消费者的作用。

1）便于顾客识别和选购商品。

2）便于保护消费者的利益。

3. 品牌设计的要求

一个品牌设计的好坏与否，对于企业销售产品、树立品牌形象具有至关重要的作用。好的品牌促进产品的销售、培养忠诚的顾客，不妥当的品牌却会抑制产品的销售，反而产生了负面影响。因此，设计一个好的品牌是任何一个企业都希望的。一般来说，一个好的品牌的设计应符合以下要求：

（1）应符合法律法规。品牌的设计首先要符合法律的规定。合法的品牌和商标才能受到法律的保护。非法的品牌不但不会受到保护，还会受到法律的制裁。有些企业利用搭便车的做法设计自己的品牌，将自己的品牌设计得和知名品牌非常相似，使消费者认为这是知名品牌而进行错误的选购，这种做法不但损害了消费者的利益，也损害了那些辛苦创下名牌的企业的利益，扰乱了正常的经济秩序，这种品牌就是不符合法律规定的，不但不会受到法律的保护，还会受到法律的制裁。例如，模仿"康师傅"方便面的"康帅博"，模仿"高露洁"牙膏的"高露浩"，不仔细观察真是难以识别，诸如此类，不胜枚举，但都是不合法的。有的企业为了避免被其他企业注册相似的商标，给本企业造成损失，在注册商标的同时，把类似的商标也都进行注册。在这方面做得比较好的是杭州的娃哈哈集团，不但注册了"娃哈哈"，还把"娃娃哈""哈娃娃""哈哈娃"等类似的商标都进行了注册，防止其他企业进行类似的注册，使消费者产生混淆。

（2）应简洁醒目，易于识别和记忆。品牌的命名与设计应易于消费者识别和记忆，中文名称最好不要超过三个字，并尽量不使用生僻的字，以免消费者记忆困难。如著名的运动品牌"阿迪达斯"，现在简化为"阿迪"；著名的手机品牌"摩托罗拉"简化为"摩托"，都是体现了简洁、醒目、易记的设计理念。

（3）应构思巧妙、创意独特，能够暗示产品的功效。具有独特创意的品牌才更容易被人们所记忆，此外，品牌和产品的联系也有助于消费者记忆和联想。如："美加净"护手霜、"路伴"休闲鞋、"胃必治"胃药、"奔驰"汽车，都很好的暗示了产品的功效，让消费者看到品牌，就产生对产品属性的联想。

（4）符合风俗习惯和传统文化，为消费者所喜闻乐见。传统文化虽然不是硬性的法律规定，但作用和法律一样的强大。例如，著名商标"红双喜""红豆""喜临门""万家乐"等，都非常符合中国的传统文化，让人乐于接受。如果品牌的设计触犯了文化禁忌，产品将会非常不受欢迎。

[案例链接5.3]"金狮"与"金利来"

"金利来（Goldlion）"是香港著名的男装品牌，发展到今天，已经是深受消费者欢迎的品牌了，这不仅仅是因为它的产品品质卓越，"金利来"这个品牌名称本身也朗朗上口，非常吉利，有金钱、利益滚滚而来的寓意。但这个牌子并不是最初就是这么受欢迎的，当初它甚至招致人们的忌讳和反感。原来，金利来的创始人是曾宪梓先生，最初，他把他的产品命名为"金狮（Goldlion）"，在香港，"狮"与"输钱"的"输"谐音，结果"金狮"的发音和"干输"很相似,这使香港人很忌讳,产品当然不会打开销路。曾宪梓了解了这一事情后,果断地把"金狮"改成了"金利来",香港人才最终接受并喜欢上了这个讨喜的品牌。

4. 品牌策略

(1) 非品牌化策略。品牌对于大多数产品来说都可以产生积极的效果,但并不是所有的产品都必须使用品牌。由于采用品牌和商标要发生一定的费用,导致成本增加,并最终导致价格的升高,如果属于下列情况之一的产品,使用商标对促进销售的作用就不大了,商标费用的支出也就失去了意义,如电力、煤炭、木材等所谓均质产品;消费者习惯上不是凭商标而购买的商品,如粮、油、盐、纸等;生产简单,没有一定的技术标准,选择性不大的商品,如品种繁多的日用小百货等;临时性或一次性生产的产品;在试制、试销中尚未定型的产品。上面这几种情况下的产品虽然可以不使用商标,但企业仍应尽可能标明厂名、厂址,以对消费者负责。

(2) 品牌归属决策。

1) 生产者商标策略。生产者对本企业的产品采用自己的制造商标,即为生产者商标策略。生产者商标之所以成为一种策略选择,是因为生产企业对自己的产品不一定非要采用自己的制造商标不可,它还有除此之外的选择,即可把自己的产品成批卖给商业部门,由商业部门套上自己的商标。

2) 商业商标策略。无论是国内还是国外,一向都是生产者商标支配市场。但是,近年来国外一些大的零售商和批发商也纷纷建立自己的商标,从而形成了一种促销的策略,商业经销部门采用自己的商标有如下好处:

可以减少费用开支,以低价购进商品;商业企业有更大的经营自主权,可以对产品的质量、价格及商标权加以控制;商业商标能迎合特定顾客的情趣和爱好;为没有响亮牌号的小企业提供了方便;能有效地培养顾客的偏好,增强商业企业的竞争力。

(3) 单一品牌策略。单一品牌,即企业将自己生产的许多产品都选用一个品牌。单一品牌策略,一般只适用于性质和目标市场都大致相似的产品上。如果两种产品的性质或目标市场相差甚远,共同使用一个品牌就不一定会有什么好处。单一品牌的策略的好处是:企业推出一种新产品时,可沾原有成功产品之光,使其更容易进入市场;可集中宣传一个品牌形象,节省了广告费用。当然这种策略也有缺点,即"一荣俱荣,一损俱损",一个产品的失败,可能会连累到其他的产品。

(4) 个别品牌策略。个别品牌,即企业为自己生产的不同种类的产品采用不同的品牌。例如,广州铝制品工业公司,就使用了"三角牌""双菱牌""海鸥牌"来分别命名他们的电饭锅、电水壶、铝锅、铝刀架等产品。个别品牌策略的优点是:能更充分地面向不同的消费者,吸引不同消费者购买;如果企业推出的若干产品是同类的产品,但在价格及质量上有高档品和低档品之分时,就不宜用统一商标,个别品牌策略可以起隔离作用;新产品遭到失败时,不致影响原有产品的声誉。当然企业也要为此支付更多的品牌维护费用。

(5) 多品牌策略。即企业采用多个自己互相竞争的品牌。例如,宝洁公司单洗发水就有好几个品牌:"海飞丝""飘柔""潘婷"等;联合利华也有"力士""轻扬"等诸多品牌,都属于多品牌策略。多品牌策略可以提高整个企业的工作效率,推动内部部门间的竞争;企业可相应拥有几个不同的细分市场,每个品牌都会吸引一群消费者,并截留更多的品牌转换消费者,增加总的销售量。这种策略的缺点也是显而易见的,每个品牌都需要一定的维护费用,这部分支出将会非常高。

[案例链接5.4] 宝洁与联合利华公司的品牌策略

如果产品种类跨度特别大,还能用单一的品牌策略吗?如果一个品牌下有摩托车,你是否愿意买同一品牌的钢琴?也许它们的跨度还不够大,可是,如果一个食品公司还卖狗粮,你是否仍愿意购买该公司的食品?阿司匹林和杀虫剂可以是同一品牌吗?迄今为止,消费者对雅马哈的摩托车和钢琴表示认可,对Frito-Lay的柠檬水和土豆片却持否定态度。而拜耳公司(Bayer)把杀虫剂和止痛药混在同一个品牌下,公众对此是否感到紧张,仍然不能确定。

著名的宝洁公司,生产多种产品,例如,我们耳熟能详的海飞丝、飘柔、潘婷、舒肤佳、佳洁士、碧浪……在这些产品的包装上,我们几乎都可以找到宝洁公司的标记。而著名的化妆品SKⅡ,也属于宝洁公司,这就鲜有人知了,因为宝洁公司在刻意回避与SKⅡ的关系。宝洁公司生产的产品大多是大众定位的日用品,而SKⅡ定位于高端消费者市场,用宝洁这样一个大众化日用消费品的生产商去支撑SKⅡ这样高端的一个品牌,不合适,只会拉低SKⅡ的定位。而宝洁公司的老对手,联合利华公司,旗下也拥有众多品牌,我们熟知的和路雪、力士、清扬、奥妙、夏士莲,就都属于联合利华公司,这些产品在包装上也都可以找到联合利华公司的标记。联合利华公司也拥有高端化妆品品牌伊丽莎白雅顿,与宝洁公司一样,联合利华公司也在刻意回避着与伊丽莎白雅顿的关系,生怕大众化的日用消费品生产商的身份稀释了伊丽莎白雅顿的高贵血统,使高端消费者不买账。可以说,宝洁公司与联合利华公司的品牌策略是非常聪明的,使得产品的定位非常清晰。

当产品品种跨度大,或定位跨度大时,就不适合单一品牌策略了,而要考虑个别品牌策略或多品牌策略,虽然,这可能要付出更多的品牌维护费用。企业一定要根据产品的实际情况,选择合适的品牌策略。

(6)品牌扩展策略。即企业利用其成功品牌的声誉来推出改良产品或新产品(包括推出新的包装、色味和款式等),以使该产品迅速进占市场。例如,美国贵格麦片公司成功推出"贵格超脆麦片"之后,又利用这个品牌和"卡通人物"推出了雪糕冰棒和T恤衬衫等新产品。显然,如果不利用"贵格超脆麦片"这个成功品牌,这些新产品就不能很快打入市场。制造商采用这种策略,可以节省宣传介绍新产品的费用,使新产品迅速而顺利地打入市场。

(7)品牌创新策略。有人以为商品的牌子越老越好,对陈旧、落伍的商标不敢更改。实际上,现代品牌必须与其产品相统一,应随时注意创新,使品牌设计造型美、有特色、简洁明快。品牌的更新有两种方法:

1）骤变。即舍弃原商标，采用重新设计的全新商标。此法虽可标新立异，但由于商标的造型与前不同，必须要在极短时间内将产品、建筑物、招牌、交通工具、宣传品、信纸等上面所有的商标一律更改，而且需要大量广告费用支持新商标的宣传。

2）渐变。使新商标与旧商标造型接近，一脉相通，在2~3年中，当推出新产品或更改旧产品时，便换用这种新型商标。此法花费很少，又易保持原有商标声誉。缺点是受原商标约束，难以摆脱旧时的影响。

二、产品的包装策略

1. 产品包装的概念与作用

包装是产品的盛载物和保护物，是产品运动过程中的有机组成部分。一般来说，绝大多数产品在运输、装卸、分配和使用过程中，都需要一定的包装，它对于保护商品、健全运输、储存、销售和消费等方面都有着重要的作用。从某种意义上看，包装也是增加产品价值的一种手段。

2. 包装的分类

商品包装从它的不同作用来看，可分为运输包装和销售包装两大类。前者是为了便于商品的运输、装卸和储存，习惯上又称为大包装或外包装，后者是为了便于商品的分配、销售和消费，习惯上称为小包装或内包装。

产品的包装工作涉及的范围较广，其中包括对包装材料的选用、容器结构和造型的确定、包装方法以及装潢设计等各个方面。企业必须要注意对市场的调查研究，努力使商品的包装达到科学、经济、牢固、美观和适销的要求。

（1）运输包装的种类。为了适应商品在运输和装卸过程中的不同要求，运输包装又分为单件包装和集合包装两类。

1）单件运输包装是指货物在运输过程当中作为一个计件单位的包装。单件包装按造型分为箱、桶、袋、包、捆等，每一种形式又可以采用木、麻、纸、铁等材料。

2）集合运输包装是指在单件运输包装的基础上，为了适应装运现代化的要求，将多个单件包装组合成一件大包装。这对于提高装运效益、保护商品、节省费用都有积极作用。目前常见的集合运输包装有：集装包或集装袋，一般是用塑料重叠丝编织成；托盘，一般是用木材，金属或塑料制成；集装箱，它是指一种用金属板或木材、纤维板制成的长方形大箱，可载5~40吨重的商品，有的集装箱内还有空调设备。

（2）销售包装的种类。目前国内外所流行的销售包装有：

1）堆叠式包装。这种包装常用于罐类、瓶类或盒类包装，这些包装的顶部和底部有吻合部分，可以堆放咬合。

2）挂式包装。这种包装有独特的结构，如有钩、带、孔等便于悬挂。

3）展开式包装。这种包装的盒盖有与盒内商品相互衬托的图案，具有陈列展销效果。

4）透明包装和开窗包装。这是指用全部或部分透明材料或开有窗口的包装，这种包装可以直接展示商品的外观和质量。

5）习惯包装。这是指采用习惯性的传统包装造型，使消费者见到包装就知道是什么商品。

6）携带式包装。这种包装有携带装置，造型便于携带。

7）易开包装。指密封包装，具有易开启的特点，如易开盒、瓶、罐等。

8）复用包装。这种包装可以多次重复回收使用或向消费者提供其他使用价值，如有的可以作为日用品，有的可以作为工艺品或储存用具等。

9）中性包装。是一种既不注明国别、地名和厂名，也不注明原有商标和牌号的商品包装。在国际市场上，运用这种包装是常用的习惯做法，它是推销出口商品的一种手段。

3. 包装设计的要求

现代市场营销中，包装不仅仅起到保护商品的基本功效，更是肩负着推销商品的重要使命，为了极大的发挥包装的作用，一个好的包装设计应符合以下要求：

（1）醒目、独具特色、美观大方。

（2）直观、真实、与实物一致。

（3）便于消费者识别、选购、携带、储存和使用。

4. 包装装潢和产品包装策略

产品包装装潢是指按照产品的不同属性、形态、数量和销售意图，设计合理的销售包装造型、画面和文字说明。销售包装的造型要美观大方、新颖多样、科学合理，装潢画面的设计要突出商品的特点，文字说明要和画面紧密配合，互相衬托，互相补充，以达到装潢的目的。文字说明主要包括：商标、牌名、品名、产地、数量、规格、成分、用途、使用说明等内容。包装装潢还要有艺术的吸引力，既要重视商标的宣传，有利于创名牌，还要考虑销售地区的习惯和爱好，使用不同民族或不同国家的文字，必须要做到准确易懂。另外，包装的品牌、丝带、花结和装饰衬垫也属于装潢范围。一个好的产品包装装潢是非常重要的，它常常可以直接引发消费者的购买行为，如果企业再能以相应的产品包装策略与之相配合，那么就会获得更大的销售效果。目前，中、外市场上常见的包装策略有如下几种：

（1）类似包装策略。是指企业所有产品均用一种包装装潢，使顾客们一眼就能认出它们是哪一厂家的产品。这种策略可以节省企业的包装设计费用，同时有利于带动新产品的销售，减少新产品的促销费用，树立企业的整体形象。

（2）配套包装策略。是指将相关的一系列产品都纳入一个包装内，这样可以增加销售，也可以方便顾客选购和使用，当新旧产品搭配在一起时，有利于新产品顺利进入市场。但在实际搭配时，应根据所搭配产品的关联程度和消费者的需求合理进行搭配，否则，搭配不当，反而抑制了产品的销售。如很多生产儿童图画笔的企业将水彩笔、水彩、蜡笔、彩色铅笔、橡皮、格尺组合在一起进行销售，由于所组合的产品都是儿童绘画时需要的工具，既方便了家长选购，也易于儿童使用，效果就很好，但如果将橡皮泥或钢笔水等关联不大的商品也搭配进来，就不能起到好的作用，消费者不愿意为不需要的商品支付额外的价格。

（3）等级包装策略。企业对不同档次的产品使用不同的包装，或对不同质量的产品使用不同的包装，以使装潢的风格和特点与产品的实际价值相当。这样便于消费者选择与产品使用环境相宜的包装，适应不同需求层次的消费者的购买心理。

（4）差异包装策略。是指企业生产的各种产品都有其独特的包装设计。这种包装策略的好处是一个产品经营失败了，不会影响到其他的产品。当然这种策略的缺点也是很明显的,它增加了企业的包装设计费用和产品促销的费用。

(5)重复使用包装策略。也称再使用包装策略。这一策略有两种情况:一是企业可以将这种包装回收再次使用,如汽水瓶等;二是消费者买了某种商品,使用完毕,还能将它的包装另作他用,如咖啡桶,咖啡用完之后,主人还可用该桶盛白糖、食盐或茶叶等。

(6)附赠品包装策略。这是在国内外市场上很流行的一种包装策略,即在包装内附赠奖券或实物,以吸引消费者。例如,经营饮料的企业,在饮料瓶上附带几个杯子;经营方便面的企业,在包装袋里附带几只碗等。

(7)更新包装策略。企业将陈旧的、落后的,或没有任何影响的包装放弃,采用新的装潢设计,以改变原来的产品形象。新包装策略,也叫包装改变策略。

任务四结果测评:

评价依据	评价分值	得分
商标设计合法、醒目易记、与产品贴合、有创意有特色;包装选择合适、解释清楚、能够促使消费者购买	90~100分	
商标设计合法、比较醒目易记、与产品贴合;包装选择比较合适、解释清楚	70~90分	
商标设计合法、与产品贴合,但不够醒目易记、缺少创意与特色,但仍可采用;包装选择合适	60~70分	
商标设计违法,或与产品不贴合、无法采用;包装选择错误、阻碍消费者购买	60分以下	

任务五:新产品的开发与创意实训

任务分配:分小组进行,每组自行选择产品,根据营销环境、结合消费者情况,提出新产品的创意,形成产品概念;分析与讨论新产品开发在商业上的可能性;撰写新产品开发与推广策划报告。由老师根据课堂讨论情况、报关的撰写情况赋分

任务五成果展示:形成的新产品创意、新产品开发推广策划报告

知识储备:

一、新产品的概念

新产品可以定义为:整体产品的核心及形式部分发生任何更改以及全新发明创造的产品,就是新产品。根据这个概念,新产品可以分成两种。

1. 全新产品

这是指社会上从未出现过的新产品。这类新产品对技术、设备和资金的要求极高,因而极不易开发,几十年,几百年,甚至上千年才产生那么几件。这类新产品一经出现,就会有重大的社会意义,甚至会改变人类社会的生活方式。例如,蒸汽机、汽车、火箭、光纤维等。

2. 改良的新产品

这是指在原有产品的概念基础上经过改造而成的新产品。这类新产品较易开发，而且为企业常规性的战略运用提供了广阔的空间。这类产品包括改变或增加产品性能，变换外形、颜色或体积，以及更改品牌或包装等。这类产品之所以被认为是新产品，主要是因为消费者在这些产品身上感受到了一种新意。但这类新产品不应构成企业对消费者的欺骗。

二、新产品开发管理程序

新产品上市失败，概括地说是由两方面的原因造成的：一是"新产品"在构思成熟前就已经不存在成功的可能和发展的必要了；二是本来提出了一项优良的产品设想，就是因为在产品开发的过程当中出现了问题，才没有发展成为成功的产品。可见，企业制定一套完整的、周密的新产品开发管理程序，是非常重要的，它会大大减少企业的风险，使投资新产品成功的机会更大。由于每个企业的内部条件不同，新产品的性质和特点不同，管理程序也就各有特点，一般，新产品最基本的开发与管理过程，可分成五个阶段，即设计构思、分析筛选、产品试制、产品试销和商业性投产。

1. 新产品的设计构思阶段

一个新产品的形成，始于构思与设计。所谓构思，就是对于满足某种市场需求的设想。新产品构思的数目越多，方案设计的选择性也就越大，最后推出供分析筛选的产品项目也就会更加接近实际需要。因此，了解产品的未来远景是极有帮助的，企业应该经常对市场做出诊断，以探测消费需求的变化。支持产品创新的构思来源是多方面的，一般从企业内部的生产部门和销售部门就能得到；在企业的外部，各种经销商、零售商、广告公司、有关专家以及顾客也能向企业提供大量有价值的资料。另外，好的创意也许来自工厂的参观者及各界人士的疑问和批评。当然还有一个有效刺激的构思来源，那就是竞争者的成功。所以，企业平时就应该密切注意市场竞争的动态，以便不断巩固企业产品的有利地位。

2. 新产品的分析筛选阶段

企业在取得足够的设计构思之后，就要对这些创意加以研究，分析其可行性，筛选出可行性较高的产品项目。在这一阶段中，企业要确定完整、周密的产品评价标准和成本、销售量与利润的关系模式。建立这些标准与模式的目的就是要淘汰那些没有前途的构思设计，使企业有限的资源能够集中于成功机会较大的产品项目。因为并不是所有的构思都能符合企业的目标，也不是所有的设计都能付诸实施。

对新产品设计方案进行筛选时，应该努力避免两种偏差：一种是对某个良好构思的潜在价值估计不足，以致漏选，失去机会；另一种是误选了没有发展前途的新产品，最后导致彻底失败。

3. 新产品的试制阶段

对新产品的各种构思进行分析筛选以后，企业的研制部门或工程部门，就要将选择出的最佳产品概念研制成样品，这是一个重要步骤。实际上在产品的试制阶段，企业需要完成两项工作：一方面是研制部门或工程部门进行工程分析；另一方面是销售部门进行消费者分析。这两项分析的结果是制成一件体现产品整体概念的新产品。就工程分析方面而言，企业要完成下列三项工作：外形设计、材料与加工分析、价值分析等。就消费者分析方面而言，有关部门要解决包装设计、厂牌设计、商标设计以及相宜的色调等问题。经过这两个方面的研究和制作之后，产品的外观及内涵都应较为适合潜在消费者的要求，为新产品的试销和最后上市奠定基础。就消费者利益及有益于销售两个方面而言，制作出的新产品应具备下述特点：

（1）相对优点。相对于已有产品或竞争产品，新产品应有独到之处，这种优点越大、越明显就越容易被接受。这种优点主要反映在质量、性能、使用、价格等方面。

（2）适应性。新产品与社会的消费习惯及价值观念相适应，就比较容易被接受，反之就难以推广。

（3）简易性。新产品的结构和使用方法，要力求简单易懂，如果用法复杂，人们见之为难，被接受过程就慢。

（4）可分割性。消费者的购买力不同，生活习惯不同，新产品应力求可以分割，便于购买。

（5）可试性。潜在顾客对新产品有兴趣以后，通常都想先试一试，满意后再作购买决策。

（6）明确性。新产品的特点和使用方法，应当明确实在，切忌模糊不清，使人产生怀疑。

4. 新产品的试销阶段

这是对新产品的全面考察阶段。企业通常要制造少量产品，投入一定范围的市场进行试销。这种试销，是把新产品以及与之相关的营销策略首次付诸实施，以测试有权威的中间商和消费者的反应。一般试销只搞一次，有时也搞一次以上，试销的结果决定着新产品的命运。

第一次试销的结果有三种可能：一是试销反应良好，企业可决定全面上市；二是试销反应一般，这种情况下，企业最好经过分析后实行再试销，全面上市或放弃上市都不够妥当；三是试销结果很差，面对这种局面，企业应该果断放弃，再试销或修改再试销都不够明智。

一般企业在实行试销计划的时候，必须要执行四项基本决定：确定地点的市场；合理的试销时间；试销中必须搜集的反应资料；第一次试销后所要采取的行动。

5. 新产品的商业性投产阶段

新产品经过试销证明是成功的，企业就应立即决定大批量正式投产。新产品上市后首先进入的是产品市场生命周期的导入阶段，新产品在这一阶段夭折的实例是很多的，企业应该尽最大的努力使新产品尽快渡过这一时期。在商业性投产阶段，企业需要做出四个方面的决策：新产品的销售时间；新产品的投放地区和扩散地区；目标市场及产品定位；具体的市场销售策略。

三、新产品开发策略

发展新产品，企业自己必须有雄厚的实力，并建立在充分了解竞争者和消费者需求的基础上，而且要与企业的长期发展战略相适应，这样才能制定出切实可行的新产品开发策略，确保新产品成功。总结国内外经验，常用的策略有下述几种。

1. 挖掘需求的策略

消费者需求有现实需求与潜在需求之分，新产品既要开发现实需求的产品，如电视机、电冰箱、洗衣机等；又要开发具有潜在需求的产品。特别是后者，它是判明一个企业家是否精明能干和富有远见的重要标志。由于现实需求的产品，竞争激烈，忽上忽下，大起大落，因此，企业开发新产品的重点，应放在捕捉、挖掘市场潜在需求方面，这样才能扩展新的市场领域。

一家街道小厂，生产了一种塑料浴罩新产品，热水一倒，热气蒸发，使浴罩内的温度能保持在20℃以上，这就解决了冬天洗澡难的问题，深受消费者欢迎，后来，这一概念被其他企业完善成了家喻户晓的桑拿浴箱。据国外有关资料介绍，用户的需求中，潜在的需要约占60%~70%，挖掘用户潜在需要可采取下述几个方法：从日常生活中，追寻用户潜在需要；运用需求层次理论，挖掘潜在需求；从国家的方针政策和有关规定中，寻求用户需要。

2. 挖掘产品功能策略

增加产品功能开发新产品，可以延长产品的生命周期，老产品增加新功能、新用途，可以重新受到消费者的欢迎。如：在肥皂类中，近几年出现了一种膏状肥皂——"美洁"洗衣膏。这种洗衣膏溶解快、去污力强，有明显的增白效果，又增加了抗硬水性能；在香皂类中又出现了具有护肤、疗效功能的香皂，如"硅碉"香皂用后在脸上形成一种防护膜，防止强光对皮肤的直射，并有消炎、杀菌等作用；"奥琪"香皂采用复合材料和高级护肤剂制成，长期使用，有减缓皱纹、增加皮肤弹性的作用。这些具有新功能的产品，都极受欢迎。

3. 以竞争为主旨的开发策略

（1）抢先策略。即在其他企业还未开发成功，或还没有投入市场之前，抢先把新产品投放市场。这样可以在市场上占据有利地位，但风险较大。

（2）紧跟策略。与上一策略相反，企业不首先开发新产品，而是仿制市场上已开发成功的新产品，使企业投入少、收效快。使用这种策略，要求企业信息灵而快，仿制能力强。

4. 降低风险策略

（1）降低投资风险策略。产品开发需要新设备、新技术，需要投资，投资越大风险越大。因此，在开发中尽量利用现有设备，现有工艺装备，可以减少设备投资，降低风险。

（2）减少资源投入策略。开发新产品需要人力、物力和财力，合理调配这些资源便能降低风险。开发中的一些项目，如设计、试验、试制、配件，均可交由其他单位承包，而本企业只进行总装，在新产品成功之后，再增加资源投入。

（3）用户导向策略。新产品能否有销路，事先是没有把握的。为了避免开发后没有人购买而蒙受损失，新产品在开发以前，应先寻求用户，与之签订供货合同。有一定量的订单之后，再行开发、生产。这对工业品的开发或中间产品的开发特别重要。

（4）试探风险策略。造成新产品风险的因素很多，事先难以预料。如果先从别的国家、别的地区或别的厂家，引进本企业准备开发的产品，用上自己的厂牌商标，试探市场是否欢迎，这样会稳妥些。如若市场欢迎即可投入力量生产；不欢迎即可另打主意。无疑,这减少了新产品开发的盲目性。

四、新产品的开发方法

1. 系列产品开发法

系列产品开发法是为了深化产品品种、规格,满足各种顾客需求而开发的新产品的方法。开发系列产品的原则有两条:一是围绕某种使用目的进行开发;二是形成完整体系,填补空缺,使产品成龙配套。如我国的粮油食品类出现了多种产品系列,像上海开发的就有13个系列,即面食类、食油类、酱油类、食醋类、调味酱类、饴糖类等。面食类中,大众型的有六种,方便型的有五种,花色型的有十一种;醋类有几十种,从纯酸、酸辣到保健型,应有尽有。开发系列产品,既可满足消费者需要,又可给公司带来巨大利益。系列产品开发一般有下述几种方式:按产品规格、大小形成系列;以一种材料的不同特性开发系列;按某种用途开发系列;利用不同材料开发同一种功能、用途的产品。

2. 方便用品开发法

方便用品开发法是从方便消费者使用或消费的角度出发,以省时、省力、不费心为原则,使商品便于携带和储存。方便食品和方便饮料即为最好的例证,如方便面、速溶奶粉、速溶咖啡、易拉罐饮料等。一般日用生活的方便用品,可以通过下述途径开发:自动化(如自动伞);定时化(如定时电饭锅);轻便化(如选材讲究的产品);微型化(如袖珍台灯);省力化(如变速自行车)。

3. 专用产品开发法

现代产品正由大批量、单一品种,向着小批量、多品种转变。企业为适应市场的这种变化,也开始从生产一般产品向生产专用产品转化。该策略包含四种做法:按不同用途实行专用化;按不同消费对象实行专用化;按使用地点实行专业化;按产品的使用性质实行专业化。

4. 材料选用开发法

(1) 用常用材料替代稀有材料。如易拉罐的用材,以塑料代替马口铁;以纸替代塑料。

(2) 采用新工艺。如改变原料配方或改变加工程序。

(3) 使用新型材料。如洗衣机的某些部件由铁的改用铝制的,以减轻洗衣机的重量。

5. 缺点列举法

无论什么样的产品都会有这样或那样的缺点。发现了产品的缺点,会使人们产生改变这些缺点的想法,于是新一代的产品便应运而生。如过去的冲压机很不安全,经常出现断手断臂的事故。于是有的厂家对其进行改革,使冲压机必须在操作者的双手离开危险部位后才能冲压。

6. 特性列举法

目前有的家庭使用了一种烧水的水壶,可以在水开后鸣笛叫人,故称之为"叫壶",很受用户的欢迎。它的开发成功就采用了这种特性列举法。

传统的水壶烧水,如果主人不在面前,无法知道水是什么时候开的,而且容易熄灭炉火,浪费能源,甚至出现危险。根据水壶烧水、倒水的特性,于是人们提出了水烧开后能否向人预报?水蒸气烫手,能否使汽孔移动?以及外观可否改进等。经过对这些特性的研究,最后便产生了叫壶的设想,使汽孔与壶嘴统一起来,并装上汽吹鸣笛,这样几个问题都解决了，产生了新一代的水壶。

7. 希望点列举法

这是一种由用户对未来产品提出希望或设想并借以开发新产品的开发技法。国外某制笔公司，搞了一次实验调查法，了解用户对未来钢笔的想法，于是人们提出了多颜色，可粗可细以及不带帽等想法。这家公司最后选择了"无笔帽"这一设想作为新产品的概念，开发了一种类似圆珠笔可以伸缩的钢笔。这样方便了使用，很受消费者欢迎。希望点列举法，要求主持会议的人能够激发与会者的热情，使每个人都能积极提出自己的希望。

任务五结果测评：

评价依据	评价分值	得分
形成了新产品的创意；新产品有市场、有存在的依据、营销背景分析正确、深入；小组成员课堂讨论热烈；策划报告完整、严密	90~100分	
形成了新产品的创意；营销背景分析正确、比较深入；小组成员课堂讨论热烈；策划报告完整、认真	70~90分	
形成了新产品的创意；营销背景分析比较正确，但不够深入、有疏漏之处	60~70分	
未形成新产品的创意，或思路混乱，新产品没有存在的价值与必要性、分析错误、态度不认真	60分以下	

任务六　产品生命周期策略实训

任务分配：分小组进行。每组成员可以自行选定一种产品，分析该产品处于产品生命周期的哪个阶段？这个阶段的产品有哪些特征？又面临着怎样的竞争？该产品应如何经营？小组讨论后派出代表在全班同学面前进行汇报演示。由老师酌情赋分，或由其他小组评判其表现，投票赋分

任务六成果展示：展示PPT、讨论记录、现场表现

知识储备：

产品生命周期是一个十分重要的概念，研究产品生命周期的发展变化，可以使企业根据产品生命周期的发展阶段，及时、有效地制定市场策略。对于企业来说，运用产品生命周期的理论主要有三个目的：缩短产品的导入期；延长产品在市场的增长阶段；避免产品很快被淘汰。产品生命周期各阶段有其各自的特点，企业主动采取相应的市场策略，以变应变，就不难达到自己的目标。

一、产品生命周期的概念

产品生命周期也称经济生命周期，是指产品在市场上因需求而出现，进入市场，直至被淘汰，退出市场的全过程。产品的生命周期不同于产品的使用寿命，产品的使用寿命指一件产品，从投入使用，一直到报废了，不能再用了所持续的时间。产品的生命周期和产品的使用寿命周期是两个完全不同的概念，有的产品生命周期很短，可使用寿命却很长，

例如流行服饰；有的商品使用寿命短，但生命周期还在持续，例如鞭炮。了解产品生命周期的概念很重要，它有助于营销人员认识所经营的产品的市场地位，所处的形势，发展前景并据此制定相应的对策。

一个典型的产品的生命周期通常包括四个阶段，分别是介绍期、成长期、成熟期和衰退期。每个阶段都有其各自的特点和适用的策略，如图5-2所示。

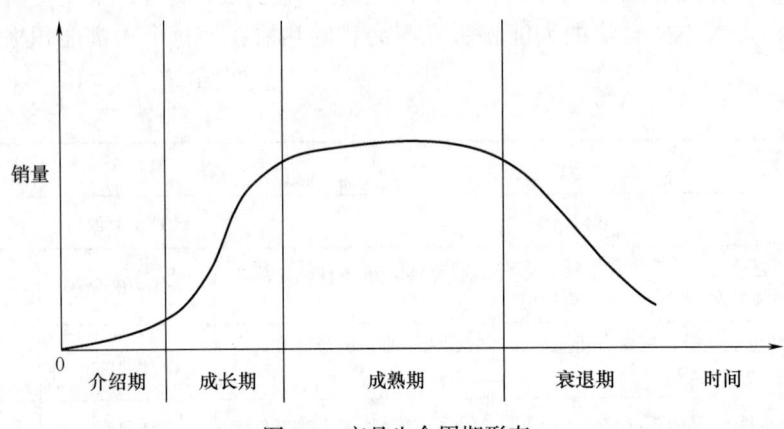

图5-2　产品生命周期形态

产品生命周期的各个阶段并没有明确的销售量的规定，主要是根据销售量曲线的显著变化来区分的。

当然，并不是每种产品的生命周期都呈现出这样的形态，不同的产品，生命周期的形态是不一样的。有的商品呈现出反复循环的形态，衰退一段时间后，又重新流行起来，如图5-3所示。

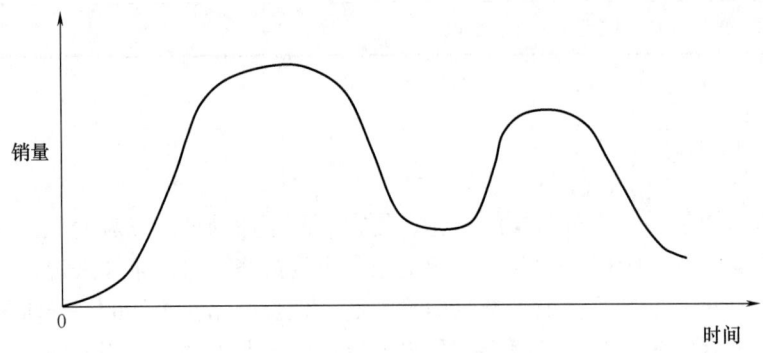

图5-3　循环型产品生命周期曲线

有的产品进入成熟期后，由于不断地开发新的市场，或其他的有效的营销措施，使产品的销售量不断地达到新的高潮，如图5-4所示。

一般来说，科技含量高的商品，由于科学技术的迅速发展，往往很快就会出现替代品，所以这类商品成熟期短；流行商品由于消费者偏好变化快，成熟期也很短；消费者偏好稳定、生产技术也稳定的商品，成熟期较长。产品生命周期的不同阶段均有各自的特点，企业要根据产品所处的生命周期阶段，来制定相应的营销策略。

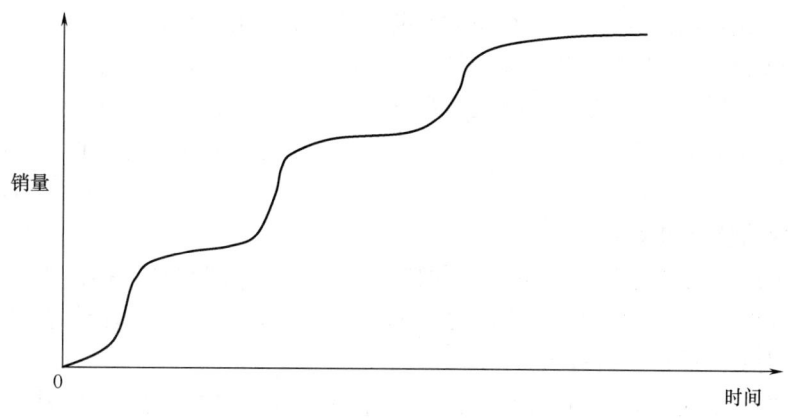

图5-4 扇形产品生命周期曲线

二、产品生命周期各阶段的特点和策略

1. 介绍期的特点和策略

介绍期也称导入期。这一阶段，产品刚刚投放市场，质量性能开始接受考验，成本高，知名度较低，销量少，渠道不多。此时，为了提高产品的销售量，企业首先要提高产品的知名度，进行有力的促销活动；此外，产品刚刚上市，价格的制定也是一个极为关键的问题，这将关系到企业产品的销售量、所能取得的利润以及产品的竞争能力。因此，价格的制定和促销花费的高低将是对介绍期新产品影响最大的两个因素。根据促销费用和价格的高低，产品处于介绍期时，企业有四种策略可供选择。

表5-2　　　　　　　　　　　介绍期的营销策略

促销＼价格	高	低
高	快取脂	快渗透
低	慢取脂	慢渗透

（1）快取脂策略。这种策略是采用高价格、高花费（大量的广告费用）促销产品，以求快速打入市场。这种策略适用的市场情况是：①消费者对该产品的价格不是很敏感，适当的高价能被他们所接受。②产品的知名度很低，大量的促销非常有助于增加产品的销售量。③企业面临潜在的竞争者的威胁，需要及早树立品牌形象。

（2）慢取脂策略。定高价格，但花少量的促销费用来推出产品，以求获得更多的利润。这种策略适用的市场情况是：①消费者对该产品价格不敏感，可以接受高价。②产品已经有了一定的知名度，不需要太高的促销花费。③竞争并不激烈。

（3）快渗透策略。采用低价格，花费大量的促销费用，先发制人，迅速打进市场，取得最大市场占有率。这种策略适用的市场情况是：①产品知名度低。②消费者对该产品的价格敏感。③竞争非常激烈。④市场容量足够大。⑤产品成本可以随着产销量的扩大而降低。

（4）慢渗透策略。采取低价格和较低的促销费用推出产品，逐步打入市场。这种策略适用的市场情况是：①消费者对该产品的价格较敏感。②产品已经有了一定的知名度，不需要再进行大量的促销宣传。③潜在的竞争比较激烈。④市场容量大。

四种策略均有各自适用的市场条件，企业应根据实际情况来选择产品介绍期的市场策略。

2. 成长期的特点和策略

这是商品销路已经打开的阶段，它的特点是消费者对产品已经很熟悉，销量迅速增加，企业利润增长很快，但竞争者也随之增加。这一时期企业可以选择的营销策略如下：

（1）努力提高质量，改进工艺。

（2）寻求新变化。寻求新的消费者群，开设新的销售分配，扩充新的细分市场。

（3）改变广告宣传的重点。从对产品的宣传转到对商标信誉的宣传，努力创名牌，树立产品形象，争取更多的顾客。

（4）设法降低成本，加强竞争能力。

（5）降价。选择适当时机，采取降价策略，吸引更多对价格反应敏感的潜在购买者。

3. 成熟期的特点和策略

这一时期的商品已达到饱和状态。特点是销量的上升变得缓慢、平稳，类似产品增多，竞争十分剧烈。这一阶段的任务主要是维护市场占有率，延长产品的市场寿命周期。

（1）市场扩张策略。指通过提高现有产品的用途或增加新用途，促使消费者增加消费量，也就是大力推销现有产品。这一般有两条途径：第一是激发现有顾客增加使用率；第二是寻找新的细分市场或进一步细分市场。

（2）加强产品策略。指修改产品的式样、提高质量、增加产品的新特点或改变产品的外观，并结合产品组合策略，调整产品的延伸部分，如商标、包装、保证和服务等。

（3）调整市场营销组合。企业要延长产品的寿命周期，增加产品的销售量和市场占有率，还必须要重新确立市场营销因素的组合，诸如削价或间接削价，增加销售渠道、扩大销售网，提出新的广告主题等。

4. 衰退阶段的特点和策略

产品到了这一阶段，无论是企业的销售量、现金流量，还是顾客数量都在全面急剧下降。可以说，企业在这一阶段所面临的抉择就是保留还是淘汰产品。

企业建立完整的产品淘汰制度是非常重要的，定期检查各种产品计划的执行情况，有利于企业恰当地做出保留或淘汰的决策。对此，企业所要搜集的各方面资料如下：销售量、销售额、市场占有率；产品的成本、产品的价格；竞争情况；产品改进情况；促销计划及其执行情况。

一般来看，如果产品销售是由于短期情况而导致衰败的话，企业应该持保留的态度，采取产品的新生策略，改变市场营销工作以恢复衰退产品的销售量。采取这一策略所要运用的各种因素如下：重新确定目标市场；改变销售渠道；改变广告媒体和广告主题；增加或减少销售人员及销售费用；改进产品或提高产品质量。

如果企业经过周密的评价和审查，确认必须要采取产品的淘汰措施的话，企业有三种市场策略可以选择：

（1）连续策略。继续保持过去的策略不变，仍然沿用原来的细分市场、销售渠道、定价和推广方法，使产品在市场上自然衰竭。

（2）集中策略。企业把人力、物力、财力集中到最有利的细分市场和渠道上去，缩短营销战线，逐步撤回市场营销力量。

（3）榨取策略。精减人员，减少开支费用，选择精干有力的分销机构，获得眼前利益。

任务六结果测评：		
评价依据	评价分值	得分
分析正确、深入、阐述清楚、PPT制作精良、口语表达好、获得支持率高	90~100分	
分析正确、阐述比较清楚、口语表达好、获得了一定的支持率	70~90分	
分析正确、能够阐述清楚，但缺少亮点	60~70分	
分析错误、表述不清楚	60分以下	

小结：

营销的产品观及产品所被赋予的含义是一种市场导向的全新视角，整体产品的概念为产品策略提供了理论基础和巨大的策略运作空间，诠释了市场导向的产品质量观和新产品观。产品整体是指一切能满足买主某种需要和利益的物质属性及非物质形态的服务，它包括产品的有用性、产品形式和产品延伸的各项利益。产品质量是产品的市场标准与管理标准之和。产品的品种必要要在产品的经营结构中去考虑，好的产品项目和产品线构成了产品的种类和有助于经营与管理的产品组合。我们可以看出，产品组合策略、产品生命周期策略与企业发展战略的从属对接关系。其管理及运行内容充分反映了经营的科学和策略的艺术，反映了市场的导向性和企业产品策略因素与环境的平衡。

产品的商标与包装是产品整体的重要组成部分。著名商标所展现出的组合要素使我们体会到了名牌的丰富内涵。品牌和非品牌化策略把我们引领到了广阔的品牌世界之中。商标或品牌与产品其他要素的协调突显了营销策略的组合性要求。而在产品的包装策略方面也同样体现了这一特点。

课后作业：

案例分析：自行车行业，何去何从？

中国曾经是一个自行车大国。在大多数人的记忆中，自行车应该都占有着或大或小的一处位置。由中国城市交通的整体格局来看，自行车的使用在20世纪八九十年代达到顶峰，之后处于迅速衰退的状态。

来自中国地质大学、加州大学伯克利分校以及兰州大学的研究者们回顾了中国自行车交通与政策在百余年时间内的变迁。他们将这百余年的时间分为四个阶段，并分别由自行车交通状况与政府政策两个主要方面对每个时期的特点进行了概括。

奢侈品：最初传入与缓慢增长期（1900-1978）。

这一时期由十九世纪末自行车作为奢侈品传入中国起，到改革开放止。在此期间，总体而言，自行车并没有真正成为主流的交通工具，自行车在保有量上的增长很缓慢。

经济发展的标志：迅速增长期（1978-1995）。

这一阶段由改革开放始，至1995年建设部出台《城市道路交通规划设计规范》止。在这一阶段，自行车成了普通城市家庭的主要交通工具，自行车保有量和使用量迅速增长。1993年，城市自行车平均保有量达到顶峰，每百户拥有自行车197辆。

20世纪整个八九十年代，自行车在城市交通中分担的比例基本在45%左右。在此期间，各级政府均视自行车交通的发展为经济发展的重要标志之一。政府鼓励民众购买、使用自行车，并且兴建各种自行车交通设施（自行车道、存放点等）以推动其发展。也正是在这一时段，中国成了"自行车王国"。

"敌对势力"：限制自行车阶段（1995-2002）。

这一时期始于上述1995年建设部文件，止于2002年上海市出台的《上海市城市交通白皮书》。在这一时期，城市自行车的保有量和使用率迅速下降。2002年，城市自行车平均保有量减至143辆/百户，而自行车在城市交通中所占比例基本在35%左右，在一些城市（如广州）已减少至15%左右。

在这一时期，以1995年住建部文件为代表，政府将自行车看作是与公共交通与机动化交通敌对的存在，是"道路抢夺者"和"事故引发者"。基于此，各级政府纷纷制定限制甚至取缔自行车的政策。"无自行车城市"被视作是理想的城市发展愿景。

公共交通补充者：地方政策多元化时期（2002年至今）。

以2002年上海市出台的《上海市城市交通白皮书》为代表，一个重新审视自行车交通的政策多元化时代来临。在此"白皮书"中，自行车不再被视为公共交通的竞争者，而是被定义为"补充者"纳入整个城市交通体系之中，自行车与公共交通的接驳与搭配开始被重视。随后，深圳（2007）、北京（2008）、广州（2009）等城市也纷纷重新定义自行车，并将之视为城市交通发展的重要一环。虽然并没有国家级统一规划，但各个城市纷纷开始打造自己的慢行交通体系。

不过，在政府转变态度的同时，自行车的保有量和使用率依然在缓慢下降。一些下降迅速的城市（如广州），自行车交通的占比已低于10%。在近十几年来，城市的扩张、公共交通设施的不断完善（公交、地铁、轻轨）、家用小轿车的迅速增加、电动自行车的蓬勃发展，都给传统的自行车带来了巨大的冲击。整体而言，中国城市自行车交通的发展经历了"传入—缓慢增长—迅速增长—迅速衰退—缓慢衰退"的过程。

问题：

1. 你认为自行车这种产品是处于产品生命周期哪一个阶段的产品？
2. 这个阶段的产品有什么特征？
3. 你认为自行车企业应该如何经营？

项目六 价格策略的运用与实施

学习目标

（1）知识目标。

了解市场营销中价格的内涵，掌握影响价格的因素，能够在制定和调整价格时充分考虑这些因素的影响和制约；掌握三种定价方法，并会运用三种定价方法为企业产品制定合理的价格；掌握各种定价策略，如新产品的定价策略、价格调整策略等。

（2）能力目标。

能够运用所学的知识为企业产品制定合理的价格；能够根据企业性质、所面对的市场竞争形势，运用定价方法计算价格；能够灵活使用定价策略为产品进行价格调整，以增加产品市场竞争力或提高企业收益。

（3）素质目标。

本项目要培养学生的分析能力、计算能力，整体思维的营销意识，为日后进行市场营销实际工作奠定良好的素质基础。

重点和难点

（1）重点。

本项目中的重点是影响价格的因素，尤其是对不同价格的理解；各种定价策略，包括新产品的定价策略和价格调整策略。

（2）难点。

本项目的难点是三种定价策略，尤其是侧重于成本的定价方法，涉及价格的计算，不但要知道如何计算出价格，还应该理解成本定价方法的局限性，在实际进行定价时，知道如何调整价格能削弱成本导向定价法的不足。

项目六 价格策略的运用与实施

项目名称：价格策略的运用与实施	
项目说明：本项目通过对价格的讲授和实训，使学生能够了解到营销中，价格的含义、影响产品价格的因素；掌握产品定价的方法；掌握价格调整策略，能够灵活地使用这些策略，为产品制定和调整价格	
核心词：价格影响因素、定价方法、定价策略	
任务一　认识价格的实训 任务二　产品定价实训 任务三　定价策略实训	实训成果： 所卖出产品的价格、售卖的过程、PPT展示、定价分析与定价方案、销售海报、定价策略方案

课前思考：

请同学们思考几个问题：①不呼吸，你能活多久？②不喝水，你能活多久？③不戴金项链，你能活多久？

不呼吸，你活不过几分钟；不喝水，你活不过几天；可是不戴金项链，不影响你活着，那为什么我们对空气，不支付一分钱？对于水，也不过一两块钱一瓶？为什么不戴金项链也不会死，金子却值那么多钱呢？请同学们据此分析一下，价格是由什么组成的？或者说，哪些因素在严重的制约和影响着商品的价格？在哪些情况下，一定要定高价？哪些情况下，只能定低价？接下来，我们就来进行价格策略的训练。

任务一　认识价格的实训

任务分配：在预习了价格组成的相关知识点的基础上，分小组进行本任务内容，请每组成员卖饮用水，一瓶水，如何卖不只一元钱？有没有可能卖到10元、100元、甚至上千元？请每组派代表向全班同学推销这瓶水，由其余同学打分或提供虚拟钱币，能将一瓶水卖出最高价钱，其价格组成、设定的场景能让人心服口服的小组获得本次任务最高分，其余组，按照卖出的价格高低，分数递减

任务一成果展示：所卖出产品的价格、售卖的过程（可以口头介绍和也可PPT形式）

[案例链接6.1]　一个杯子的8种卖法

第1种卖法：卖产品本身的使用价值，只能卖3元/个

如果你把它仅仅当一只普通的杯子，放在普通的商店，用普通的销售方法，也许它最多只能卖3元钱，还可能遭遇邻家小店老板娘的降价招客暗招，这就是没有价值创新的悲惨结局。

第2种卖法：卖产品的文化价值，可以卖5元/个

如果你将它设计成今年最流行款式的杯子，可以卖5元钱。隔壁小店老板娘降价招客的暗招估计也使不上了，因为你的杯子有文化，冲着这文化，买者是愿意多掏钱的，这就是产品的文化价值创新。

第3种卖法：卖产品的品牌价值，就能卖7元/个

如果你将它贴上著名品牌的标签，它就能卖六七元钱。隔壁店3元/个叫得再响也没用，因为你的杯子是有品牌的东西，几乎所有人都愿意为品牌付钱，这就是产品的品牌价值创新。

第4种卖法：卖产品的组合价值，卖15元/个没问题

如果你将三个杯子全部做成卡通造型，一个套装杯用温馨、精美的家庭包装，起名叫"我爱我家"，一只叫父爱杯，一只叫母爱杯，一只叫童心杯，卖50元一组没问题。隔壁店老板娘就是3元/个喊破嗓子也没用，小孩子会拉着妈妈去买你的"我爱我家"全家福。这就是产品组合的价值创新。

第5种卖法：卖产品的延伸功能价值，卖80元/个绝对可以

如果你猛然发现这只杯子的材料竟然是磁性材料做的，那我帮你挖掘出它的磁疗、保健功能，卖80元/个绝对可以。这个时候隔壁老板娘估计都不好意思叫3元/个了，因为谁

也不信3元/个的杯子会有磁疗和保健功能，这就是产品的延伸价值创新。

第6种卖法：卖产品的细分市场价值，卖188元/对也不是不可以

如果你将你的那个具有磁疗保健功能的杯子印上十二生肖，并且准备好时尚的情侣套装礼盒，取名"成双成对"或"天长地久"，针对过生日的情侣，卖个188元/对，绝对会让为给对方买何种生日礼物的而伤透脑筋的小年轻们付完钱后还不忘回头说声"谢谢"，这就是产品的细分市场价值创新。

第7种卖法：卖产品的包装价值，卖288元/对卖得可能更火

如果把具有保健功能的情侣生肖套装做成三种包装：一种是实惠装，188元/对;第二种是精美装，卖238元/对;第三种是豪华装，卖288元/对。可以肯定的是，最后卖得最火的肯定不是188元/对的实惠装，而是238元/对精美装，这就是产品的包装价值创新。

第8种卖法：卖产品的纪念价值，不卖2 000元/个除非脑子进水

如果这个杯子被明星喝过水，后来又被杨利伟不小心带到了太空去刷牙，这样的杯子，不卖2 000元/个除非脑子进水了，这就是产品的纪念价值创新。

买方往往购买产品时，除了产品本身的使用价值外，有时是购买一种感觉、文化、期望、面子、圈子、尊严、尊重、理解、地位等象征性的意义。同样一个杯子，杯子里面的世界——它的功能、结构、作用等依然如故，但随着杯子外面的世界变化，它的价值却在不断地发生变化。因此，一个产品，定什么价格，不仅仅取决于这个产品本身，还取决于很多其他的因素，成熟的营销者应该善于分析各种影响价格的因素，并利用可利用的条件与信息，达到利益最大化的目的。

本案例摘自http：//www.ceconlinebbs.com/FORUM_POST_900001_900005_1068107_0.HTM

知识储备：

一、产品价格的内涵

（一）"积极价格"与"消极价格"

价格是营销组合中一个十分重要的内容，价格的高低在很大程度上决定成交的这笔生意是盈利还是亏损。营销者一定要对营销组合中的"价格"有更加深入的认识，才有利于达成交易，在竞争中取胜，并使自己的利益最大化。

便宜与昂贵的含义是极为不确切的，它带有浓厚的主观色彩。对于这两个概念，不同的人，在不同的情况下，会有不同的看法。产品以及其他条件越能满足对方的要求或主要愿望，顾客就越会觉得产品价格便宜。反之，如果对方对你的产品及有关条件都很不满意，那么你的产品价格就一定是昂贵的了。花1万元修复一台车看起来要比花3万元钱买一台新车要昂贵得多；知识分子花100元钱吃顿饭就觉得很贵，而他买两本书花300元钱也不以为然；有人出10元钱要辆出租车很舍不得，可是他以500元钱的价码买套服装却非常慷慨。

在这三个例子中，前面的现象是"消极价格（顾客不愿意接受的价格）"，后面的

现象是"积极价格（顾客愿意接受的价格）"。在营销中，很多产品价格都属于"消极价格"。因此，营销人员一定要掌握扭转"消极价格"的策略，把"消极价格"给营销带来的阻碍降至最低。

如果购买者迫切需要某种产品，他就会把价格因素放在次要的位置上，他着重考虑的可能是交货期或提供数量，而不是价格，如果社会上出现抢购，某种产品发生短缺，产品的价格就更不是问题了。某种产品的价格越昂贵，越难买到，越稀缺，人们对价格的考虑往往也就越少。

（二）名义价格与实际价格

单纯的产品标价即为名义价格，而与产品的有用性相对应的价格即为实际价格（也称相对价格）。相对价格完全与对方即将得到的好处联系在一起，使对方认为它是所需价值的一种标志。精明的营销人员应努力做到不让对方的精力集中在产品的名义价格上，要将他的注意力吸引到产品的相对价格上来。必须要强调产品将给他带来的益处和经济上的好处。这也是制定价格时最基本的原则。以下8个顾客价值要素方面的问题是运用相对价格时必须研究的。

1. 关于支付方式

一般来说，人们在这方面对价格的看法要受下面诸因素的影响：

（1）优惠的付款条件。
（2）赊账。
（3）分期付款。
（4）非现金付款（如使用支票、信用卡或用其他产品抵偿）。

如果企业能在这些支付方式方面提供更为优越的条件，顾客可能会接受更高一些的价格。

2. 购销差价影响价格

在原材料和半成品的交易中，销售人员一定要设法搞清所销原材料或半成品的价格和成本与成品售价间的比例。如果该项成本占其全部收入的比例越小，在对方面前，价格问题就越显得微不足道。反之，对方就必然对价格问题斤斤计较。如某塑料厂为某单位生产的大熊猫塑料壳体，其成本为2.5元，而成品电动玩具熊猫的售价是200元，因此，该厂要了10元的价格对方也慷慨应允。

3. 产品越复杂越高级，价格问题就越微不足道

某产品的生产工艺越精细，材料越昂贵，技术越复杂，价格对它的影响就越小。适合于人们某种特殊需要的工艺复杂的产品，顾客对其价格就更不注重；专门为用户生产定做的产品，其价格往往都会很高。

4. 对急需的产品，人们很少计较价格

如果买方迫切的需要某种产品，价格就不是主要问题。在这种情况下，买方是不会考虑价格的，他关心的仅仅是供货的数量和产品的交货期。

[案例链接6.2] 激发顾客的需求

一家公司以角色扮演的方式，对前来复试的三个营销人员进行测试，并从中录取一人。

主考官拿来一瓶水告诉他们,一个营销人员,最重要的是以敏锐的眼光,发现客户对你推销产品的潜在需求,然后,想方设法满足它,不论你们用什么方式,一定要把这瓶水卖出去,现在,假如我就是那位客户,你们怎么推销呢?

第一位营销员,拿着那瓶水走了过去,说道:"先生您好,通过刚才跟您交谈,让我学到了很多东西,您滔滔不绝的口才,更是让我钦佩,您讲了这么多一定口渴了吧?要不要来瓶水?"主考官失望地摇了摇头。

第二位营销员点头哈腰走过去,低三下四地哀求道:"先生您是一个仁慈的人,我家里上有老,下有小,都等着我养活,可我到现在还没有找到一份正式工作,您能不能发发慈悲,可怜可怜我,买下这瓶水?"主考官依然面无表情地摇了摇头。

第三个销售员,一步跨过去,从口袋里摸出一个打火机,然后一把扯住主考官的领带,"啪"的一下点着了,问道:"先生,您要这瓶水吗?"

"你这个混蛋!你要干什么?快点把水给我!"

主考官惊魂未定的抢过水,浇灭了领带上的火。

结果,第三个小伙子被录用了。

因为第一、第二个面试者都没有充分挖掘客户需求,而第三位,在"不论用什么方式,一定要把这瓶水卖出去"的条件下,先点燃火,激发客户的迫切需求,当然,我们在现实生活中不见得要以这种方式来达成交易,但从这个小故事中,我们不难发现,当客户急切的要得到某种产品时,这种产品的价格就显得微不足道了,在营销中,要善于化解价格对生意造成的不利影响。

5. 实际价值对价格的影响

如果某产品的有用性或派生价值极高,购买者就会减弱对价格的敏感性。一般来说,避免蒙受损失和获得某种形式的节省,这两者的效果是一样的,一项产品经过一段时间使用仍能转卖出去,那么购买这项产品的风险和所能带来的损失就极小,对方对价格的承受能力也就大得多了。当然,如果对方认为自己的投资很值得,那么他就不会对价格过分留心。

6. 声誉对价格的影响

企业的声誉、产品的声誉会对产品价格产生影响。一般情况下,人们对名牌产品的价格是很少考虑的,这正是那种"花钱买最好的"心态的反映。名牌产品也能给消费者带来心理的满足感。产品、企业的声誉高,价格就可以高一些。

7. 安全感

给对方一种安全的感觉,向对方显示你的可靠性或向他提供某种保证,可以降低价格在对方心目中的地位,在现代交易中,安全感变得越来越重要。如,很多顾客在买家电时会选择价格较高的"海尔",是因为"海尔"就带给人们一种安全感。人们相信它的品质,更相信它的售后保障。

8. 应特别强调产品的功能和优点

要根据销售工作的实质需要,详细列出各种可以使价格显得比较便宜的因素,并不断地将这些信息传输给顾客，使顾客愿意享有包括价格在内的整个产品。

（三）"昂贵"的确切含义

太贵的概念含有以下几个方面的含义，即：目前的经济状况；支付能力；计划支付金额；对价格有自己的想法；同类产品的价格；从前的价格等。可见，太贵的概念是有着不同的确切含义的，在搞清这些情况之后再确定价格，失败率会大大降低。下面是对"太贵"价格的具体剖析。

1. 暂时的经济状况不佳导致价格太贵

如果买方目前没有足够的现款，可以使用分期付款等其他的支付方式来解决买方的眼前困难，促成交易达成。如果对方信誉好，也可以用赊销的方式来解决价格昂贵的问题。为了做成生意，很多厂商都在采用分期付款的方式，如房子、车子、甚至手机、化妆品、家电……都可以采取分期付款的方式，使生意做成。

2. 想付出的款项有限导致价格太贵

大多数消费者都希望用最少的钱买最好的产品，想付出的款项往往会低于商品的售价。如果买方不准备花太多钱来购买企业的产品，说明营销人员还没有激发起买方获得这一产品的强烈愿望。

3. 对价格有自己的看法导致价格太贵

当买方对产品的价格有自己的看法时，企业应要动用大量的事实向消费者传递信息，改变消费者对价格的看法。

4. 同类产品及代用品导致价格太贵

如果买方用一些同类品及代替品的低廉价格与本企业产品的价格相比较，企业就必须要设法让他们确实知道你的产品的优点和能够带给他们的更多的利益，从而刺激他们的享有欲望。

5. 从前的价格导致价格太贵

现在的价格高于从前的价格，因此，买方认为价格太贵。这可能是很多原因造成的，如物价上涨导致成本上升等。这种情况应设法得到购买者的理解，使其愿意接受这个价格。

总之，合理地制定价格是非常重要的工作，它需要决策者在产品的成本与顾客愿意接受的价格水平之间找到一个结合点。

小贴士：当顾客抱怨价格太高时，卖方的应对办法

1. 转移视焦，推销价值

将顾客从价格的执着转移到对产品整体价值的认知上。如："张小姐，您认为在价格方面贵了些，我也认同您的看法，但这是有道理的，就像奔驰汽车就比起一般品牌的汽车要贵得多……我们厂家的实力和品牌，对顾客服务保障和信心能让您买得放心，这就是价值所在，眼前就算您多花了一点钱，但买回的是有保障的，您说这不是比起表面省一点点钱更值得吗？"

2. 探明虚实，掌握重点

以中肯的态度问顾客："张小姐，我们可以公开探讨一下……您认为我们的价格贵，主要是从哪些方面去理解和进行比较的呢？""你是认为产品的款式不好还是售后服务的问题?""您是认为产品的功能问题还是操作起来比较困难?"提出一些相关的问题,来引导对方讲出自己真实的看法,从而掌握重点所在,再加以说服。

3. 放出去收回来

当顾客不断要求再打折扣时:"张小姐,如果厂家不顾顾客利益,不顾质量来减低成本,降低价格,我相信这是顾客所不愿看到的,所以我相信如果您能理解到这一点,保持一个适当的价位,这也是自己的利益所在。"

4. 有理有据,耐心说服

以大量的资料来说明,产品的技术、功能、企业的实力、信誉等一切有利的条件和顾客将获得的有关利益同价格作比较来说明,价格贵正反映了它的价值所在,这是明智的选择。

5. 说明价格就是一种投资

从投资增值的角度阐述,如:"张小姐,这产品不是消费品,更是投资品,有很大的增值空间,将来转手卖出,还能赚一笔……"

6. 同行比较、利弊分清

当顾客将本公司的产品同别家公司的不同产品作比较时,营销人员就可以顺势了解顾客究竟欣赏别的产品什么方面,这样一举两得,既可以了解竞争产品情况,又可以了解顾客真实需求和购买动机。如:"张小姐,您刚才说我们的产品比起某某产品的价格高了,除价格以外,您是否能谈谈对方产品还有哪方面的优点是您比较喜欢的?另外有哪方面还未能满足您的需求呢?"

思考:

最近,一条"11.4平方米学区房,530万元"的消息,再度引发社会对"天价学区房"的热议。在北京市某热门地段一个杂草丛生的老旧院子里,一间仅能放下一张床的小平房居然被以相当于20千克黄金的价格买下。创下了每平方米46万的纪录。"天价学区房"并非个案,为什么望子成龙的家长们会如此不惜血本?请分析优质学区房屡创"天价"的原因。

二、影响企业定价的因素

在市场经济的条件下,企业作为独立的生产者和经营者,可以自主的制定价格,因此,价格是企业可控制的因素,但并不是说企业的定价是不受任何限制的。价格的制定要受到一系列影响因素的制约,为了实现盈利,企业在制定价格时必须要充分考虑这些因素。

(一)企业营销目标

任何企业制定价格,都应根据企业的营销目标来进行。价格的制定应有利于企业营销目标的实现。企业的营销目标多种多样,在不同的时期,企业的营销目标也可能有所不同,与定价直接有关的营销目标主要有:维持生存、当期利润最大化、市场占有率最大化、产品质量领先等。

1. 维持生存

如果企业面临激烈竞争,或产品大量积压,资金周转不灵,濒临破产,这时,就需要把维持生存、避免破产作为主要目标。为了使存货出手，快速收回资金，企业必须制定较低的价格，并希望消费者是对价格敏感的。生存比利润重要得多。一般来说，只有当企业面临困难、竞争十分激烈的情况下，才能将维持生存作为营销目标，因此，维持生存只能作为企业的短期目标。

2. 当期利润最大化

当企业的产品在市场上处于有利地位时，企业总希望制定一个能够取得当期最大利润的价格。在这种情况下，企业需要估计不同价格时的需求量，并结合成本，计算出能产生当期最大利润、现金流量和投资报酬率的价格。需要明确的一点是，要实现这个目标，并不意味着企业一定要制定高价，对于一些需求富有弹性的商品，过高的价格会大大地降低消费者对该商品的需求，使企业获得的总利润降低；薄利多销反而获利更高。所以，要实现这一营销目标，在定价时要综合考虑价格对需求量的影响，并结合成本，科学的制定价格。

3. 市场占有率最大化

有些企业的目标是争取最大限度的市场占有率，因为他们相信，只要取得最大限度的市场占有率，就能产生规模经济效益、获得较高的长期利润并有效的排斥竞争对手。为了达到这一目标，企业会制定尽可能低的价格，实际上，就是通过牺牲短期利润来获取长期利润。

4. 产品质量领先

有些企业在生产和经营过程中始终贯彻产品质量最优化的指导思想。力争产品质量领先。这就需要采取高价策略，因为只有高价格才能弥补高质量所耗费的高成本，也只有高价格能为产品树立起高档形象、向消费者传递"本企业产品质量好"的信息。例如，欧洲有一个公司，是做杯盘的，为了追求卓越的品质，生产产品所投入的成本是很高的，这自然需要制定较高的价格来弥补，这个公司生产的盘子价格令人咋舌，但由于非凡的品质，顾客仍络绎不绝。

（二）产品成本

成本是影响产品价格的主要因素。产品成本包括生产成本、销售成本和储运成本。生产成本是企业在生产过程中所支出的全部生产费用，具体指物化在产品中的直接材料、直接人工、制造费用和管理费用等。销售成本是产品推销过程中所发生的费用。如推销人员的工资和广告费等。储运成本是产品从生产者手中到顾客手中所必需的运输和储存费用。这些成本构成价格的主体部分，企业为了保证正常经营活动的不断进行，必须保证销售价格高于成本，并努力降低成本。

（三）市场性质

在不同的市场结构条件下，企业定价的自由程度也不同。西方经济学认为，按照竞争程度的不同，市场结构可以分为四种类型，分别是：完全竞争、完全垄断、垄断竞争和寡头垄断。

1. 完全竞争

完全竞争是一种具有大量卖者和买者的市场结构。在这种市场结构中，价格是由市场上的供求关系决定的。每个人都是价格的接受者，而不是价格的制定者。

2. 完全垄断

完全垄断是指整个行业的市场完全由一家卖主所独占。在这种情况下,价格是由垄断厂商制定的,垄断厂商可以根据自己的营销目标在法律允许的范围内自由定价。但这并不意味着企业可以将价格随意定高,虽然企业此时处于有利地位,有条件制定较高的价格,但还是要考虑消费者的需求和潜在的竞争等因素,合理制定价格。

[案例链接6.3] 聪明的定价

某打印机公司曾发明出一种多功能的打印机,由于存在技术上的优势,这种打印机是其他厂商在短期内生产不出来的,该型打印机在这个领域内没有类似的产品,处于垄断地位,而这种打印机的各种性能也受到消费者的欢迎。按理说,制造该打印机的公司具有非常有利的条件,可以给产品制定一个非常高的价格,从而使企业获得可观的利润,但该公司并没有这样做,而是为这款产品制定了一个中等偏低的价格,使企业在单位产品上获利并不多。这让很多人不解,但事实证明,该公司的做法非常高明,这个低价使得公司的竞争对手们认为该产品本来就获利不多,而推出这款打印机的公司又已经领先了,具有技术上的优势,相比之下,自己既无技术优势,又无价格优势,肯定不能在竞争中取胜,于是都没有涉足这个技术领域、开发相同功能的打印机。该打印机公司的低价策略非常有效地抑制了竞争,使得该产品始终保持了垄断地位,自然给企业带来了丰厚的长期利润。

3. 垄断竞争

垄断竞争同时包含了垄断和竞争的成分,是介于完全垄断和完全竞争之间的市场结构。这种市场结构是指,企业的产品跟同类产品比,存在着一定的差异,但市场上可替代的同类产品的生产厂商又非常多,竞争也非常激烈。在这种市场结构中,企业有一定范围的定价自主权,但仍受供求关系的影响。

4. 寡头垄断

寡头垄断是指一个行业中只有几家厂商占绝对优势的一种市场结构。在寡头垄断市场中,价格往往不是由供求关系决定的,而是由几家寡头厂商共同操纵控制的。

(四)产品的需求弹性

产品的需求弹性即产品价格的变动对市场需求量的影响。有些产品价格稍有变动,就会使需求量产生巨大的变化,有些产品价格变动很大,仍然不会使需求量产生太大的变化,这就是产品的需求弹性不同所致。产品的需求弹性=需求量变动的百分比/价格变动的百分比。在现实生活中,商品的需求弹性主要有两种:富有弹性的需求和缺乏弹性的需求。

当需求弹性>1时,产品就是富有弹性的;当需求弹性<1时,产品就是缺乏弹性的。如图6-1所示:A产品价格下降了很多,但并没使销售量发生太大的变化,这说明,A产品是缺乏弹性的商品;B产品价格只下降了一点,就使销售量迅猛增加,这说明,B产品是富有弹性的商品。

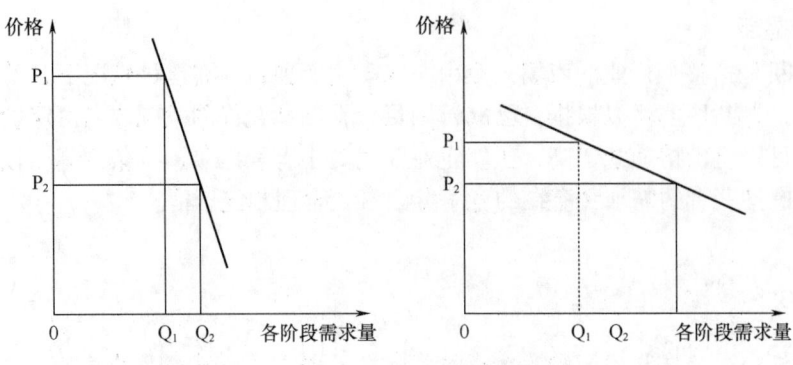

图6-1 两种产品的需求价格弹性

了解商品的需求弹性，对于价格的制定有着重要意义。对于富有弹性的商品，可以通过适当降价的方式来刺激需求；对于缺乏弹性的商品则不能用这种方式促销，企业只会得不偿失，但可以在供不应求的情况下适当提高价格来增加企业的盈利。

任务一结果测评：

评价依据	评价分值	得分
对价格组成的理解与阐述（推销过程）	40分	
卖出的产品的价格（其他组成员可接受价格的平均值）	40分	
表达能力强、有说服力	20分	
合计	100分	

任务二：产品定价实训

任务分配：分组进行。每组成员设计或选择一种产品，根据产品所面对的市场竞争、面向的消费者群体、该产品的生产成本，为该产品制定合理的价格，撰写定价分析与定价方案，并为该产品设计一张销售海报（附价格）。每组展示其海报，由其余班级成员作为消费者，投票给愿意购买的产品，也可以采取支付虚拟货币的形式。赚到最多销售收入和利润的小组获得最高分，其余酌情递减。

任务二成果展示：定价分析与定价方案、销售海报

知识储备：

成本和需求是影响企业定价的两个最基本的因素。企业制定的价格既不能低于成本，使企业亏损，也不能过高抑制了消费者的需求。产品成本是企业定价的下限，消费者对产品的需求和对产品价值的理解是企业定价的上限，竞争者的价格是企业定价的第三方参照值。企业定价时应综合考虑这些影响因素，可以有所侧重，但必须避免依据和方法上的单一化。

企业定价时对成本、需求及竞争的侧重，会形成三类不同的定价方法，即成本导向定价法、需求导向定价法和竞争导向定价法。掌握这三类定价方法是营销定价工作的基本要求。

一、成本导向定价法

成本导向定价法就是以产品的成本为中心来制定价格的方法。成本导向定价法又包括成本加成定价法和目标利润定价法。

1. 成本加成定价法

成本加成定价法是指按照产品的单位成本,加上一定比例的利润率,制定出产品价格的方法。这是成本导向定价法的最基本的形式。成本加成定价的公式为:

$$单价 = 单位产品成本 \times (1+成本加成率)$$

例如:一个微波炉厂生产的每台微波炉的成本为300元,如果该厂商想要取得成本40%的利润率,则每台微波炉的定价应为:

单价=单位产品成本×(1+成本加成率)
　　　=300×(1+40%)
　　　=300+120
　　　=420(元)

成本加成定价法被应用于许多行业和产品,因为这种定价方法具有计算简便的特点,在正常的情况下,按照此方法定价可以使企业获得预期的利润,买方也不必因需求强烈而付出高价;同时,如果同行业中的所有企业都使用这种定价方法,各企业产品的价格就会趋于一致,可以避免价格竞争。但成本加成定价法忽视了需求和竞争,难以适应市场竞争的变化形式。

2. 目标利润定价法

目标利润定价法是指企业在定价时根据总成本、预期利润和估计的销售量来计算出产品价格的方法。企业的总成本又由固定成本和变动成本组成。固定成本,是不随产量变化而变化的成本,如厂房、租金等。变动成本是直接用于生产产品的成本,如,每多生产一件衣服,所多耗用的布料。削减变动成本可能要以牺牲品质为代价,但充分利用固定成本,却不会,如,在一个厂房中,生产的产品越多,厂房的租金分摊到每件衣服上的成本就越低,但却并不降低产品的品质。运用目标利润定价法要借助于收支平衡点这一概念。

例如:一个工厂,生产的固定成本是100万元,变动成本是20元/台,该企业想要实现400万元的目标利润,预计销售量为100万台,则定价为多少能达到这一目标利润?如图6-2所示:

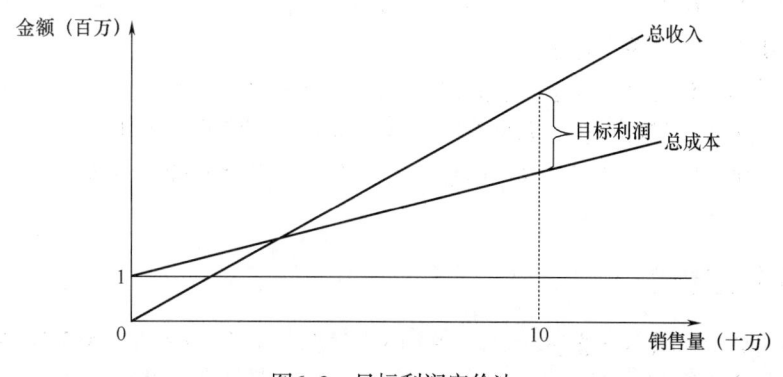

图6-2　目标利润定价法

图中，总成本曲线和总收入曲线之间有一个交点，在这一点上，总收入与总成本相等，这一点，就是收支平衡点。总收入高于总成本的部分，就是企业的利润。如果该企业想实现400万的目标利润，则可以这样计算出产品的定价：

总成本=总固定成本+总变动成本
　　　=100万元+20元×100万台
　　　=2 100万元
总收入=单价×销售量
　　　=单价×100万台

如果想要达到400万的目标利润，则应使：总收入—总成本=400万，即：
单价×100万台—2 100万=400万，可以计算出，单价=25元。

运用目标利润定价法制定出来的价格能带来企业所追求的利润，但这种方法有一个重要的缺陷，即企业是以预先估计的销售量制定出产品的价格，殊不知价格恰恰是影响产品销售量的重要因素。因此，在运用这种方法的时候，还要充分考虑产品的需求弹性，综合考虑各种价格等各种因素对销售量的影响，最后将价格制定在能实现企业目标利润的水平上。

二、需求导向定价法

需求导向定价法就是以消费者的需求为导向来制定产品价格的方法。这类定价方法主要是认知价值定价法，就是企业根据消费者对产品的认知价值而不是产品的实际价值来制定产品价格的方法。消费者对产品价值的理解不同，会形成不同的价格限度。因此，企业可以通过运用各种营销手段，影响消费者对产品价值的认知，从而提高他们接受价格的限度。

例如，一袋100克的开心果在超市可能卖10元钱；在咖啡厅，一碟100克的开心果可能要20元；在练歌房，可能要30元。消费者在练歌房能接受30元购买100克开心果的价格，但决不能接受在超市出这个价钱买相同的产品，这是因为虽然是相同的产品，但当消费者处于不同的环境中时，他所感受到的价值是不一样的。此时的产品价格，已经与产品的成本关系不大了，完全根据消费者感受到和愿意支付的价格来制定。需求导向定价法又可分为两种，分别是：

（1）理解价值定价法。企业估计和测定消费者认为该产品可以值多少钱的想法，然后根据估计出的数值确定产品的价格，这就是理解价值定价法。这种定价方法的关键，在于企业是否准确掌握了消费者的价值观念，如果对消费者理解的相对价值判断过高，所定出的价格必然让人难以接受，反之，也可能造成不好的心理反应。所以，这种定价方法必须要建立在市场调研的基础之上。

（2）区分需求定价法。这种定价方法，是指企业对需求水平不同的顾客、地区和季节采用不同的价格。实行区分需求定价法，要具备一定的条件：市场能细分，而且需求有不同程度的差别；要防止低价买主向高价买主转售；确知竞争者不以低价竞销；差别定价不致引起顾客反感。

三、竞争导向定价法

竞争导向定价法指企业根据同行竞争者的价格作为定价的依据，并跟随竞争者的价格制定和调整产品价格的定价方法。需求导向定价法又包括：随行就市定价法、招标定价法和拍卖定价法。

1. 随行就市定价法

随行就市定价法指以本行业平均定价水平作为本企业定价标准。由于有些产品的需求弹性很难计算，随行就市定价可以反映本行业的集体智慧和市场供求情况，又可以保证适当的收益，因此，在竞争十分激烈、差异不明显的同类产品市场，随行就市定价法是惯用的定价方法，但也是一种比较被动的定价方法。

2. 招标定价法

招标定价法指参加投标的企业，事先按着招标者的要求，密封递价，参加比价，也称密封递价法。这对相对的双方企业来说，对密封递价的要求是不一样的，招标者将接受最低的比价，而投标者则希望获得合适的利益。一般建筑业常采用这一定价方法。

3. 拍卖定价法

招标定价法，实际上是创造了一种竞卖的环境，而拍卖相反，是造成了一种竞买的环境。拍卖定价，是拍卖人发出公告，在一定的时间、地点，将拍卖的货物整理好向广大买主公开展示，经买主看货之后，相互出价竞买，最后拍卖人从中择取最高的价格。适合于用拍卖定价的商品，大多是一些品质不易标准化或不能长期保存、季节性强、淘汰周期短的各类商品。

任务二结果测评：

评价依据	评价分值	得分
定价分析准确	25分	
定价方法选用正确	25分	
利润可观	25分	
海报设计精美，吸引注意	25分	
合计	100分	

任务三　定价策略实训

任务分配：分小组进行，首先实施市场调查，选择5种相同的商品，比较它们在不同商场或超市中的价格，根据产品的成本、销售地点、目标顾客、竞争情况、季节的变换等情况，真对不合理的定价，为产品实施新的，更合理的定价策略，或进行价格调整，写出定价策略方案

任务三成果展示：定价策略方案

知识储备：

一、新产品的定价策略

产品上市定价多少，将决定新产品的市场前景，也直接影响企业能获得的利润。因此，新产品定价是定价策略中一个非常重要的问题。新产品的定价策略通常有以下两种。

1. 取脂定价

取脂定价又称撇脂定价，指企业的产品在最初投放到市场时，把产品的价格定得很高，以攫取最大利润，尽快收回投资。这种方法就好像从牛奶中撇取上面的那层奶油一样，所以称为"取脂定价"。

取脂定价适用于以下情况：①消费者对这种商品的价格不敏感，即使把价格定得很高，市场需求也不会减少太多。②市场竞争并不激烈。③企业经营的是科技含量高，更新换代快的产品。④高价可以树立产品的高档形象。

2. 渗透定价

渗透定价与取脂定价法刚好相反，渗透定价法是新产品最初投放到市场时，给产品制定较低的价格，以吸引大量的顾客，迅速占领市场的一种定价策略。

渗透定价法适用于以下情况：①消费者对这种商品的价格敏感，即低价可以促进消费者需求的迅速增长。②市场竞争比较激烈。③市场容量足够大，成本可以随销售量的扩大而降低。

二、折扣定价策略

折扣定价策略是利用各种折扣和折让来降低产品的基本价格，从而鼓励购买，刺激销售的一种定价策略，折扣定价策略有以下的几种具体形式。

1. 现金折扣

现金折扣是卖方为鼓励卖方快速付款而给予的一种折扣，即对提前付款的顾客给予一定的折扣。例如："3/10净30天"，意思是：规定的付款期限为30天，如果卖方能在前10天付款，则给买方3%的折扣。现金折扣有利于加速资金周转，减少坏账损失。

2. 数量折扣

数量折扣又称批量折扣，是为刺激中间商或用户大量购买而采取的一种定价策略。购买数量越多，折扣越大。

3. 功能折扣

功能折扣又称贸易折扣，是针对中间商的折扣，对于不同功能的中间商，制定不同的折扣，如"10元，折扣40%及10%"，表示给零售商的折扣是40%，即6元，给批发商再10%，即5.4元。

4. 季节折扣

季节折扣是企业为了保持均衡生产和销售，鼓励消费者在淡季购买而给予折扣的一种定价策略。如：旅行社的旅游项目，因淡季的到来而制定较低的价格；羽绒服在夏季卖得比冬季便宜，都属于季节折扣。

三、差别定价策略

差别定价策略就是对同一产品或服务制定不同的价格。差别定价策略有以下的几种形式。

1. 顾客差别定价

顾客差别定价指对于相同的商品，根据不同的顾客而采取不同的价格。例如，有些公园对教师和学生给予一定的优惠，因为老师和学生有寒暑假，有旅游的时间，景点这样定价，是吸引顾客；铁路部门对大学生制定半价票的优惠，因为大学生也是铁路部门的重要消费者群体之一。有些商家对成为自己会员的顾客给予极大的优惠，但不是会员的顾客，就不能享受这种优惠，吸引了会员顾客的重复消费，这些都属于顾客差别定价。

小贴士：会员制营销

会员制是指由企业发起，吸引客户加入，为会员提供具有较高感知价值的产品，从而拥有稳定的消费者群并提高收益的一种营销形式。

对一些企业来说，实行会员制营销好处多多。有的企业会采取收取会费的形式来发展会员，并承诺会员可享受优惠价，收取的会费就会给企业带来一笔可观的收入。有的企业采取往卡里预先存钱的方式发展会员，如理发店，预存5 000元，可享受5折，预存2 000元，享受8折，这种方式可以为企业积累大量的资金，可以用来开设更多分店；但积累资金还不是会员制最大的好处，而是使消费者成为固定客户，限制住了消费者将来的消费。如，一条街上有很多家相互竞争的理发店，如果一个消费者预先存钱，成了其中一家店的会员，那他在理发时就基本不会考虑别家店了，他会一直在这家店理发，直到把卡里的钱用光；而且由于会员价更优惠、每次消费只需划卡，这会让消费者在消费项目时更大方，从而给企业带来更多的收入。

2. 产品形式差别定价

产品形式差别定价指企业根据不同花色、式样的产品制定不同的价格。例如：相同质量和成本的两款衣服，因为式样的不同，可能造成消费者对它们的需求量也不同，因此，对这两种款式的衣服制定不同的价格；再比如，苹果手机，不同的颜色，价格也不一样，更炫的金色和粉色，比普通的白色和黑色更受欢迎，因此这两个颜色的手机就贵出50元钱，颜色的差别，就让消费者多付出了50元。这就是产品形式差别定价。

3. 产品部位差别定价

产品部位差别定价指企业对处于不同位置的产品或服务制定不同的价格。例如演唱会的门票，虽然不同的座位成本费用都一样，但是不同位置的座位，票价不同，因为人们对演唱会的座位有着不同的偏好，因此，对于离看台较近的座位，往往比后面远离看台的座位价格高。再如，同一头猪的肉，不同的部位定价也是不同的，这样才有利于整头猪的出售。

4. 销售时间差别定价

销售时间差别定价指企业根据商品销售时间的不同来给商品制定不同的价格。时间能给人很大的压力。为了促使消费者尽快购买，就可以采用销售时间差别定价。例如，长途电话在不同的时间收费不同，每天晚9点至早6点这段时间打长途电话便宜，这让很多消费者觉得在这段时间打电话划算，疯狂煲电话粥，反而增加了消费；商场的"限时抢购"，网店的"距离抢购结束还有1天"，都是利用时间给消费者施加压力，促成购买，都是销售时间差别定价。

四、心理定价策略

消费者在购买产品时有着不同的心理，心理定价策略就是企业在定价时，有意将价格定高些或定低些，以迎合消费者的某些心理，从而扩大销售量的一种定价策略。心理定价策略主要有以下几种形式。

1. 尾数定价策略

尾数定价策略是利用消费者的求廉心理，尾数用7、9这样比较大的奇数或尾数来定价的方法，这样会给消费者一种比较便宜的心理感觉。例如，一件商品，本应定价为100元，但故意定为99.9元，虽然只有1角钱之差，但却可以给消费者价廉的感觉。此外，尾数定价法还可以给消费者一种价格很精确的感觉，让消费者觉得价格是经过精确计算的，认为物有所值。我们国家以"8"为吉祥数字，因此在定价中，也常以"8"作为尾数。

2. 声望定价策略

声望定价策略又称整数定价策略，是指企业利用人们求名的心理，故意将价格定高，或定为整数的定价策略。有些商品的质量不易鉴别，消费者鉴别商品品质的唯一依据就是产品的价格，觉得"一分钱，一分货"，如果产品价格低，就觉得产品质量低，故企业可利用消费者的这种心理有意将价格定高，使消费者觉得本企业的产品是高质量的。另外，有些消费者愿意出高价钱来购买名牌产品，来显示他们的身份和地位，这使他们具有一种心理上的满足感，价格低了反而让消费者觉得不上档次，反而卖不出去。所以企业在定价时可以利用人们的此种心理，故意将价格定高。

[案例链接6.4]　地产商的定价

电影《大腕》中，有一个经典片段：一个地产商问他的秘书："我们的房子定价为多少钱一平方米啊？"秘书经过计算，认为定价4 000美金一平方米是合适的，这在很多年前的北京，已经是相当高的价格了，即使放到今天，也不便宜。这个地产商讲了一句很耐人寻味的话："那就定在8 000美金一平方米！"秘书不解，地产商说："你想想，能出4 000美金一平方米买房子的人，根本就不在乎再多出4 000美金！所以我们的宗旨就是'不求最好、但求最贵'！"这个片段很有趣，影片中那句"不求最好，但求最贵"也成了一句经典台词。为什么商家要不求最好，但求最贵呢？原因很简单，在某些情况下，"最贵的"可能比"最好的"更有市场。

3. 招徕定价策略

招徕定价策略又称促销定价策略，就是利用多数顾客都有的求廉心理，故意将某几种商品的价格制定得较低，以广泛招徕顾客，或利用店庆、节假日等进行让利酬宾活动，把部分商品按原价打折出售，以刺激顾客购买的一种定价策略。如"原价39元，现价29元"，由于有原价作为参照，会让消费者觉得现价是便宜的，从而达到刺激购买的目的。

任务三结果测评：

评价依据	评价分值	得分
调查认真、准备充分、商品选择合适	25分	
背景分析准确	25分	

续表

定价策略正确	25分	
数据全面，逻辑性强	25分	
合计	100分	

小结：

产品的定价是科学与艺术的结合。产品是否会顺利出手与价格有密切的关系。

价格的确定与供求关系、竞争水平以及生产成本有直接关系，同时也受企业营销目标的影响。企业的定价策略也就是基于这些考虑做出的。

价格定在什么水平上是策略问题，价格具体落在什么数字上是方法问题。以成本为中心确定价格是最基本的定价方法，通过这一方法确定的价格是其他所有定价法的基础。以竞争为中心确定价格的方法，主要是一些传统的定价方法，在具体操作上很规范。以需求和消费者心理为中心的定价方法，则具有很高的灵活性、艺术性和与市场的呼应性。这些定价方法和定价策略并非营销定价法的全部，它们只是比较常用的方法和策略。在运用这些方法时和策略时，有时是单独使用，有的情况下则是几种方法综合运用，并应不断地随着价格策略的调整而进行相应的变化。

情景训练

请你根据客户的回答，补充合适的对话内容。

销售：王先生，上次我们关于买卖机床的合作非常愉快，这次你们公司又承接了这么大的工程，我想您一定还需要订更多的货吧？

客户：这次，我们不再需要订购你公司的这种机床了。

销售：＿＿＿＿＿＿＿＿＿＿＿＿＿＿＿＿＿＿＿＿＿＿＿＿＿＿＿＿＿

客户：因为我们不再需要了。

销售：＿＿＿＿＿＿＿＿＿＿＿＿＿＿＿＿＿＿＿＿＿＿＿＿＿＿＿＿＿

客户：因为我们有了新的选择，××公司提供了更好的选择。

销售：＿＿＿＿＿＿＿＿＿＿＿＿＿＿＿＿＿＿＿＿＿＿＿＿＿＿＿＿＿

客户：你们机床的价格也比人家贵，我为什么放着便宜的不买，而买你的呢？

销售：＿＿＿＿＿＿＿＿＿＿＿＿＿＿＿＿＿＿＿＿＿＿＿＿＿＿＿＿＿

客户：那也不能贵出这么多吧？

销售：＿＿＿＿＿＿＿＿＿＿＿＿＿＿＿＿＿＿＿＿＿＿＿＿＿＿＿＿＿

客户：（表现出兴趣）哦，是吗？那给我看看详细的资料。

销售：＿＿＿＿＿＿＿＿＿＿＿＿＿＿＿＿＿＿＿＿＿＿＿＿＿＿＿＿＿

客户：听起来不错。

课后作业：

案例分析："平民冰激凌，哈根达斯"

"爱她，就带她去吃哈根达斯"的广告词把哈根达斯捧到奢侈品的位置。高于普通冰激凌8~10倍的价格也使哈根达斯成了冰激凌中的劳斯莱斯。在全球很多国家，哈根达斯只是普通的平价冰激凌，不打折时每斤也不过四五十元人民币。在有的国家，哈根达斯还没有和路雪旗下的梦龙贵。而在中国，哈根达斯却算得上是食品中的奢侈品。

在中国广州的超市里，一盒500毫升的哈根达斯要84元人民币，这使中国毫无悬念地成为价格冠军。84元在法国，中国香港，西班牙和英国几乎都可以买下两盒，在美国，84元已经可以在超市买下三盒哈根达斯，遇到打折的话，拿下四盒也毫无压力。

虽然哈根达斯全球有650家店铺，但是在伦敦两家，且只有一家算得上是在伦敦，这家店位于中国城旁边的莱斯特广场。苏格兰和威尔士都没有店，北爱尔兰有两家。所以英国总共只有4家。相比邻居德国和法国至少10家以上的店铺，英国的哈根达斯店铺可以算得上是少得可怜。

在西班牙，哈根达斯的经营方式以连锁加盟为主，主要开在大型的购物中心里面，单独开店的很少。哈根达斯在西班牙只是日常消费品而已，没有太高的地位。西班牙本地流行的冰激凌是Farggi，不仅专卖店遍地，而且非常好吃。

哈根达斯在日本的店面少到可以忽略不计，全日本哈根达斯的店面加起来都没有上海多。在日本最流行的冰激凌品牌是baskin robbins和cold stone，这两家在每个购物中心里都有店铺。

哈根达斯在全巴西只有10家店铺，其中6家在圣保罗。在巴西，哈根达斯远没有国内火爆，店里也没有多少顾客。

印度总共五家哈根达斯，德里机场一家，德里市区内一家，孟买、普那和班加罗尔各一家。剩下就只有个别五星级酒店有卖。

在奶业大国新西兰，哈根达斯没有店铺，在一般超市也买不到哈根达斯。原因很简单，新西兰本土的冰激凌比哈根达斯好吃得多，价格还便宜。2升大盒装的本土冰激凌，正常价格6新元，约合人民币30元，促销时4.5新元，约合人民币22.50元。这可是两升的大盒装，有四个普通盒装哈根达斯那么多。在冰激凌店，一个球的话约合人民币十几元。所有去新西兰旅游的人都对新西兰的冰激凌赞不绝口。

在中国大陆，哈根达斯的价格达到了普通冰激凌的8~10倍。这并不能阻止哈根达斯的火爆。哈根达斯在国内37个城市设有专卖店，甚至在广州，哈根达斯门店的生意很好，经常需要排队等候。

哈根达斯在香港有24家分店，也很挺受欢迎，在比较市中心位置的分店都要排队等位。

但在其他国家，哈根达斯只算是中等价位的冰激凌。

在法国，一个哈根达斯球的价格是3.8欧元。这个价格与其他冰激凌相似，在法国最流行的意大利冰激凌Amorino，一小份要3.5欧。那些家庭作坊做的手工冰激凌，价格还会再高一些。

在法国超市里，一盒500毫升的哈根达斯的原价是5.99欧，大约是47.9元。超市里常常会有促销活动，有时候原价打7折，有时候是买二送一。这样算起来，一盒哈根达斯只要

30出头。要知道，在法国超市里一千克中国白菜要1.99欧元，一棵5斤的大白菜就贵过哈根达斯了。把哈根达斯叫作"白菜价"一点都不夸张。

  英国的超市里，同样有哈根达斯的打折促销活动。原价4.45磅的500毫升的盒装哈根达斯，折后只要3磅，在现在的汇率下，正好是人民币30块钱。

  在美国414毫升的哈根达斯只要4.69美元，算下来，每500毫升的哈根达斯只要35元人民币，比美国超市里的梦龙还便宜。这还不算促销的时候，赶上打折的话，5块美金可以拿两盒。也有人说，在美国买哈根达斯的都是穷人。因为富人会特别注意身材，很少会吃这种高热量的食品。

  在美国，比哈根达斯和梦龙贵的冰激凌也不少。比如中产社区里的那些非连锁的冰激凌店，有的晚上9点还在排长队。冻酸奶店也很常见，它们比冰激凌更流行。冻酸奶不仅味道很好，热量也比冰激凌低很多。

  在法国，那些家庭作坊的手工冰激凌比哈根达斯流行很多。它们每球的价格与哈根达斯相仿，味道各有千秋。在巴黎圣路易岛上的Berthillon冰激凌店，无论刮风下雨，门口总排着长队。附近的其他几家手工冰激凌店，也都门庭若市。

  英国的中产阶级也很喜欢饭后甜点吃冰激凌，或者下午茶的时候吃冰激凌。可是这样的人群选择的茶屋既要环境好、有情调，还要味道好。所以除了一些意大利和比利时的专门的冰激凌屋或是酸奶店，为中产阶级和贵族服务的茶屋不仅提供卖相和口味都好到爆的冰激凌，还提供正宗的英式下午茶。这样的冰激凌价格比哈根达斯的价格贵不了多少，也就是多出一个服务费。所以如果要满足心理需求，是不会有人想到去哈根达斯的。

  在英国，去什么样的地方吃冰激凌才好呢？英国女王和整个英国皇室都很中意的一家店叫Fortnum&Mason。它建于1707年，原先是个百货公司，以出售完美精致的英式茶、咖啡、点心和手工制品而闻名。这家百货公司里有饭店，也有茶屋，在这里喝下午茶、吃冰激凌才是品位的象征。

  问题：

1. 请分析，为什么在很多发达国家都属于"平民冰激凌"的哈根达斯，在中国，却成了平民都消费不起的奢侈品了呢？

2. 企业能在不同国家定价不同，依据是什么？

  案例来源：http://finance.sina.com.cn/world/20121109/120113627667.shtml

项目七　分销渠道的选择与设计

学习目标

（1）知识目标。

了解市场营销中分销渠道的含义与构成，明确分销渠道的类型和结构，掌握影响分销渠道设计的因素，能够在制定和设计分销渠道时充分考虑这些因素的影响和制约；掌握分销渠道调整和管理评估的方法，并能够运用设计、建设与管理分销渠道的知识，构建适合企业销售环境和有效的分销系统。

（2）能力目标。

能够运用所学的知识根据企业的性质、产品的特点以及所面对的市场竞争环境，为企业设计适宜的分销渠道；能够灵活使用分销渠道管理的知识，从分销渠道成员的激励和评估着手，及时调整分销渠道中存在的问题，避免分销渠道冲突的发生。

（3）素质目标。

本项目要培养学生的分析能力、应变能力，解决实际问题的创新能力，为日后进行市场营销实际工作奠定良好的素质基础。

重点和难点

（1）重点。

本项目中的重点是能够灵活运用所学的知识以及市场的实际情况制定和设计分销渠道；包括各种分销渠道策略的使用。

（2）难点。

本项目的难点是分销渠道调整和管理评估的方法，尤其是对渠道成员的激励和评估的方法上，有些地方涉及绩效的计算，不但要知道计算的方法，还应该根据评估的结果如何调整企业的分销渠道。

项目七　分销渠道的选择与设计

项目名称：分销渠道的选择与设计	
项目说明：本项目通过对分销渠道的讲授和实训，使学生能够了解到营销中，分销渠道的含义、影响分销渠道制定和设计的因素；掌握分销渠道管理评估的方法；能够灵活地使用这些方法，激励分销渠道成员，调整现有的分销渠道，为企业开拓市场奠定坚实的基础	
核心词：分销渠道、中间商、激励与评估、渠道冲突	
任务一　分销渠道认识的实训 任务二　分销渠道设计实训 任务三　分销渠道管理实训	实训成果： 原分销渠道的不足，现分销渠道改进建议、PPT展示、产品分销渠道设计方案、PPT、分销渠道管理方案

课前思考：

请同学们思考：我们平时所消费的矿产水、饮料、方便面、糕点、洗发水、牙膏等这些快速消费品是如何从生产厂家到达我们消费者手中的呢？

康师傅控股有限公司，主要在中国从事生产和销售方便面、饮品、糕饼以及相关配套产业的经营，总部设于天津市，生产厂家众多。现以红烧牛肉面为例，生产厂家是哈尔滨顶益食品有限公司，由哈尔滨天地速运服务有限公司从生产厂家将货物运送到吉林省康师傅总代理商的仓库，由吉林省总代理商委托中吉运输公司送到恒发食品批发商城、恒兴食品批发商城等大中型仓库，再由这些大中型仓库委托长春市迅驰速运有限公司将货物配送到各批发市场和欧亚集团所属的大型超市、永辉连锁超市等小批发商和零售店，最后到达消费者手中的。

从生产厂家到消费者手中，货物所经历的这些旅程中，哪些环节属于企业的分销渠道呢？这个分销渠道属于什么类型？什么结构？为什么要这样设计分销渠道？这个分销渠道是否合理呢？接下来，我们就来进行分销渠道的训练。

任务一　分销渠道认识的实训
任务分配：在预习了分销渠道定义和构成的相关知识点的基础上，分小组进行本任务内容。请以小组为单位进行实训，如果你们小组是康师傅控股有限公司负责东北地区市场营销部的工作人员，请根据东北地区市场和销售的实际情况，分析一下我们原有的分销渠道有哪些不足？如何进行改进？请各小组分别讨论得出相应的改进分销渠道的建议。请将讨论结果制作成PPT的形式，每小组选派一名代表上台与大家一起分享你们的建议。分享后，各小组之间互评，按总分高低排序，分数递减
任务一成果展示：原分销渠道的不足，现分销渠道改进建议（PPT形式）

［案例链接7.1］　东风日产开发销售渠道　网络营销平台上线

2010年8月18日，东风日产"纯正精品网购平台"（www.eshop-nissan.com）火热上线。据了解，该平台以方便快捷的购物方式，高品质和多样化的商品种类，为国内消费者提供了一种全新的汽车用品购物体验。目前，消费者可通过"纯正精品网购平台"了解和购买心仪的产品。同时，在上线期间，全场商品八折优惠，并且满百元免邮费。

东风日产售后服务部副部长洪浩表示，推出"纯正精品网购平台"的目的在于为东风日产客户及其他消费者提供更加方便、快捷的购买方式，进一步提升东风日产品牌形象，增强保有客户群体的品牌归属感与尊贵感。同时，东风日产还希望通过该平台全面展示各款售后类产品，并增强与客户之间的沟通，开发更多适应消费者需求的汽车精品。

1. 渠道创新

东风日产"纯正精品网购平台"针对不同车型、产品和用户群，开启了诸多人性化、便捷性的功能。会员积分制和会员价功能，为长期在"纯正精品网购平台"购买商品的消费者提供了更加优惠的价格和多样化的礼品；一对一客服，为客户了解和购买产品，提供了快捷的咨询服务。此外，商品检索、人气排行榜、商品评论等网络网购平台经典功能也是一应俱全。

值得一提的是，东风日产"纯正精品网购平台"后续将增加试用预览功能，可利用

FLASH动画模拟商品的安装、使用效果,为消费者全面展示所选商品的外观、性能和匹配性;它还可以为每一位消费者提供个性定制功能,包括数款趣味十足的小游戏等,使消费者在购物的过程中可全面享受东风日产的感心服务,体验娱乐、休闲的购物方式。此外,东风日产在该平台上还将陆续推出维修保养和加装精品的预约服务,为客户提供最为方便、快捷的用车生活。

业内人士认为,东风日产"纯正精品网购平台"的上线,不仅迎合了日渐升温的网购热潮,融合了其便捷性和人性化等优点,更以厂商直接管理的运营方式和专业销售渠道,为消费者提供了商品质量和品质的保障,全面拉动了汽车用品网络销售渠道向品牌化、规模化发展。

上线首日,一位网友留言称:"我之所以喜爱网购,就是因为它方便快捷、省时省力,但是对于汽车用品来说,网络购买渠道又让我担心商品的品质和真伪。作为一名东风日产车主和一个网购爱好者,我很高兴看到'纯正精品网购平台'的上线,因为它解决了我在网购汽车用品时的顾虑,真是太棒了!"

正如这位网友所言,东风日产"纯正精品网购平台"以全新的销售渠道、展示方式和运营模式,全力推动着汽车用品网络销售渠道的发展。作为这一区域的"领头羊",东风日产蓄势待发,准备迎接新的挑战。

2. 理念出众

对于东风日产"纯正精品网购平台",业界也发表了看法,网络营销专家表示:"中国网购网民数量已经接近1个亿,在汽车精品的销售渠道中,网络销售市场份额占到34.3%,位居第一,而4S店和汽车美容店的市场份额则分别为24.3%和21.9%,市场份额位于第二、第三位。因此,网购平台已经成为销售产品和宣传品牌的全新战场。东风日产客户群体庞大,且与网购群体重合度较高,因此,在夯实市场基础和贯彻全新销售理念的前提下,东风日产必将成功占领网购战场的制高点。"

同样,汽车界人士也认为,在汽车营销模式向多元化、多角度、多维度的发展过程中,营销理念的创新愈加重要。而且,在电视、电台、平面、网络等全媒体营销方式中,随着网民的不断增多,平均上网时间的日趋增长,网络已经成为汽车营销中最为重要的营销渠道之一。因此,东风日产"纯正精品网购平台"的上线,也可称之为汽车销售与汽车营销的全面结合,对整个汽车行业来说都具有典范作用。

由此可见,对于东风日产来说,"纯正精品网购平台"的上线,其意义并不是单纯地提高产品和配件的销量,提升营业额,而是在此基础上,以全新的平台、多元化的展示方式、近距离的消费者沟通渠道等优势,进一步强化了东风日产产品的品质优势、性能优势,以及东风日产品牌的主流车企地位。

另外,"纯正精品网购平台"首页调查显示,大部分网友对该网站的页面设计、商品种类、客户服务等功能都持肯定意见,好评不断;此外,在"网友网上购物调查中",所有投票的网友都表示曾参与过网络购物,并且信任网络购物,同时,他们对网络购物的发展和服务、管理体系也都表示肯定。这也再一次展示了"纯正精品网购平台"的美好发展前景,以及东风日产本次网络营销的必胜之势。

其实，东风日产在网络营销领域的竞争中，早已占据了有利地势——旗下产品新骊威家族的"骊威连连看""新骊威·喊动中国"等营销活动，先后赢得了近2亿人次的点击量，积极推动了终端销售；另外，轩逸车型的"款待之旅"也通过网络互动模式，全面传播、强化了产品诉求；在不久前结束的世界杯中，东风日产依然凭借着结合网络选拔形式的"超级球迷"活动，赢得了汽车品牌在世界杯营销中的胜利。

东风日产，这一不断创新、开拓进取的明星车企，又一次站在了业界的前端，为消费者提供全方位、多维度的服务平台，相信，在东风日产的不懈努力之下，汽车用品的网购风潮必将再度升温。

案例来源：http://finance.qq.com/a/20100820/002184.htm

知识储备：

一、分销渠道的含义

分销渠道是指产品由生产者移动到最终消费者的过程中所经历的路线、方式和环节的总和，是产品从生产领域移动到消费领域时直接或间接所有权所转移所经过的途径。因此，分销渠道包括中间商、代理商、辅助商（运输企业、公共货栈），也包括渠道起点的生产者和渠道终点的最终消费者用户。参与分销渠道的各企业其职能各不相同，各司其职。

二、分销渠道的构成

分销渠道由五种流构成，包括商流、物流、信息流、货币流和促销流（图7-1）。

（1）商流是指物品在流通中发生形态变化的过程，也就是货币形态和商品形态相互转化过程，伴随着买卖关系，商品所有权发生的转移过程。

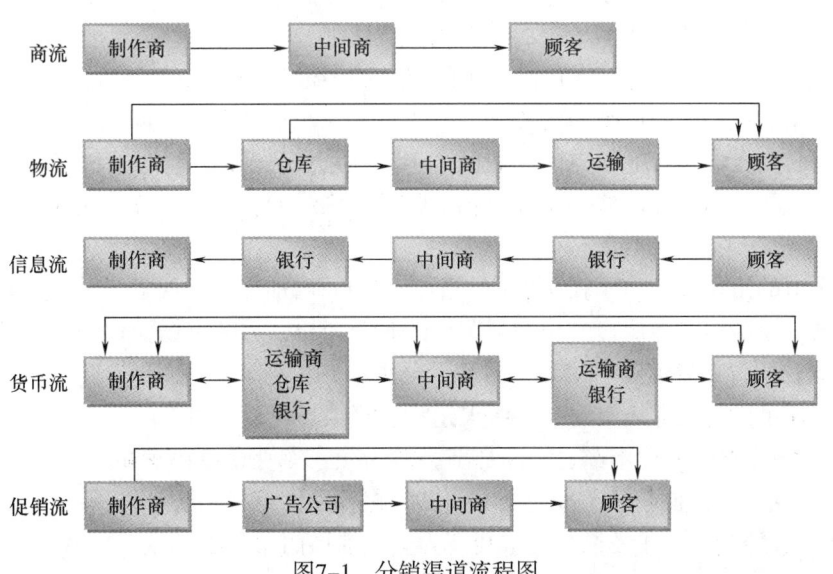

图7-1 分销渠道流程图

（2）物流是指根据客户的需求对商品、服务以及相关信息从产地到消费地的以高效率、低成本进行流动和储存的规划、实施和控制的全过程。

（3）信息流是指产品从生产领域向消费领域转移的过程中相关方之间信息收集、传递和处理的双向活动。

（4）货币流是指产品从生产领域向消费领域的转移过程中所发生的与商流相反方向的货币流动。

（5）促销流是指生产企业流向中间商和顾客为促销所进行的各种广告、宣传活动的总和。

三、分销渠道的类型和结构

分销渠道的类型

企业的分销渠道从不同的角度可以划分为不同的类型。

1. 根据商品在流通过程中经过环节的多少分类

（1）直接渠道。直接渠道是指产品制作商向消费者流动的过程中没有中间商参与，产品直接由制作商销售给消费者和顾客的渠道类型。如定制服装、电视直销和网上直销等。采用直接分销渠道比较成功的品牌有戴尔计算机，安利保健品等一直采用的是直销的方式，并且在全球采用这种分销渠道的模式，非常成功地成了全球知名的跨国公司。

直接渠道的优点是：方便生产者第一时间了解消费者的真实需求和市场变化情况，可以有针对性地调整生产经营决策，更好地满足消费者的需要；制造商直接向消费者介绍产品，便于消费者掌握产品的性能、特点和使用方法，从而提高消费者对产品的信任度；由于直接渠道没有中间商的参与，所以可以缩短商品的流通时间，减少流通费用，掌握价格的主动权，增强企业竞争力，促进商品销售。

直接渠道的不足是：制作商花在销售上的精力、时间、费用都比较大，而且销售范围也会受到制作商实力的影响。

（2）间接渠道。间接渠道是指产品经由一个或多个中间商环节销售给消费者和顾客的渠道类型。它是快速消费品销售的主要方式，比如我们任务一中提到的康师傅、统一公司的方便面、饮料、矿泉水都采用的这种间接分销渠道进行销售的。

间接渠道的优点是：中间商的介入，使制造商从销售中解放出来，可以集中精力于生产，由中间商负责商品流通的范围和速度。中间商利用自己的线上线下的资源大大节约了商品交易的次数，减少了流通成本和时间，降低了产品价格，有利于整个社会的生产者和消费者。

间接渠道的不足是：由于在制作商和消费者中间增加了中间商的环节，所以制造商对市场、价格的控制程度降低，产品决策调整的时间变长，适应市场变化的效率降低了。

2. 根据企业分销渠道的中间环节的多少分类

分销渠道可以分为零级渠道、一级渠道和二级渠道。

（1）零级渠道：企业不经过中间环节直接为顾客提供商品和服务。

（2）一级渠道：企业只经过一个中间商为顾客提供商品和服务。

（3）二级渠道：企业经过两个中间商为客户提供商品和服务。

这三种分销渠道都有各自的特点，企业应根据自己的实际情况和市场竞争需求，选择合适的分销渠道。一般比较有实力的大企业会选择零级渠道，可以更好地了解顾客的需求，及时调整企业的经营方向，但是资金、时间、人员、精力消耗将比较大，建议实力不强大的公司慎重行使。一级、二级渠道比较适合中小型企业采用，通过中间商的人脉、渠道，扩大业务范围，迅速占领市场，帮助企业取得有利的竞争位置。

不同长度渠道的对应关系如图7-2所示。

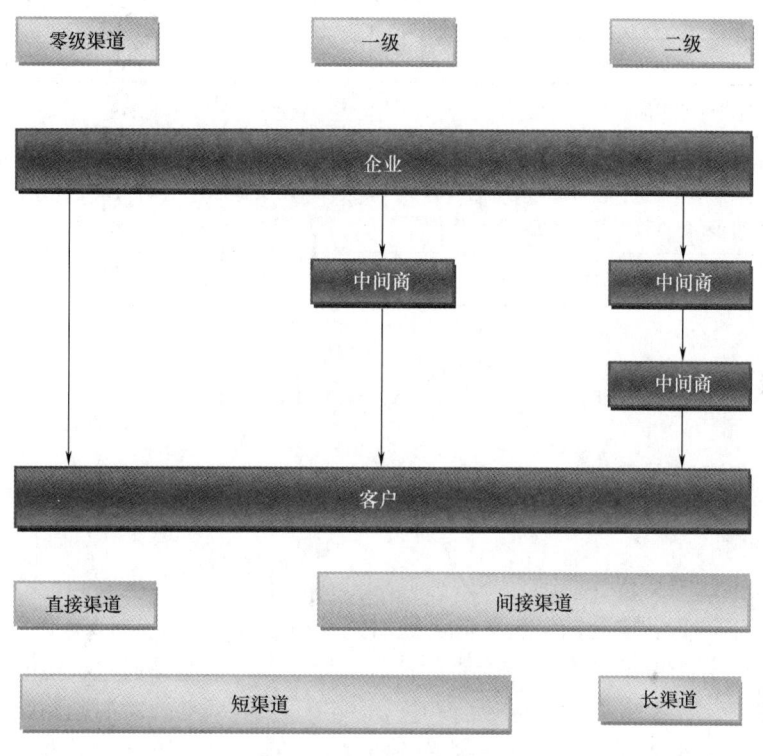

图7-2 企业分销渠道结构图

3. 根据企业分销渠道中每层中间商的多少分类

分销渠道可以分为宽渠道和窄渠道。企业分销渠道中同一个层级我们选择多少个中间商呢？如果在某一区域、层级，只有一个中间商，我们称为窄渠道，又称为独家代理。几家中间商同时存在一个分销渠道层级中或者很多中间商同时在同一个分销渠道层级中，我们称为宽渠道。宽渠道和窄渠道都有各自的特点，采用窄渠道的企业一般与这个中间商的关系非常密切，对此中间商比较信任，方便企业对于分销渠道的管理和控制。宽渠道在多个中间商的共同努力下，能够帮助企业扩大市场覆盖面，使企业的产品和服务迅速地进入市场。

总之，企业分销渠道的类型有很多种，他们都有各自的特点，企业在选择分销渠道时，一定要充分考虑自身情况和市场状况，来选择适合企业自身的分销渠道。

任务一结果测评：

评价依据	评价分值	得分
分析原分销渠道的不足（分析能力）	40分	
现分销渠道改进建议（解决问题能力）	40分	
PPT制作效果和语言组织表达能力	20分	
合计	100分	

任务二　分销渠道设计的实训

任务分配：分组进行。每组成员选择一种产品，根据产品所面对的市场竞争、面向的消费者群体、该产品的特点，为该产品设计适合的分销渠道，撰写分销渠道设计方案，要求每个小组制作一份PPT展示设计方案，并阐述设计的理由。最后小组之间互评，教师点评，按分数排序打分，确定小组本次实训的分数

任务二成果展示：产品分销渠道设计方案、PPT

知识储备：

一、分销渠道设计的原则

1. 高效通畅

分销渠道设计中的首要原则是高效通畅。分销渠道的设计首先要满足"物畅其流"、经济高效的要求。商品在分销渠道中的流通时间、流通速度、流通费用是评价分销渠道优劣的重要指标。分销渠道的设计应以消费者需求为导向，将商品通过最短的路线，用尽可能低的费用送到消费者方便购买的场所。这样不仅可以使消费者对商品和服务得到快速的满足，还可以提高企业的分销速度，降低分销成本，提高企业资金运转效率，获得企业在竞争市场的时间和价格优势。

2. 合理利用

企业在设计分销渠道时要充分考虑此渠道的优缺点，是否适合企业产品销售的特点。具体来讲，一般同类产品多采取相同的销售渠道，但就不同的企业来讲，在设计渠道时，应充分思考现在选的分销渠道是否适合本企业产品的销售特点，其他竞争对手企业采用的是怎样的分销渠道，相比较哪种分销渠道更适合本企业，使企业在竞争市场中能够赢得更多的利益。例如，可口可乐公司在全世界各地采用的是通过多个中间商的分销渠道方式将饮料送到零售终端，这种方式非常适合饮料这种快消商品。另一个例子是戴尔电脑公司，也是一家跨国公司，他采用了一种完全不同的分销渠道方式，通过采取网上直销的方式，直接接触用户，获得消费者需求的一手资料，使其产品更加符合消费者需求而成为行业中成长最快的企业。

3. 游刃有余

企业在设计分销渠道时，不仅要考虑分销渠道的高效通畅，适合企业产品特点，还应思考产品销售的实际情况，产品在市场的占有率情况。在分销渠道方式的设计上应避免出

现快速高效运出的商品销售不出去的现象，避免出现盲目扩张，渠道过宽过广的现象，以免造成资源浪费，资金循环困难，目标市场难以控制和管理的局面出现。

4. 协调发展

企业在设计分销渠道时，必须将渠道的选择与企业产品策略、价格策略、促销策略等相互结合，协调发展，从而实现企业的销售目标。例如，博世家用电器刚刚进入中国市场时，为了树立产品质量、信誉、品牌的良好形象，对分销渠道进行了慎重挑选。它们的产品进入中国市场初期阶段，只选择了与产品定位相吻合，在消费者心中知名度较高、信誉较好的大商场作为销售渠道，使渠道有力地迎合了企业销售目标的实现。

5. 实现共赢

企业在设计分销渠道时不仅实现自身利益最大化，还要考虑到其他渠道成员的局部利益，应合理分配渠道中各成员间的利益，避免渠道成员间出现冲突、竞争的关系。这就要求渠道管理者有一定的控制能力，引导渠道成员形成统一、协调的充分合作的关系，鼓励成员之间的有益竞争，避免冲突的发生，出现问题及时解决，实现渠道成员与企业的共赢，最终确保企业总体目标的实现。

二、分销渠道设计的影响因素

分销渠道的设计成功与否，直接影响到企业的效益、产品的市场占有率，关系到企业资金周转，甚至危及企业的生命。那么企业应如何设计分销渠道呢？影响分销渠道设计的影响因素有哪些呢？如何在多种分销渠道中，选择适合企业现在生存和未来发展的最佳到达目标市场的分销途径呢？影响分销渠道设计的因素有很多，具体来讲，主要包括以下几个方面。

1. 消费者的特点

（1）消费者的人数。消费者人数多，市场范围广，分销渠道一般就比较长；相反，消费者人数少，市场范围窄，分销渠道可以短一些。

（2）消费者的地理位置分布情况。消费者如果分布的地理位置相对比较集中，企业可选择直销或者以尽可能短而窄的间接渠道进行分销；相反，如果消费者分布的地理位置相对比较广泛而又稀疏，分销渠道中则需要更多发挥中间商的力量，可采用长而宽的渠道进行分销。

（3）消费者购买习惯。消费者对产品购买方便性的要求，每次购买的数量、购买地点的选择及购买方式的选择，都会影响企业对分销渠道的选择。

2. 产品的特点

（1）产品的属性特点。一些易腐、易毁产品，如鲜活产品、陶瓷制品、玻璃制品及保质期比较短的产品（如生鲜食品、药品）等，应尽可能采用短而宽的分销渠道，以保持产品新鲜，减少损失。

（2）产品的大小和重量。大小和重量直接影响产品的运输成本和仓储成本。因此，对于比较大和重量过沉的产品，适合选择短渠道，以降低储运成本，减少产品的损失。而对于比较小和重量比较轻的产品，可以选择较长一点的分销渠道。

（3）产品的价格。一般而言，产品的价格与分销渠道之间成反比。即产品单价越低，分销渠道越长；产品单价越高，分销渠道越短。如一些快速消耗品一般都通过几个中间商以后才到达消费者手中的,而一些价格昂贵的产品,一般不宜使用较多的中间商,有的采用特许经销商,有的采用独家代理,甚至可选择直销的形式。

(4)产品的标准化程度。对于标准化程度高、通用性强的产品,适宜选择较长、较宽的分销渠道;对于专用性、标准化程度低的产品,适宜选择较短的分销渠道,或者采用直销的方式。

(5)产品的时尚性。对于款式花色变化较快、时尚性较强的产品,宜选用短渠道,避免产品过时;对于款式花色变化较小的产品,可以采用长一些的渠道。

3. 企业特点

(1)企业的实力和规模。企业整体实力大、规模大、资金雄厚、销售力量强、声誉高,具备丰富的管理和销售的经验和能力,在分销渠道的选择设计上主动权就比较大,渠道可以选择短一些的,有的甚至可以建立销售机构。比如格力的家电产品就是采用自己建立分销渠道的方式。反之如果企业规模比较小,实力不强大,往往需要更多的依赖中间商进行销售,渠道就会比较长一些。

(2)企业产品组合。企业的产品组合会影响其销售渠道类型的选择。企业的产品组合的深度越深、宽度越大,与消费者直接交易的能力就越强,适合采用特许经营或者选择独家代理等方式的短的分销渠道销售。反之,如果企业生产的产品品种单一、型号少,则只能选择通过若干批发商和零售商转卖给消费者的这种长而窄的分销渠道销售。产品组合的关联性越强,越适宜使用性质相同或相似的分销渠道。

4. 中间商特点

企业设计渠道时,还必须考虑所选择执行不同任务的中间商的优缺点。例如,如果由制作商代表与消费者直接接触,分摊到每一顾客身上的成本平均下来就比较低。但是往往制造商代表没有中间商的推销员有经验,对顾客所付出的销售努力也远不如中间商的推销员。还有不同的中间商在执行运输、广告、储存、信用条件、退货特权、人员培训和送货效率等方面,都有各自不同的特点。

5. 竞争者特点

企业的渠道设计还受到产品竞争者所使用的渠道的影响。因为比如饮料等某些快消品行业、一些家用电器的企业希望自己品牌的产品能够和竞争者的品牌摆在一起销售,使自己的产品与竞争者的产品在相同或相近的中间商处抗衡。但是有时有些产品的分销渠道需要与竞争者所使用的分销渠道区别开来。

6. 环境特点

(1)经济因素。在经济不景气时,通货紧缩,市场需求量下降,生产企业只能将重点放在控制和降低产品的最终价格上,所以必须尽量使用较短的分销渠道,减少不必要的流通环节。反之,市场繁荣期,市场需求量上升时,生产企业可以考虑扩大其分销渠道。

(2)政治法律因素。政府关于有关商品的流通政策、法规也限制企业分销渠道选择的范围。如专卖制度(烟草)、专控商品(能够控制社会购买力的少数商品),对于这些产品,企业应严格遵循指定的分销渠道和购销方式进行销售。

三、分销渠道的中间商

在现实的市场经济中,企业对分销渠道的长度、宽度和深度的设计和选择,都是为了能够使产品以最低的成本、最快的速度、最优的服务到达消费者手中。完成这些职能需要依靠分销渠道的中间商,所以在分销渠道的设计中,选择中间商的决策就十分重要。中间商包括批发商、代理商和零售商三大类。

1. 批发商

批发商是指专门从事批发交易,不直接服务于消费者,而是为最终销售做准备,是生产者的推销中心和零售商的采购中心,以赚取购销差价的组织和个人。批发商一般通过批量购买、分割销售、财务融通、仓储、运输以及提供管理咨询与服务等工作,发挥其集中与分散的平衡作用。

(1)批发商的功能。批发商是一种常用的中间商类型,承担企业分销活动的重要职责,具体体现在以下几个方面。销售与促销功能;采购与搭配功能;整买零卖功能;仓储、运输、融资的功能;风险承担、提供信息、管理咨询服务功能等。

(2)批发商的类型。批发商按照功能和提供服务范围,综合批发商和专业批发商。一般综合批发商都拥有很多类型的存货,雇有专门的推销人员,可以赊销,他的主要服务对象是零售商。一般专业批发商经营的商品类型比较单一,对零售商只能提供专有商品的服务。综合批发商和专业批发商在批发商的功能上也是有差异的。一般综合批发商,对经营的商品,除了收购和销售以外,还承担仓储、运输和风险负担等职责;而专业批发商则只负责很少的职责。

小贴士:不同国家对批发商的分类标准不同

不同国家对批发商的分类标准不同,常见的有几种:第一,按经营商品种类范围划分,分为综合批发商和专业批发商;第二,按服务地区划分,分为全国性批发商、区域批发商和地方批发商;第三,按是否拥有商品所有权划分,分为经销批发商(独立批发商)和代理批发商;第四,按批发商在商品流通过程中的环节划分,分为产地批发商、口岸批发商、中转地批发商、销售地批发商;第五,按商品经营的方式划分,分为专业批发商、工业部门自营批发商、联营批发商、代理批发商和批发交易商;第六,按服务的内容划分,分为综合批发商和专业服务批发商。

(3)批发商的选择。就生产企业来说,批发商的选择对企业的经营十分重要,如果对批发商的选择不当,将造成整个销售失败,影响到企业的生存与发展。选择批发商应从这样几个方面进行考察:目前批发商的经销对象是否与生产企业的目标市场相一致;批发商在以往的经营过程中的信誉如何,经营资历是否深厚;批发商的销售经验是否丰富和销售人员能力如何;批发商所在的地理位置及相应的设施设备是否符合现代化经营的要求(如管理信息系统、仓储运输设施设备等)。

2. 代理商

代理商是指从事购买、销售或两者兼有的洽谈磋商工作,其与生产企业之间是委托关系,没有商品的所有权,其主要职责是促成商品的交易,借此赚取佣金作为报酬。

(1)代理商与经销商的区别。经销商和代理商是有区别的,最重要的区别表现在对商品有所有权上。经销商同生产者之间属于售定性质的关系,拥有商品的所有权,自行负责采购、销售,自负盈亏,因此经销商又叫包销商。而代理商与生产者之间是委托与被委托的关系,不拥有商品的所有权,他仅享有代销商品和获取佣金的权力。

(2)代理商的类型。代理商一般分为三种:生产代理商、销售代理商、采购代理商。生产代理商,也称制造商代理、厂家代理,实质上是代理商自身不设仓库,买卖做成后,买方直接向卖方提货;销售代理商,销售代理商与生产企业达成共识,签订合同,销售代理商为委托人销售某种特定商品或服务,对商品价格、条款及其他交易条件可全权代理。销售代理商在木材、纺织、服装、某些金属产品和食品等行业中十分常见。在这些竞争非常激烈行业,产品销售对企业生存至关重要,销售代理商往往与制造商签订长期代理合同,为这些制造商长期代销产品。采购代理商,采购代理商与顾客一般有长期合作关系,代他们进行采购,主要负责为其收货、验货、储存,并将货物按时运交买主等事务。

3. 零售商

零售商是产品销售渠道的最终端,他们负责将商品直接卖给最后的消费者,产品一经零售商售出,即表明产品进入个人或家庭消费而脱离了流通,进入了非商业用途的最终消费。

(1)零售商的功能。

1)社会功能。零售商是整个社会生产力和各种工作与生活用品的物质或服务提供者,零售网络越发达、路线越广阔,它的社会功能就发挥得越充分。

2)业务功能。零售商为消费者购买各种商品提供便利,他们把门店和商品放在最容易被消费者得到的地方,使人们随时可以得到所需求的商品。以自己的信誉和良好的服务吸引消费者,并为消费者提供各种便捷的服务,如送货上门、预售业务、分割销售、以及提供售后维修维护与其他辅助性服务等。

3)信息功能。零售商的购货与销售的业务行为,本身就可以体现出消费者的需求,因此零售商能够向生产者提供有价值的市场信息。除此之外,零售商在与生产者和批发商接触的过程中,有时还会根据消费者的需求主动向生产者和批发商介绍市场现状,从消费者的角度出发,提出建议、意见和要求,从而引导企业经营方向和促进企业的生产改革。

(2)零售商的类型。零售商是指将商品直接销售给最终消费者的中间商,它是距离人民生活最近的一种商业形式。由于消费者的消费习惯、需求的多种多样,所以构成了多种多样的零售分销系统。具体的零售商主要有以下几种形式:

1)商店零售商。

①专业商店。专业商店集中经营某一类或几类产品,如家电产品、家居用品、化妆用品、建材等。专业商店其经营的产品较窄,但经营产品的规格品种较为齐全。例如,国美、苏宁、百安居、屈臣氏等。

②百货商店。百货商店经营产品的范围广泛,种类繁多,规格齐全,一般商品品质、价格和服务水平在中等以上。百货商店非常重视自身的商业信誉和企业形象,注重为消费者打造舒适的购物环境。百货商店的经营地点通常位于繁华的商业中心。如百盛、广百百货、太平洋百货等。

[案例链接7.2] 百盛的百货商店

百盛是马来西亚金狮集团的,该集团是信誉卓著、业务多元化、国际化的工商集团,发展迅速，成为跨国集团之一，组织健全，资金雄厚。业务范围囊括制造、贸易、零售、房地产、金融服务与资讯科技等领域。旗下有二百余家公司及关系企业。集团属下"百盛"为马来西亚百货公司最大的连锁机构。

百盛于1994年进驻中国零售业市场，并在北京复兴门内大街开设首家百货店，定位于中高档消费群体。百盛是最早在中国经营时尚百货的外资连锁企业之一，并且目前已经发展成为中国最大的时尚百货集团之一，拥有覆盖中国18个省34个主要城市的最广泛的营销网络。

对中国日益富足的中高档消费群体而言，百盛已成为家喻户晓并标志着品味和时尚的知名品牌。百盛与许多国内、国际知名品牌建立了长期而稳定的合作伙伴关系，使百盛能够不断地在商品和品牌组合等方面得以完善，并通过引入质量好、价值含量高的品牌或创新产品系列提高商品的吸引力，从而加强并巩固百盛的领先地位。

百盛已在全国23个省37个主要城市开设了57家连锁店，例如：北京，上海，绍兴，山东烟台，山东青岛，天津，重庆，甘肃兰州，河北石家庄，河北张家口，河北保定，岳阳，山西太原，河南郑州，江苏无锡，江苏常州，江苏昆山，江苏常熟，四川成都，四川攀枝花，江西南昌，安徽合肥，贵州贵阳，贵州遵义，贵州六盘水，云南昆明，陕西西安，广西南宁，辽宁沈阳和大连、鞍山，黑龙江哈尔滨，广东汕头，广东中山，四川自贡，四川绵阳、山西大同等。

案例来源http://baike.so.com/doc/5355448-5590916.html

③超级市场。超级市场是以自助服务方式为主要经营方式，主要经营的是家庭用品、主食、副食等。超级市场的特点是规模庞大、明码标价、成本低、毛利低、薄利多销、采取自助服务、一次性集中结算的经营机构。

④便利商店。便利商店是设在居民区附近的小型商店。主要销售方便品、应急品以及周转迅速的商品，如食品、饮料、日用杂品、快递服务等。便利商店的特点是营业时间长、商品品种有限、价格较贵，但十分方便，很受消费者喜爱。

[案例链接7.3] 7-ELEVEN的便利商店

7-ELEVEN于1927年在美国得克萨斯州达拉斯市创立，为全球最大的连锁便利店营运者及特许经营主，并为全美最具规模的独立电油零售站。于1999年4月28日经全体股东同意，企业名称由原来的南兰公司正名为7-ELEVEN。7-ELEVEN早期从事生产及零售冰块业务，后来为方便顾客，逐渐提供鲜牛奶、面包、鸡蛋等日用商品，发展为商品多元化的便利店雏型。

7-ELEVEN便利店的名称源于1946年，借以标榜该商店营业时间由上午7时至晚上11时。今天，7-ELEVEN为提供更佳服务，已改为24小时无休营业，为便利店经营的模式立下里程碑;但由于7-ELEVEN名字已深入民心，故仍沿袭采用。北美洲共有接近6 000间7-ELEVEN，每日为六百万顾客服务，以独有品牌BigGulp、BigBite、Slurpee及鲜磨热咖啡驰名的7-ELEVEN，多年来亦不断开拓新的速食、热食等项目，积极为顾客提供多元化口味。另外，7-ELEVEN亦引入了多种便利服务以迎合个别商区顾客的需求，其中包括自动汇款服务、复印及传真服务，自动银行提款机服务及电话卡等。

至2007年6月底的统计，7-ELEVEN的全球分店总数为32 711家，其经营市场分别由下列地区所组成：

7-ELEVEN INC（全球7-ELEVEN总部，7&I控股子公司）所属：
美国5 863家
加拿大469家
美国区域授权经营：421家（2007年2月）
7-ELEVENSouthwest Convenience Stores, Inc.（德州西部、新墨西哥州）167家
日本7-ELEVEN（7&I控股子公司）所属：
日本12 006家（2008年3月底）
夏威夷53家
港澳地区7-ELEVEN（牛奶公司经营）：
中国香港800家（2007年7月）
中国澳门26家（2007年8月）
中国大陆地区7-ELEVEN：
7-ELEVEN中国大陆广东地区528家（2009年5月）［5］（广东赛壹便利店有限公司经营，牛奶公司间接持有65%及广东信捷商务发展有限公司间接持有35%）
中国大陆北京地区50家（日本7-ELEVEN子公司）（2007年3月）
中国大陆上海地区4家（2009年4月）
新加坡7-ELEVEN（牛奶公司）400家（2007年8月）
中国台湾7-ELEVEN（统一超商）4 784家（2008年5月8日）
菲律宾7-ELEVEN（统一超商持股51%）291家（2007年6月）
韩国7-ELEVEN（乐天集团）1 433家（2007年2月）
泰国7-ELEVEN（卜蜂集团）4 055家（2007年6月）
马来西亚7-ELEVEN（成功集团）843家（2007年2月）
土耳其79家
波多黎各14家（2007年2月）
丹麦61家（2007年2月）
瑞典74家（2007年2月）
挪威102家（2007年2月）
夏威夷53家
墨西哥678家（2007年2月）
澳大利亚366家（2007年2月）
案例来源于http://baike.so.com/doc/5363383-5598954.html

⑤折扣商店。折扣商店是以低价、薄利多销的方式销售商品的商店。折扣商店的特点是经营商品品种齐全，多为知名度高的品牌；设施投入较少，提供的服务很有限；多设在租金便宜但交通繁忙的地段；商品价格折扣力度较大能够吸引较远处的消费者来购物。如

奥特莱斯折扣店。

⑥仓储商店。仓储商店是20世纪90年代后期才在我国出现的一种新型的折扣商店。仓储商店是大批量、低成本、低售价，提供有限服务，微利促销的零售形式。仓储商店一般货物仓储面积在1万平方米以上，地点多位于郊区租金比较低的地方。其特点：主要服务对象是工薪阶层和机关团体；从生产企业直接进货，减少中间环节，降低成本，所以商品价格低廉；又称为量贩商店，如麦德龙。

[案例链接7.4] 麦德龙的仓储商店

  麦德龙是世界第一的现购自运制商业集团。1964，Otto Beisheim博士教授在德国成立了第一家针对专业顾客的麦德龙现购自运有限公司，1971年第一家海外商场开业。现购自运的麦德龙集团是全球批发市场的领头羊，拥有麦德龙和万客隆（仅限欧洲）品牌下的多家麦德龙现购自运商场。2002年麦德龙现购自运销售额达到240亿欧元，46.5%的集团销售额来自麦德龙现购自运，其中四分之三来自海外。麦德龙现购自运是麦德龙集团发展的重要推动力。目前已在30个国家内设立700多家商场，销售区域呈现出高度国际化。2002年麦德龙在全世界拥有超过72 000名员工。德国杜塞尔多夫麦德龙国际管理组织有限公司掌控全球销售。

  "现购自运"是指专业顾客在仓储式商场内自选商品，以现金支付并取走商品。与传统的送货批发相比，现购自运的优势在于较好的性价比，食品和非食品分类范围广，即时获得商品，更长的营业时间。商场提供17 000种以上食品，30 000种以上的非食品。特别是在生鲜食品的供应上，包括水果、蔬菜、活鱼、肉制品、奶制品。麦德龙现购自运的目标顾客包括餐饮业，酒店业，食品、非食品贸易服务商以及机构采购。他们可以找到大包装以满足特殊需求。

  案例来源于http：//baike.so.com/doc/2259059-2390032.html

2）无店铺零售商。

虽然绝大多数货物和服务是由商店销售的，但是目前无店铺零售却比商店零售发展得更快，受到消费者的青睐。无店铺零售商主要类型有：

①直接销售。直接销售是指企业销售人员直接上门挨门挨户推销、逐个办公室推销，著名的雅芳公司就是采用这种销售方式销售的。

②直复营销。直复是直接销售的变种，主要指通过电话、电台和电视、互联网等广告媒体向消费者传递商品信息，消费者通过电话订购，卖方负责送货上门，整个销售过程简单、迅速、方便。

③自动售货。自动售货是利用自动售货机器销售商品。主要销售的商品有香烟、软饮料、糖果、报纸和热饮料等其他商品。我们常常在工厂、办公室、大型零售商店、加油站、医院、学校等地方看到自动售货机。

3）零售组织

①连锁商店。连锁商店，是指将众多分散的经营同类商品或服务的零售企业，以共

同的经济利益为纽带，在总公司的领导下，统一店名、统一管理、统一经营的商业组织。实行集中采购和分散销售相结合的方式，通过规范化经营管理，实现规模经济效益的商业组织。

②连锁超市。连锁超市是连锁商业形式和超级市场业态有机结合的产物。连锁超市是目前零售业发展的主流，在进一步细分和完善。如大型综合连锁超市（GMS）。连锁超市主要经营大众商品，其中百货占70%，食品占30%。

③特许经营。特许经营是指特许专卖权所有者（享有盛誉制造商、批发商或服务企业）与零售商之间，根据约定签署契约，使零售商获得某种特许专卖权。特许专卖的内容一般是独特的产品、服务或者是生产的独特方式、专利、商标或者是特许专卖权所有者已经树立的良好声誉。

④商业街。商业街是指将经营同类的或异类的商品的多家零售商店集合在同一个地区，有的形成专业经营某种商品的一条商业街，有的形成集购物、休闲、娱乐综合功能为一体的商业街。

⑤购物中心。购物中心是由零售商店及其相应设施组成的商店群体，一般包括一个或多个大的核心商店，并有许多小的商店环绕周围。购物中心一般占地面积大，多数在十几万平方米以上；通常都设有庞大的停车场，方便消费者购物使用。根据消费者的需求，目前购物中心的功能正在不断地完善和发展，其容纳了众多各种类型的商店、餐饮店，有的甚至包括美容、娱乐、健身、休闲影院、图书屋等，是一种超巨型的商业零售模式。

（3）零售商的选择。

由于零售商直接与消费者打交道，所以零售商的选择直接关系到商品销售业绩，关系到企业的生存和发展，因此选择零售商时一定要慎重，具体说应从以下几个方面来考察：

1）零售商的目标市场与生产企业一致或相近。在选择零售商时，首先考察这家零售店的目标市场是否与生产企业的相同或相近。零售商目前所处的市场环境和商店自身的规模多大，与生产同质、同类或相近的商品企业的合作情况。

2）零售商店所在的地理位置。零售商所处的地理位置是否是交通便利的地方，如闹市区、居民区、旅游区、旅客中转站等客流量比较大的地方。零售商目前经营商品的档次、质量高低、价格水平和提供服务的情况，生产企业的目标群体是否经常光顾。

3）零售商的营业时间。零售商的营业时间一般会根据消费者的购买时间而定。零售商的营业时间是否与生产企业的商品消费时间相一致。如个人消费品，在节假日、周末、下班后是营业的黄金时间，零售商是否能遵循消费者的购物规律，安排营业时间。

4）营业厅的装修与门面的设计。零售商营业场所与门面设计是否既美观、吸引人，又方便购买，使消费者感到舒适、满意。零售商营业厅的装修与设计，主要包括建筑物外表、橱窗款式、门面的设计、货架的摆设与分类等。牌匾高悬、楹联披挂，我们商业经营的传统，往往的确是生意兴隆的一个重要标志。

5）存货与现金收支的情况。零售企业对于购、销、运、存与现金收支的管理有效，是零售者经久不衰，不断发展的重要保障。是否能够应用现代管理信息系统，运用大数据资料合理控制自己的库存与销售，保证资金周转通畅。

6）零售商的营业作风与服务。一个优秀的零售商，有以下一些好的表现：诚信经营，公平公正对待交易，值得消费者和商家信赖；积极培训营业员，友善待客，使消费者愉快购物；乐意听取和接受顾客的批评与建议，不断提高服务质量。

任务二结果测评：

评价依据	评价分值	得分
分销渠道影响因素分析全面	30分	
分销渠道选择正确	20分	
分销渠道设计理由充分合理	30分	
PPT制作精美，吸引人	20分	
合计	100分	

任务三：分销渠道管理实训

任务分配：一汽-大众汽车有限公司，于1991年成立，是由中国第一汽车集团公司和德国大众汽车股份公司、奥迪汽车股份公司及大众汽车（中国）投资有限公司合资经营的大型乘用车生产企业。目前拥有长春、成都、佛山三大生产基地，已形成年产66万辆的生产能力。经营的大众品牌的产品有：捷达、宝来、高尔夫、高尔夫GTI、速腾、迈腾、CC。奥迪品牌的产品有：奥迪A4L、奥迪Q5、奥迪A6L等系列轿车。目前，一汽-大众汽车有限公司员工总员工达20 248人，上游400多家供应商，下游600多家经销商，总共涉及30万人，遍布全国31个省市自治区。这么庞大的经销商团队，一汽-大众汽车有限公司应如何管理分销渠道呢？

分小组进行讨论，如何激励经销商，销售更多的大众汽车，如何管理和评价经销商，使消费者获得高效优质的服务，避免窜货、经销商间冲突等危害分销渠道的问题的出现。每小组制定出管理分销渠道的策略方案，进行展示互评，选出制作最优的小组

任务三成果展示：分销渠道管理方案

知识储备：

一、分销渠道成员的激励

生产企业不仅要会选择分销渠道的中间商，而且要与中间商建立一种合作伙伴关系，经常监督、指导与鼓励他们完成销售任务，更加高效优质地为生产企业和消费者提供服务。

1. 激励的方式

对于中间商的激励可以是直接激励，根据中间商的销量、区域市场占有率和市场规范操作等情况，直接给予物质或金钱方面的奖励。如直接返利，适当的补贴，价格给予折扣，设立专项奖等。

[案例链接7.5] 百事可乐公司的返利政策

百事可乐公司对返利政策的规定细分为五个部分：年扣、季度奖励、年度奖励、专卖奖励和下年度支持奖励，除年扣返利为"明返"外（在合同上明确规定为1%），其余四

项奖励为"暗返",事前无约定的执行标准,事后才告知经销商。

（1）季度奖励,既是对经销商前三个月销售情况的肯定,也是对经销商后三个月销售活动的支持,这样就促使厂家和经销商在每个季度合作完后,对前三个月合作的情况进行反省和总结,相互沟通,共同研究市场情况。且百事可乐公司在每季度末派销售主管对经销商业务代表培训指导,帮助落实下一季度销售量及实施办法,增强相互之间的信任,兑现相互之间的承诺。季度奖励在每一季度结束后的两个月内,按一定比例进货以产品形式给予。

（2）年扣和年度奖励是对经销商当年完成销售情况的肯定和奖励。年扣和年度奖励在次年的一季度内,按进货数的一定比例以产品形式给予。

（3）专卖奖励是经销商在合同期内,在碳酸饮料中专卖百事可乐系列产品,在合同结束后,厂方根据经销商销量,市场占有情况以及与厂家合作情况给予的奖励。在合同执行过程中,厂家将检查经销商是否执行专卖约定。专卖约定由经销商自愿确定,并以文字形式填写在合同文本上。

（4）下年度支持奖励是对当年完成销量目标,继续和百事可乐公司合作,且已续签销售合同的经销商的次年销售活动的支持,此奖励在经销商完成次年第一季度销量的前提下,第二季度的第一个月以产品形式给予。

因为以上奖励政策事前的"杀价"空间太小,经销商如果低价抛售造成的损失和风险,厂家是不会考虑的,且百事可乐公司在合同文本上还规定每季度对经销商进行如下项目的考评：

（1）考评期经销商实际销售量。

（2）经销商销售区域的市场占有率情况。

（3）经销商是否维护百事产品销售市场及销售价格的稳定。

（4）经销商是否在碳酸饮料中专卖百事可乐系列产品。

（5）经销商是否执行厂家的销售政策及策略。

（6）季度奖励发放之前,经销商必须落实下一季度销售量及实施办法。

为防止销售部门弄虚作假、公司规定考评由市场部、计划部抽调人员组成联合小组不定期进行检查,确保评分结果的准确性、真实性,做到真正奖励与厂家共同维护、拓展市场的经销。

案例来自http://baike.so.com/doc/672884-712235.html

激励中间商除了直接的物质、金钱的激励方式之外,还有非物质的间接激励方式。生产企业通过给予中间商提高销售效率方式方法的支持的帮助,例如使中间商掌握现代化的产品及技术手段,开发更加广阔的市场空间等。

2. 激励分销渠道应注意的问题

在激励中间商的过程中要着眼于大局,注意及时解决各渠道成员之间的冲突,注重发展长期的客户关系,鼓励和抑制方法相结合,避免采用单一的激励手段,造成渠道间成员中间的冲突,相互抢夺市场的混乱局面。

二、分销渠道成员的评价

生产企业除了选择和激励分销渠道成员外，还需要定期评价他们的业绩，规范分销渠道成员的销售行为，督促他们不断改进提高渠道工作。具体从以下四个方面评价分销渠道成员。

1. 渠道的运行效率

渠道的运行效率主要从渠道主体的反应速度、渠道的功能完善程度、环节间衔接流畅程度、渠道成员的数量、能够达到最大销售区域范围等方面考察中间商。考察商品从生产企业到消费者手中的流通速度。

2. 资金效率

分销渠道的资金效率主要分析的是渠道中各种费用、盈利能力资产管理效率的分析。

（1）渠道费用分析是指零售总成本与制作成本之差，是销售过程中总的成本。

（2）盈利能力主要分析的是销售利润率、费用利润率、净资产收益率等，分析的是企业获取利润的能力。

销售利润率=本期利润/销售收入×100%

费用利润率=当期利润/总费用×100%

净资产收益率=税后利润/净资产×100%

（3）资产管理效率主要分析的是资金周转率和存货周转率，分析的是企业对各资产占用的情况与收入之间的关系。

资金周转率=产品销售收入净额/资产平均占用额

存货周转率=产品销售成本/存货平均余额

3. 市场占有率

市场占有率是分析企业某种产品的销售量占市场上同种商品总销售量的份额，企业在市场中的地位情况。具体的有四种指标：

（1）全部市场占有率，是指企业的销售量占整个行业销售量的百分比。

（2）可达到市场占有率，是指企业实际销售额占企业所服务市场的百分比。

（3）相对市场占有率（相对于三个最大的竞争对手），是指企业销售额与最大的三个竞争对手的销售额总和的百分比。

（4）相对市场占有率（相对于市场领导者），是指企业销售额与相对市场领导者销售额的百分比。如果比值超过100%，说明本企业是市场领导者，如果比值等于100%，说明本企业与市场领导者同为市场领导者，比值增加说明企业正向市场领导者迈进。

4. 服务质量

分销渠道直接面对的是消费者，分销渠道能否为消费者提供可靠、高效、安全、温馨、优质的服务，是评价分销渠道的重要标准。如果某个分销渠道没有达到既定标准，生产企业可以限期整改，如果还是无法达到标准，可以选择取消其资格。

三、分销渠道的调整

分销渠道设计好后，并不是一成不变的，而是一个动态的适应系统，随时根据企业内外部环境的变化做出调整改变，是一个持续改进的过程，以确保销售的顺利进行。具体的调整形式有以下几种。

1. 分销渠道宽度的调整

在考虑分销渠道改进时，常常会涉及增加或减少某些中间商的问题。通过进行直接增量分析，确定增加或减少某些中间商后，企业的利润将如何变化，是否向着有利于企业利益的方向发展。

2. 分销渠道长度的调整

由于某些地区市场情况、消费群体往往正处于迅速变化之中，这就要求分销渠道也要随之进行及时调整。通过借助损益平衡分析与投资收益率分析，调整分销渠道的长度，使商品能够迅速流通到目标群体的手中。

3. 改进渠道系统

在分销渠道调整中，前两种属于微观调整，也可以说是局部调整，而改进系统是属于全面调整，对于生产企业来说是非常困难的变化过程。这类决策往往是由企业的最高层根据企业的发展需要做出的，决策过程非常复杂，未来结果也充满着很多不确定的因素。通过有关的数学模型只能帮助管理人员估计出最佳的决策结果，但是未来怎样谁也无法确定。

[案例链接7.6] 探路者"探路"渠道新布局

上市还不到三个月，探路者被其昔日的搭档成都新星休闲用品有限公司（下称成都新星）告上了法庭，因与该加盟商的合同纠纷而被扣上了"创业板第一被告"的帽子。这起纠纷与探路者上市的光彩夺目也有着千丝万缕的关系。探路者方面称，由于公司上市，个别加盟商误以为自己是公司的投资人，却因未能分到一杯羹而耿耿于怀，并直斥成都新星的行为系"讹诈"。尽管与成都新星的纠纷探路者信心十足，但另一方面，探路者不得不面临的一个问题是，随着募集资金的到位，其在销售网点的新布局也将面临考验。

1. 祸起上市

近日，探路者在四川的代理商成都新星总经理胡师雄公开质疑探路者上市时披露的信息中有虚假陈述，并称将向法院提起诉讼。成都新星很快就将探路者推上了被告席。胡师雄与探路者的纠纷就此曝光。

1月23日，探路者董事会秘书范勇建称，公司21日从北京市昌平区人民法院收到了《民事起诉状》，成都新星请求法院判令解除双方之间的《"探路者"系列产品特许经营合同》，由探路者无条件按照原告进货价格接受现有存货，并要求探路者赔偿其店面装修款40万元。

谈及起诉原因，成都新星总经理胡师雄公开表示，在代理了探路者多年后，探路者有意绕开成都新星，在四川设立分公司，开设直营店并进行价格倾销，削弱其代理资格。本报记者曾数次联系胡师雄，但其电话始终未能接通。

胡师雄表示，2009年1月，成都新星在与探路者签订了新的4年代理合同，并向探路者订购了900万元的冬季货品后，却突然被探路者告知，他们将在成都开办两家直营店。而在签合同和订货前，却并没有收到来自探路者方面的相关信息，正是这两家店的折扣促销造成了他的货物大量积压，损失惨重。

对此，探路者董事长盛发强否认了公司有意削弱其代理资格的做法，并称，实际原因为成都新星因业绩不理想，导致其不再具备加盟商资格，"他之前就提出过要退出了，并不是我们故意针对他。我们和他签订的也是非排他性的合同，实际上我们一直在跟他就开设直营店的问题进行着沟通。"

成都新星曾一度是探路者2008年最大的客户，销售额为1 218万元，占到了当时主营业务收入的5.84%，但去年成都新星的名字已经消失在探路者的前五大客户中。

"近几年，户外用品行业增长迅速，但是个别加盟商跟不上公司发展的步伐，以成都新星为例，2009年探路者业务的汇款业绩较2008年大幅下滑了30%，与绝大多数加盟商40%~50%的增长形成了鲜明对比。"盛发强称，尽管成都新星在探路者的代理商中销售量排列靠前，但对应四川当地丰富的户外旅游资源和市场同业的业绩，成都新星的表现并不尽如人意，而根源则在于"它的多品牌经营和分散投资"。

加盟商北京兴福诚贸易有限公司的成光旭对此表示："一个店要加盟，总公司人力物力要投入很多，最后总不能让你开店以后去卖别的牌子吧。"他表示，签署的加盟合同，除了品牌经营的排他性外，总公司会视加盟店所在市场不同也会有不同的要求。

探路者称，目前，成都新星还拖欠着探路者150万元的货款迟迟不还，公司目前正在积极应诉，也不排除反诉对方的可能。

探路者与成都新星的纠纷一时间变得沸沸扬扬，而在探路者看来，这也正是上市所带来的烦恼之一，"我们有很多加盟商，个别加盟商认为他投了钱，以为是公司的投资人。"公司上市市值大增，但加盟商并未能从中分得过多的利益，直接导致了二者矛盾的激化。

2. 销售渠道新布局

尽管与加盟商的纠纷只有一起，但此次的纠纷让探路者与加盟商微妙的关系再度成为业界关注的焦点。一个不争的事实是，刚刚从资本市场获得融资的探路者正规划着大量增加直营网点的数量。作为服饰行业最为普遍的销售模式，加盟与直营销售的模式亦得到了探路者的青睐。截止到2009年6月30日，公司在全国拥有直营店和加盟店共计430家，其中加盟店382家，直营店48家。而自2005年至2008年，公司全国店铺数量的年复合增长率为52.74%，其中直营店的年复合增长率为39.03%，加盟店的年复合增长率为54.85%。

"公司是把一些市场容量大，户外旅游资源丰富的区域设定为直营区。"盛发强称，公司在全国划分了五个直营区，分别是北京、上海、辽宁、天津及四川，在这五个直营区内，实行的是加盟和直营销售并存的销售模式，而在非直营区，则全部由加盟渠道进行销售。而此次发生纠纷的对象正是位于五个直营区之一的四川。

由于探路者此次上市募集资金的主要投向将是公司营销网络的扩建，公司计划新增店铺79家，而其中48家将是新增的直营店。而新增的直营店都将设在上述五个直营区中，同时，该区域的加盟店却并未有所增加，这样的计划很容易让外界理解为公司有意加强对这些空间大的市场进行控制，这样的做法难免让加盟商变得敏感。

对此，盛发强否认了公司在销售渠道上有战略性的调整，称公司无意通过直营销售来主导对市场的控制。"公司设立销售子公司和直营店是为了能够树立公司服务质量与管理水平的标杆,促进加盟商进步,让公司更进一步接近市场和客户。"盛发强对设立直营店的原因解释道。

根据招股说明书的数据,探路者加盟实现的销售收入占到公司全部销售收入的70%以上,在销售收入构成中,加盟实现的收入占比呈现出了逐年递增的趋势。

探路者也开始尝试与加盟商进行新的合作形式。拟新设的31家加盟商和目前经营相对独立的加盟店不同,这些加盟店将由探路者购买或者租赁店铺并装修后转由加盟商经营管理,新建加盟店销售收入的70%归公司所有,余下的30%归加盟商。

另一种新型的加盟店也在孕育和发展中。这些新建加盟店销售收入的70%归公司所有,余下的30%归加盟商所有。

对此,加盟商北京卓奥友的杨宪忠告诉本报,这些店被称为"目标投放店",探路者总公司在这些店经营管理的各个环节中会起到更加重要的作用,与之相对应,在销售收入的分配上,这些店也少了一些"自主性"。

"这对加盟商来说是件好事,让我们自己经营还不一定有30%的利润率,这样总公司替我们把很多事情都做了。"杨宪忠称。

对于会不会担心因直营店扩张导致自己生意受到影响,杨宪忠表示不存在这个问题,"北京本来就是直营区,直营店和加盟店共同构建了探路者在这里的市场营销网络,而加盟店还是探路者销售收入的主体,目前大约占到总销售收入的80%,这个地位是不会动摇的。"

探路者方面亦表示,虽然公司聘请中国纺织建设规划院对募集资金投资项目进行了详尽的可行性研究,且该类加盟店的数量仅占公司上市时加盟店总数的8.12%,也不会改变公司现有的生产外包、加盟和直营销售相结合的业务模式,但是该31家加盟店运营模式的变化对公司而言仍存在一定经营风险。

案例来自于http://stock.asiafinance.cn/news/2012-03-13/asia0000326426.shtml

四、分销渠道窜货管理

窜货,又被称为冲货、倒货,也就是产品跨越区域销售,它是渠道冲突的一种典型的表现形式。

1. 窜货产生的原因

在我国目前的市场经济中,存在着中间商之间窜货乱价的现象。其根源是,商品流通的方向是从低价区向高价区流动,从销量低的地区向销量高的地区流动。造成窜货的原因具体的还有很多,既有生产企业的原因,也有中间商的原因,但"利"字贯穿了窜货的始终,是窜货的"罪魁祸首"。但是与中间商相比,生产企业管理失控的责任更大一些,具体原因如下:

(1)分销渠道管理制度有漏洞。在制定分销渠道管理制度时,缺少了对于窜货方面的条款,出现问题没有依据。有的生产企业对中间商窜货处理不严,姑息纵容,这样从侧面鼓励中间商私自窜货的行为发生。

（2）分销渠道监管不到位。有些生产企业制定了窜货方面的规章制度，但是在销售过程中不执行相应的规定，对窜货的现象没有引起足够的重视，造成市场混乱，中间商之间冲突不断。

（3）激励政策偏颇。生产企业在制定如年终返利、高额折扣、专项奖等激励政策时忽视了中间商销售行为是否规范，造成有些中间商不顾一切甚至倒贴差价、赔本销售，抢占下一级批发商的市场等方式提高销售量。所以生产企业在制定激励政策时应有前提条件。

2. 治理窜货问题的措施

（1）建立健康稳定的分销网络。生产企业与所有的中间商应明确每个地区总经销的市场范围，将全国划分为几个大区，不同的大区设立不同的总经销商，从分销网络上避免总经销商之间的冲突。总经销一旦确定下来，相对稳定，基本不再变化。强调各级经销商把精力放在本地市场的开发上，不给其他经销商进入本地的漏洞，同时严禁向其他市场侵略。

（2）培养稳健的经营作风。稳健的经营作风就是要求生产企业制定出既激励又可行的销售目标。生产企业应对自己有一个准确的定位，不急功近利、不盲目扩张，可进可守，使中间商对生产企业产生信任、忠诚，为了长期合作，不会因为蝇头小利破坏与其他中间商的关系。给整个分销渠道带来积极的正能量，从而实现对窜货现象的有效控制。

（3）制定完善的销售策略。制定完善的销售策略首先要建立完善的价格策略，分层次对分销渠道进行控制，规定好每一级别的价格，比如出厂价、批发价、代理价、零售价等不同级别的价格。生产企业在与中间商签订契约时，应对窜货问题做出明确的书面说明，授权的范围、期限和违约的处理办法等，对于激励政策的前提也要提前明确说明，在合同中要有详细的标注。这样可以有效地约束中间商的行为，防止出现窜货，扰乱价格等恶性竞争现象的出现。

（4）制定健全的管理体系。再好的制度也需要监督，所以生产企业应设立专门的市场总监岗位，负责市场的巡查工作。市场总监岗位由企业高层担当，经常到各地市场去考察，一旦发现窜货行为，及时处理。同时实行奖励举报制度，对于举报窜货的中间商给予奖励，对于实行窜货的经销商严格处理，绝不姑息。再有实行代码制，每个销售区域的货物编上统一的代码，一旦发现窜货，就可以马上判断出是哪里的货源，生产企业可以迅速地做出反应。

任务三结果测评：

评价依据	评价分值	得分
分销渠道管理方案内容翔实	40分	
方案逻辑性强	40分	
讨论积极、主动、体现团队合作精神、态度认真	20分	
合计	100分	

小结：

分销渠道反映了某种商品价值实现的全过程及从生产企业到达最终消费者手中的通道，是一些组织与个人的组合，他们为了共同的利益构成了伙伴关系。一个合理的分销渠道是以高效通畅、合理利用、游刃有余、协调发展、实现共赢为原则，充分考虑产品、消费者、中间商、竞争对手、企业自身和发展环境对分销渠道的影响，并选择合适的中间商和分销渠道长度宽度，设计出来的分销渠道。同时为了渠道中各成员的共同利益，建立科学有序的制度，合理激励和约束中间商，避免窜货和分销渠道间冲突的发生。

课后作业：

案例分析：广药VS加多宝：最后的渠道决战

怕上火喝王老吉？不，怕上火喝加多宝！这句脍炙人口的广告语已被更新为"加多宝版"。同时，一面印有王老吉，一面印有加多宝的红罐饮料也越来越多地出现在市面上，担负着"更名"的艰巨任务。

相较于加多宝的积极转型，广药显得被动了许多。为赢得最后的战争，广药决定将长期"文斗"升级为最后的"武斗"，以争夺销售渠道为目标的厮杀终于开始了……

1. 不好抢的渠道

7月4日，广药与加多宝斗争升级。广药集团将销售加多宝公司生产带有"王老吉"字样的侵权产品的两家销售商广州新供销商贸有限责任公司和东莞嘉荣超市有限公司告上法庭，并要求"查封侵权王老吉凉茶"，双方进入"武斗"阶段，销售商态度成为成败焦点。

广药认为，"根据中国国际经济贸易仲裁委员会做出的〔2012〕中国贸仲京裁字第0240号裁决书，自2010年5月2日起，鸿道（集团）有限公司无权再行生产、销售或授权生产、销售使用"王老吉"商标的饮料产品。"广药集团代理律师、广州金桥百信律师事务所律师马立俊对《中国经济周刊》介绍。马立俊表示，广药集团对销售侵权王老吉商标的凉茶销售商的起诉将陆续展开。据广药集团出具给《中国经济周刊》的材料显示，目前，郑州、北京、唐山等地的工商部门已开始执法，查封加多宝生产的侵权王老吉凉茶。

"他们两家打官司关我们什么事？如果告我们，我就两种都不卖了。"北京泰达商贸有限责任公司总经理王甫成接受《中国经济周刊》采访时表示不解，"加多宝经营凉茶已经很多年，我们合作很愉快，很多消费者都认它，不管叫王老吉还是叫加多宝，卖得都好。"

7月是凉茶销售的旺季，王甫成储备了很多存货，这些存货都是既印有王老吉又印有加多宝字样的"双面王老吉"。"大概两万多块钱的存货吧，够卖完这个夏天的。"

至于广药出产的王老吉，王甫成还没有见过。"我们这儿做批发，没有人要广药的王老吉，还都要加多宝的货。"王老吉品牌的转移并没像广药想象的那么简单。"消费者还是认'老货'，或者给什么就要什么，加多宝渠道做得广，渗透得深，没有几年工夫，广药做不到。"

王甫成认为，广药的"杀一儆百"只会带来经销商的反感和抵制。"商战不是这么个打法，要讲求竞争优势，不能蛮干，否则只会两败俱伤。"为资金周转或完成年度销售任务，厂家经常会把大批货品压在经销环节。"广药如果得罪了经销商，日后合作起来是非常麻烦的。"

2. 不好去的库存

"广药起诉经销商主要是为围剿加多宝的库存。"中投顾问食品行业研究员梁铭宣对《中国经济周刊》分析说,"就目前形势来看,加多宝与广药的竞争进入到白热化阶段,两家企业一面隔空叫板,互相诋毁;一面各自紧锣密鼓地布局渠道、抢占市场。"

为弥补丢失王老吉品牌的损失,让消费者习惯从王老吉到加多宝的转变,加多宝在广告力度上再三加码"怕上火现在喝加多宝""全国领先的红罐凉茶现在改名加多宝""还是原来的配方,还是熟悉的味道"……

"对广药来说,王老吉品牌的效力还没有发挥出来。而且,加多宝和广药的官司拖了三年之久,加多宝早已做足了准备。比如,推出一面印有王老吉一面印有加多宝的产品来转型,谁都不知道,这个库存量有多少。"王甫成猜测,"量应该很大,至少目前我们的进货全是这种库存产品。"

"加多宝凉茶已经上市了,在一些城市的大超市都能看到。但加多宝不会刻意加速双面凉茶的替换,因为那些都是在仲裁结果前生产的,合法。"加多宝集团企业传讯部一位工作人员在接受《中国经济周刊》采访时表示。

面对"无法预测数量"的库存双面凉茶,广药感受到了身处被动的无奈。

根据加多宝的声明,"接到仲裁书后的第一时间,便停止生产带有'王老吉'标识的凉茶产品,目前市面上流通的带'王老吉'标识的凉茶产品是合规的。""之前加多宝支付给广药的商标使用费截止到2012年5月,广药也一直在收取该商标的使用费。""加多宝在仲裁生效前生产、销售的带有'王老吉'标识的凉茶,是支付了合同对价的,受到法律保护。"声明还强调,"根据国际惯例都会给一段时间,通常是6~12个月来处理库存。"

至于库存的具体数量,加多宝方面拒绝透露。

3. 不好说的未来

6月3日,广药集团推出红罐王老吉,并宣称将在5年内把王老吉凉茶销售额做至300亿元,在2020年将王老吉做大至600亿元。

6月28日,广药集团授权经营红罐王老吉的王老吉大健康产业公司(下称"王老吉大健康")与统一、银鹭、惠尔康和嘉美等全国顶级食品生产企业、原料和包材供应企业签订生产供应战略合作协议。

据王老吉大健康董事长吴长海透露,"目前,已有来自全国各地30多家食品生产包材企业与广药王老吉大健康签约。"

虽然声势浩大,但业内人士却多不看好。"加工企业都很知名,但都没有做凉茶的经验,在品质控制上可以吗?"梁铭宣介绍说,中国饮料行业还没有代工生产成功的先例,尤其是多家合作做产品,在产业链控制上很容易出现漏洞。

但显而易见的现实是,多家抱团合作已经给广药带来了红利。

吴长海曾公开表示,新装红罐王老吉凉茶已在广州和北京上架,广州东山百货、友谊百货、全家便利店、采芝林等上千个超市、士多店和餐饮渠道已有新红罐王老吉的身影。

短短一个月,广药的铺货速度令人咋舌。无疑,"战略合作伙伴"给广药提供了更为丰富的渠道和经销商资源,为广药王老吉的发展提供了重要助推力。

8 000人的销售团队曾让加多宝引以为傲,从年初起,广药王老吉大健康公司成立之时,就曾宣布"特薪急招3 000快消人员",打造"精良部队"。

"(加多宝)好几个优秀的销售人员都被挖走了,听说是去做新王老吉了,挖走的都是有销售经验和成熟资源的销售精英,薪水自然是很诱人的。"王甫成透露。

问题:

根据案例讨论,加多宝和广药集团的渠道纠纷能给我们哪些启示?

案例来源: http: //news.pedaily.cn/201207/20120717330736_2.shtml

项目八 促销策略的选择与实施

学习目标

（1）知识目标。

掌握促销组合的含义、掌握广告宣传、人员推销、营业推广、公共关系的含义及特征；掌握选择促销组合策略时要考虑的因素；理解人员推销的步骤、广告的决策流程、营业推广的管理流程和公共关系的决策流程。

（2）能力目标。

能够根据产品的性质、市场形势、竞争地位等制定合适的促销组合策略。能够为产品制定合适的广告宣传策略；会根据不同的产品进行人员推销；能够为产品设计合适的营业推广策略；会做企业公共关系活动。

（3）素质目标。

本项目要培养学生的分析能力、解决问题的能力、职场中的执行力，以及随机应变的营销意识，为职业生涯打下良好的素质基础。

重点和难点

（1）重点。

本项目中的重点是正确理解促销组合的含义，牢牢把握选择促销组合策略时应该考虑的因素，以及四种促销方式的基本内容、主要形式、运作过程。

（2）难点。

本项目的难点是针对不同的营销目标、产品等，使用不同的促销策略，能够综合运用各种促销方式开展促销活动。

项目八 促销策略的选择与实施

项目名称：促销策略的选择与实施	
项目说明：本项目通过对促销组合的讲授和实训，使学生能够了解到促销的本质，掌握促销组合的内容，了解人员推销、广告宣传、营业推广和公共关系的基本内容和主要形式，能在实际工作和生活中综合运用这几种促销方式开展促销活动	
核心词：促销、促销组合、广告宣传、人员推销、营业推广、公共关系	
任务一　促销组合策略实训 任务二　广告宣传策略实训 任务三　人员推销策略实训 任务四　营业推广策略实训 任务五　公共关系策略实训	实训成果： 促销组合方案、广告宣传方案、现场人员推销过程、营业推广方案、公共关系方案

课前思考：

（1）香港一家经营强力胶水的商店，坐落在一条鲜为人知的街道上，生意很不景气。一天，这家商店的店主在门口贴了一张布告："明天上午九点，在此将用本店出售的强力胶水把一枚价值4 500美元的金币贴在墙上，若有哪位先生、小姐用手把它揭下来，这枚金币就奉送给他（她），本店绝不食言！" 这个消息不胫而走。第二天，人们将这家店铺围得水泄不通，电视台的录像车也来了。店主拿出一瓶强力胶水，高声重复广告中的承诺，接着便在那块从金店定做的金币背面薄薄涂上一层胶水，将它贴到墙上。人们一个接着一个上来试运气，结果金币纹丝不动。这一切都被录像机摄入镜头。这家商店的强力胶水从此销量大增。

（2）有一个盲人乞丐在街边讨饭，旁边有一个牌子，上面写着："我是盲人。"盲人面前的碗里，并没有几个硬币。一位诗人路过，拿起笔为盲人重新写了一块牌子："春天来了，我却看不见它。"结果，路过的人凡是看到这块牌子，没有不动心的，纷纷给钱。

同学们，请你想一想，促销到底有什么作用？

任务一　促销组合策略

任务分配：
同学们对身边的各种促销活动一定不陌生，请大家以小组讨论的方式，把见到过的促销活动列举一下，说说它们都分属于何种促销方式，以及这些促销方式的成功或不足之处。之后，每组同学选择一种产品，根据这个产品的特征、市场竞争状况，写一份促销组合方案。

任务一成果展示：促销组合方案

［案例链接8.1］　欧米茄手表的促销方案

在美国人即将实施"阿波罗登月计划"时，瑞士欧米茄手表公司打听到三位宇航员中有一位戴的是欧米茄手表。厂家认为这是一次绝好的促销机会。欧米茄公司立即派人去美国商谈赞助，但是条件是买断手表指定权，美国宇航署获得了这笔当初没有想到的赞助费，并同意欧米茄为太空人手表，让另两位宇航员也戴上欧米茄手表。在登月的当天，报上刊出了"世界第一只登月手表欧米茄，谨向美国太阳神探月英雄致敬"的整版广告。并说明太空人手表欧米茄在太空严重失重、气压巨大变化、震动剧烈的条件下仍能正常工作。伴随着登月计划的完成，欧米茄手表的销量立即大涨。

知识储备：

一、销售促进及其组合

（一）销售促进

销售促进就是向消费者传播产品信息，创造有利的销售条件，促动发生更多的购买行为的企业产品（劳务）推销过程。

促进销售的过程要运用各种推销方式和方法，我们一般将这些方法分为人员推销和非人员推销两大类,在非人员推销中包括有广告、营业推广和公共关系等多种方式。促销策略就是对这两种方式的选择、组合和应用。销售促进的实质是一种信息沟通的功能。我们从它的被动方面来看,促销可以使消费者知晓产品的存在并使他们认识产品的优良性能;从积极的方面来看,促销活动能够影响购买者的动机,引起消费者的需要。

(二)促销组合

促销组合,就是各种推销方式的组合,也就是有目的、有计划地将人员推销、广告宣传、营业推广和公共关系等四种促销方式配合起来,综合运用。

这四种促销方式所包括的推销方法是很多的,如各种广告、各类人员推销以及橱窗陈列、店内装饰、奖券、抽彩、信函、免费样品等,如何从中加以选择,予以适时、适地和适量地协调与配合认定的各种促销方式,是企业经营管理的一项艰巨工作,也是整体营销的一个重要表现。

人员推销、广告宣传、营业推广以及企业的公共关系,其形式、特点和作用是不同的,但是它们增加产品需求,扩大产品销售的目的是一致的。促销组合必须要与产品、价格、渠道这三大因素配合起来,形成最佳的内部营销结构,去适应外部环境的要求。这样促销组合才能反映整体营销的思想,销售组合本身才能构成一个有意义的有机体。现在被提倡的整合营销传播,实际上已被包含在营销组合及促销组合的思想当中了。

表8-1　　　　　　　　　　　促销组合表

因素	定义	目的	适用对象	实例
广告	通过非人员沟通媒介促进产品销售,广告者出资,提出鉴定意见	使消费者对产品及产品的供应者有所认识,刺激其购买的欲望	各类消费品及部分农业生产资料	广播、报纸、电视、杂志和互联网等广告形式
人员推销	以面对面口头交谈的方式,直接促成与潜在买主的成交	提供产品及其技术和使用说明,并对质量和服务做出保证	工业品、农机产品以及高价消费品	拖拉机的销售,各类企业的原材料采购及批量经销等
营业推广	在营业地直接刺激消费者需求的努力方式	在交易现场向买方提供直接的鼓励	适用于个别特殊品之外的各种产品以及滞销品等	奖品、竞赛、展销会及红利等
公共关系	以多种活动方式树立企业的良好形象	使消费者产生好感并确立一个明确的形象	所有组织、产品及服务	设台戏、赞助体育活动、招待会等增强理解与忠诚

二、影响促销组合的因素

企业在进行促销活动时,应该综合考虑两个方面的内容:一方面是促销组合与整体营销的关系;另一方面就是要分析目标市场的环境、消费者的数量、类型及要求、不同商品的性质和市场寿命周期等。只有对这两个方面的内容做出充分的分析,企业对促销方法的运用才会具有针对性。

(一)产品的不同寿命周期阶段

产品寿命周期的不同阶段,市场的境况不同,企业的促销目标不同,所以促销手段的配合结构也有所不同。

（1）产品进入市场之前。产品在即将进入市场的时候，如果能够利用某一方面的宣传，把这一产品信息传播出去，往往会起到先声夺人的作用，消费者知道将有新产品问世，并留有记忆，就为产品上市奠定了基础。这一时期运用广告和宣传形式是较为合适的。

（2）产品的市场导入期与成长期。产品处于市场生命周期的这两个阶段，销售促进的主要形式都是广告，人员推销只起配合作用。但是广告在产品导入期的宣传重点是广泛的介绍，在成长期的重点则是树立厂牌，突出特色，引起消费者的偏爱，广告的目标与内容是不同的。至于人员推销，在导入期它主要是劝说经销商经销产品，在成长期去努力扩充销售渠道，创造需求，增进市场占有率。

（3）产品的市场成熟期。这一阶段，竞争达到高潮，促销的目的是努力巩固产品的市场地位。这时候的消费品促销手段仍以广告为主，同时辅助以营业推广，工业品则更多地运用人员推销，并发动公共关系予以协助，扩大企业和产品的声誉，争取在竞争中取胜。

（4）产品的市场衰退期。企业在产品的这一阶段，一般多采用营业推广的形式，进行有奖销售、抽彩、赠送销售以及大批量产品展销等。这时候的广告，只能寄希望于忠实的顾客，提示他们继续购买，不要忘了老产品。

小贴士：产品生命周期各个阶段的促销组合

产品生命周期	促销重点目标	促销主要方式
导入期	认识了解产品	各种广告
成长期	提高产品的知名度	改变广告形式和内容，人员推销
成熟期	增进兴趣与偏爱	开展公共关系
衰退期	消除不满、促进信任	营业推广为主

（二）企业情况

企业的规模与资金状况不同，应该运用不同的促销组合。一般小型企业生产规模小，而且资金力量弱，支付大量的广告费用比较困难，这样就应该以人员推销为主。而大型的企业，生产规模大，产品数量多，资金雄厚，有能力负担大量的广告费用，向广泛的消费者施加影响，所以就应以广告促销为主，人员推销为辅。

（三）市场性质

从不同的角度看市场，市场会呈现出不同的特点，市场的特点不同应采用不同的促销组合。从产品的不同性质看市场，实际上前面已经谈过，这时不再多说。下面只就市场的顾客数量及市场的集中程度来看促销的不同组合形式。产品的目标市场集中或不同类型的潜在顾客数量不多，应以使用人员推销为主。这样人员推销的作用会得到充分发挥，而且能够把一些广告费用节省下来。如果销售市场的范围广阔，分散于全国各地，或不同类型的潜在顾客数量很多，就应以广告宣传为主，大量采用人员推销是不现实的，它无法适应广泛的市场要求。

（四）产品性质

不同性质的产品，消费者购买要求和使用特点不同，需要采取不同的促销组合。我们一般按着产品的不同性质把产品划分成工业品和消费品两大类。消费品与工业品比较，消费品更多地使用广告，工业品则更多地使用人员推销。至少营业推广和公共关系，无论是消费品还是工业品，都属于次要的促销形式，但这两种形式几乎可以被工商企业随时采用。

消费品的购买者众多而广泛，购买频繁，技术也比较简单，因而就需要运用广告经常向消费者介绍和提醒，必要的时候派出推销员劝说中间商进行经销。工业品的特点是技术性强，行业差别大，购买者较少，所以企业推销工业性产品，主要使用人员推销，即使是制作广告也只是起让用户知道的作用。

当然上述情况也不尽如此，拿消费品来看，产品处在销售渠道的不同阶段，促销组合就可能有不同的形式。当产品在生产者和批发商手里的时候，几乎就是广告与人员推销的组合。当产品在零售商手里的时候，广告与营业推广便成了主要的促销组合形式。我们再结合产品的不同档次和价格来看，无论是消费品还是工业品，对广告和人员推销这两大类促销手段的运用均有差异，如价值很高、技术性较为复杂的产品，人员推销就处在主要的地位上。

三、促销组合策略

（一）推出与拉入的策略

"推"和"拉"，是促销活动中两个很著名的策略。

（1）推的策略。推的策略是强调顺着配销路线垂直向下推销，力的方向是由上至下，也就是生产企业把产品销售给各个经销商，经销商再依次将产品销售给零售商，然后零售商再将产品出售给最终消费者。

（2）拉的策略。拉的策略正相反，企业的促销力量是集中在使用者或消费者的身上，力的方向是由下而上，先是由生产者激起顾客们对产品的需要，顾客便向市场询购此产品，然后零售商转向经销商（批发者）询问，最后造成经销商向厂家订货。

一般，推的策略指使用人员推销以及产品说明书和赠送样品等促销手段，而拉的策略则比较复杂，它不仅要大做广告，而且要常常运用人员推销以及其他推广手段等。

需要指出，拉的策略要花费很高的费用，企业之所以愿意采用这一策略，通常是出于下述一些理由：生产者广泛销售，获得尽可能高的市场占有率；影响面大，制造声势；经销商反应冷淡，不愿意经销厂方产品，不得不由下而上，对其施加压力。另外，企业运用这一策略的时候，还必须要对促销对象进行研究，有时候不一定就把促销力量集中在消费者身上，而是要集中在用户身上。比如，生产建筑材料的厂家要推销新的建筑材料，它的促销对象选择建筑公司是最合适的，如果把促销力量集中于用户就很不明智。"拉"的结果是产品被买走；"推"的结果是产品被卖出。

（3）推、拉结合。实际上，推和拉这两种策略同时使用是最理想的，在很多情况下合并采用这两种策略，推销速度会更快，效果会更好。不过混合使用并不等于平均分配企业的时间和精力，而是要有主有次，有效分配。达到的效果应该是这样，既能引起中间商经销产品的兴趣，又能使消费者或使用者进行实际购买。

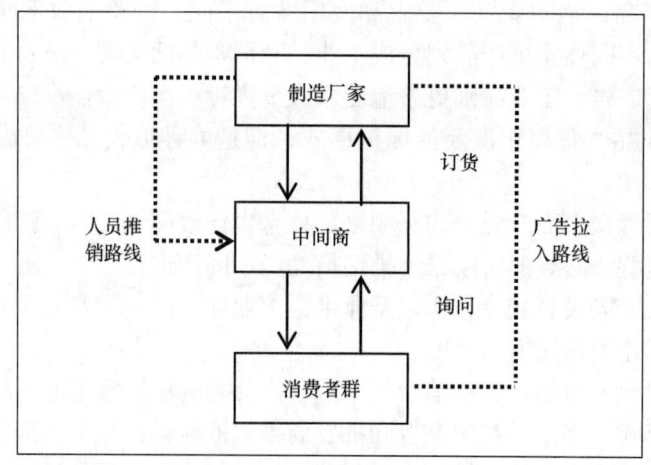

图8-1 推出、拉入路线图

（二）合并促销策略

合并促销源于"合并营销"的概念，即"PooledMarketing"，最早是在美国由食品的联合广告及推销活动所促成，合并营销能够达到事半功倍的效果。

（1）合并促销策略。在合并营销的概念下，相关的产品可以进行合并广告。例如西装料、领带、衬衫可以合并做成一个广告。在产品的陈列、展销及柜台摆设上，产品可以配套或搭配，如专门用于洗衣机的洗衣粉与洗衣机相配。实际上合并促销的突出意义在于发挥广告的效果，就上面的西装料、领带与衬衫来说，在广告文稿上强调采用××西装料、佩戴××牌领带，身着××牌衬衫，不但可以教育消费者、指导消费者，使消费者产生联想，而且在颜色、式样、流行上均可以相互照应，创造流行。三种产品做同一幅广告，可以达到相互推销的目的。更重要的是，广告费用由三家分摊，便会大大降低广告费用。

（2）合并促销目的。合并促销的目的是集合各种品牌来增强推销能力。联合数家名牌共同推销，推销就容易得多，而且彼此之间也可以获得额外的好处。假如某电视机初上市场，如果电视机的零件都是名牌的话，那么合并广告便可以在很短的时间内建立起该电视机的市场地位。另外，从消费者的角度来看，在广告过分充斥市场的情况下，以消费者有限的记忆力，联合两种以上的名牌所产生的记忆效果，较一种牌子更能令人回忆。可见，合并促销能使每种品牌相得益彰，充分利用有限的推销预算，达到推广产品的最佳效果。从今后的发展趋势来看，合并促销将是解决推销费用偏高的方法之一。

［案例链接8.2］ 美国储蓄机构聘请专业营销公司促销

美国储蓄机构为了推出其房产保证贷款，起初采用了传统的市场促销方式——直接让公众知道其存在。在6个月内，该机构花费几千美元做广告，但仅仅增加了25个贷款账户，每增加一个房产贷款至少开销280美元。后来，它改变了促销战术，聘请了一个专业的营销公司来制定并运作其新的营销战略。它们将促销目标调整为具有更多服务功能，给消费者以选择的机会，或选择无最高限额的、浮动利率的房产保证贷款。或选择固定利率的定期房产保证贷款，营销公司对每一种金融产品的税收还备有详细的资料，并采取了直接邮购或电话营销的方式促销。仅仅3个月，该机构就获得了近400个贷款账户，平均每个账户贷款额达2.6万美元。尽管这样使营销预算增加了许多，但由于贷款账户增加得更多，使每一个账户平均成本降低了一半。

从这个案例我们可以看出，在市场营销中，并不是每一个促销策略都是放之四海而皆准的真理，这就需要企业根据不同的顾客偏好来进行细分，为不同的顾客群体制定不同的促销策略，这样才能发挥促销策略的组合作用。

任务一结果测评：

评价依据	评价分值	得分
对产品性质、竞争情况分析深入、促销组合方案制定合理、花费少、效果好、可实施性强、小组讨论热烈、态度认真	90~100分	
对产品性质、竞争情况的分析比较深入、有自己的思想、促销组合方案制定较为合理、效果好	70~90分	
能够提交产品的促销组合方案，但方案中对产品的分析不够深入，因此方案效果一般	60~70分	
未能提交促销组合方案、态度不认真	60分以下	

任务二：广告宣传策略实训

任务分配：分小组进行本任务内容，请每组成员为某一产品做一则广告，看看哪组的广告最有创意，最能打动其他人，进而购买你的产品。广告形式、广告媒体和广告内容等可自行选择。以小组为单位提交广告宣传方案，并派出代表阐述广告宣传方案

任务二成果展示：广告宣传方案、广告宣传展示

[案例链接8.3] 奥格威的哈沙威衬衫

在美国的广告史上，从没有一个产品像哈沙威那样，花那么少的代价创造了全美知名的品牌。哈沙威是一家默默无名的小公司，每年的广告预算只有三万美元，与当时箭牌衬衫每年200万美元的广告费相较之下，真是少得可怜。哈沙威的老板杰得找到了奥格威——被美国《广告时代》杂志评为"以创意之王屹立于广告世界中"的广告泰斗。他们在洽谈广告代理时，奥格威不在乎广告预算太少，他在乎的是：必须把广告全权委托，不得更改企划案，连一个字都不得更改。杰得一口答应。

接下哈沙威衬衫的广告代理后，奥格威内心盘算着：

——面对箭牌衬衫每年200万美元的庞大广告费，哈沙威要打出知名度，非出奇制胜不可。

——哈沙威的广告活动，必须是一个伟大的创意，否则必败无疑。

——为了提高哈沙威的知名度，必须先建立它的品牌印象。

根据调查证实，消费大众都是先看广告图案（相片），再看标题，最后才读文案。此种图案——标题——文案的架构常令消费者无法抗拒，不过，"故事"的内容必须充实，而且图案（相片）必须能引起大众的好奇，才能吸引他们接着一路看下去。

不久，一个戴着黑眼罩的中年男士，穿着哈沙威衬衫出现在美国的报纸与杂志广告上。在短短几个月内，那位戴眼罩的绅士表现出英勇的男子气概，风靡了全美国。当然，哈沙威衬衫跟着水涨船高，达到家喻户晓的程度。

本案例摘自http：//wenda.so.com/q/1362360804062729?src=140

知识储备：

广告是促销组合的重要因素之一。随着商品经济的迅速发展，市场竞争的日趋激烈以及传播手段的飞速进步，生产者和经营者越来越需要借助广告来进行产品宣传。随着产品的日益丰富，买方市场的形成，消费者对广告的依赖程度越来越大，他们需要通过广告来了解市场产品的有关信息，以便在众多的产品中选择适合自己需要的产品。

广告的范围非常广泛。广义的广告包括经济广告和非经济广告两大类。非经济广告是指为了传递某种思想观念或达到某种宣传目的的广告，它不以营利为目的，一般不需要付费，例如各种公益广告等。但目前许多企业借助公益广告的形式来树立企业的良好形象，达到促销的目的，公益广告便成了营利性广告。本节的主要内容是从市场营销的角度来分析经济广告。

一、广告的概念和功能

（一）广告的概念

经济广告，又称为商业广告，是指各类企业、组织有计划地借助各种媒体传导方式，向消费者传播商品或服务信息的付费促销方式。由此可以看出，广告是由广告主、广告信息、广告媒体和广告费用四个要素构成的。

广告主体：广告的主体，是将信息传递给大众的当事人，包括各类企业、组织或个人。

广告信息：广告的主要内容，包括产品的性能、质量、功效、价格、品牌等服务信息。

广告媒体：传播广告信息的中介物，即广告主与广告对象之间的信息媒介，广告媒体的种类较多，四大传统媒体包括电视、广播、报纸、杂志。近年来，随着高新科技的发展，网络媒体已成为一种新兴的重要的现代媒体。

广告费：广告活动的费用，利用任何一种广告媒体都需要给媒体部门支付费用。

广告的上述四要素缺一不可，否则就不能构成一则现代的经济广告。

（二）广告的特点

1. 情报性

情报是关于企业、产品或服务等多种信息的统称，是广告的主要内容。商业广告的基本功能是通过信息传递沟通产需，因此广告就是信息、情报。

2. 渗透性

广告是一种覆盖面广、渗透力强的促销方式,但广告信息的传播是一个动态过程,侧重于长期沟通。由此,尽管一些广告的反馈和收效比较快,能起到立竿见影的促销效果,但更多的广告效益是隐性的,它以一种潜在的形式留在广告受众的记忆里,长期积累形成沉淀意识,久而久之树立企业和产品形象,影响消费者的购买意愿,达到促销的目的。

3. 表现性

广告的表现手法多种多样,它可以把感情、兴趣、知识、信息等感性因素和理性因素结合起来融为一体,更富有表现力和说服力。

(三)广告的功能

1. 传递信息,沟通产需

广告的基本任务是通过各种媒体向公众广为传播产品或服务的有关信息,沟通产需,这是广告最基本的功能。现代产品的销售过程是信息流和物流的高度统一的过程,如果没有有效的信息沟通,买卖双方相互隔阂,产品就难以实现销售。而广告能够把产品、劳务等信息传递给可能的顾客,迅速、有效地沟通产需,缩短产需之间的距离,加速产品的流转。

2. 刺激需求,促进销售

广告通过各种传播媒体向顾客广泛的介绍产品信息,能吸引消费者的注意力,使其对产品产生兴趣,甚至是偏爱,激发其购买欲望,从而刺激需求,扩大购买。

[案例链接8.4] 激发顾客的需求

美国有一则不用启瓶器就能开酒瓶的啤酒的电视广告,广告片中有一位衣衫褴褛、相貌平平、年龄在50岁左右的男士,用手毫不费力地打开了啤酒瓶盖,面向观众说道:"今后不必再用牙齿了!"然后嘿嘿一笑,观众发现他少了两颗门牙。这则广告引起了人们很大的兴趣,凡看过广告的人无不拍手称绝。正是因为广告的创意,利用形象表现了自动启瓶的方便和人工启瓶的麻烦,使这一对比更强烈,更能打动人。

3. 介绍知识,指导消费

随着现代科技的迅猛发展,新产品层出不穷。消费者要及时、方便、准确地购买适合自己需要的商品,常常以各类广告为导向。通过广告宣传,可以使消费者了解企业和产品知识,引导其正确及时地进行选购。

4. 提高信誉,争创名牌

传统营销观念认为"酒香不怕巷子深",只注重产品的内在质量而不注重广告宣传。现代营销观念则认为"货好尚需巧吆喝",既注重产品,同时也注重产品的宣传,介绍它的优点,使消费者对某个企业或品牌熟悉和认可,提高产品信誉,树立企业形象。因此,好的广告是企业争创名牌的一种手段,并能为推销人员开展工作扫除障碍。

[案例链接8.5] 可口可乐的广告宣传

可口可乐，1886年在美国亚特兰大市诞生，自此便与社会发展相互交融。这些依次展开的历史时刻精彩纷呈，成就了这个全球品牌的百年传奇。可口可乐不仅是全球销量排名第一的汽水饮料，而且也是全球最著名的软饮料品牌，在全球拥有高至48%的市场占有率。从1925年至2016年，可口可乐几年就会更换一次广告语。这样的广告宣传增加了消费者对可口可乐品牌的认同，增加了可口可乐的购买率和持续购买性，扩大了可口可乐的市场占有率。

5. 美化人民生活，促进社会精神文明建设

一则思想性和艺术性强的好广告，可以使人得到美的享受，陶冶人们的情操，提高人们的思想修养，从而起到美化人民生活，促进社会主义精神文明建设的作用。

二、广告制作的基本原则

广告的制作和传播，必须遵循以下基本原则。

1. 真实性原则

广告的生命在于真实。广告必须坚持实事求是和对顾客高度负责的态度，真实地介绍有关产品的质量、性能和特点，向顾客提出的承诺必须坚决兑现。切忌弄虚作假，夸张伪造和欺骗。这样才能取信于民，增强广告的劝说效果，发挥广告的积极作用。

2. 思想性原则

广告不仅是推销产品的工具，同时也是传播意识形态的工具。广告的信息内容和表现形式等各方面都必须遵循党和国家的路线、方针和政策，遵守法律，符合中国国情和民族风格，反映社会主义精神文明，鼓舞人们奋发向上。严禁出现带有中国国旗、国徽、国歌标志、国歌音响的广告内容和形式，杜绝损害我国民族尊严的，甚至有反动、迷信、淫秽、荒诞内容的广告。

3. 科学性原则

所谓科学性原则，就是要使广告的内容和表现形式符合人们的认识程序和适应人们接受广告的心理过程。这样不仅能使顾客乐于接受，而且能够准确无误地理解广告所传播信息的本意。

4. 艺术性原则

真实性、思想性、科学性和艺术性是广告的基本属性。广告的艺术性能够使真实性、思想性和科学性得以充分的体现。广告必须在主题健康、内容真实的基础上，努力提高艺术性。在广告制作中，刻意研究广告艺术和广告心理学，通过文学、美术、摄影、录像、音乐、表演等多种艺术形式迎合顾客心理，创造出独具一格，艺术形象鲜明的广告，以其强烈的艺术性加强广告说服力和感染力，提高广告效益。

5. 感召性原则

广告是否具有感召力，最关键的因素是诉求主题。广告的重要原则之一，就是广告的诉求点必须与产品的优势、与目标顾客购买产品的关注点一致。不难想象，产品有很多属性，有的是实体方面的（如性能、形状、成分、构造等），也有的是精神感受方面的（如豪华、朴素、时髦、典雅等），但目标顾客对产品各种属性的重视程度却是不尽一致的。这就要求企业在从事广告宣传时，应突出宣传目标顾客最重视的产品属性或购买该种产品的主要关注点，否则，就难以激发顾客的购买欲望。

6. 简明性原则

广告的受众对象是广大消费者及社会公众，而消费者及社会公众的时间是非常宝贵的，在较短的时间内接受的信息是十分有限的。广告不应给消费者带来太大的视觉与听觉上的辨识压力。简短、清晰明了地点明品牌个性是品牌广告设计的客观要求。如，宝洁公司的海飞丝宣传的是"头屑去无踪，秀发更出众"，飘柔则是"头发更飘、更柔"，潘婷"拥有健康，当然亮泽"。显然，注重了简明的广告，接受者能够在较短的时间理解广告主的传播意图，了解品牌个性，有利于提高广告传播效果。

小贴士：评价广告表现的"SCORE"原则

广告主题包含的五个"点"相对应，好的广告表现应遵循五大原则。因为代表这五大原则的英文单词的第一个字母合起来正好组成英文单词"SCORE"，所以我们称其为评价广告表现的"SCORE"原则，其中：

S代表Simplicity，即简洁。越是简洁的广告，越能给人留下深刻的印象。广告表现形式力求简洁的出发点就是为了突出广告主题的记忆点。

C代表Credibility，即可信度。广告必须讲真话，不能随意夸大事实。要增加广告表现的可信度，就必须要求广告表现形式围绕广告主题的支持点展开诉求。

O代表Originality，即创新。无论是广告理念还是表现手法，必须给人以新的感受。广告表现的创新性要求主要是为了建立广告主题的区隔点。

R代表Relevance，即切题。所切之题，在于介绍商品，以发挥其广告功能。广告表现形式可以不拘一格，但必须遵循"形散而神聚"的原则，也就是必须围绕商品的核心部分即利益点来进行。

E代表Empathy，即共鸣。需使听众对商品广告产生认同和好感。广告表现功能实现的关键在于能否与目标消费群实现有效沟通，在目标受众心中引起共鸣。

还需说明的是，互联网广告尤其是旗帜型网络广告更应注意简明性。广告内容的句子要简短，尽可能采用目标受众熟悉的习语，直截了当，避免长句，也不宜过于文绉绉等。

三、广告媒体的选择

广告必须通过一定的媒体传播出去，媒体的质量影响着广告的成败。广告媒体的选择，是广告策略的重要内容。选择广告媒体的目的在于利用最佳手段输出信息，达到尽可能大覆盖面的宣传效果。

（一）广告媒体的种类

不同的广告媒体各具特点，各有利弊。

（1）报纸。报纸是传递信息的最重要工具，是广告运用最多的媒体形式之一。其优点是：读者面广、稳定、宣传覆盖面大、信息传播快、时效性强，尤其是日报，当天即可知道，空间余地大、信息量丰富、便于查找、收费较低。其缺点是：保留时间短、生命力短、形象表现手段不佳、感染力差、制作简单粗糙。

（2）杂志。杂志专业性较强，目标读者较集中，是刊登各种专业产品广告的良好媒体。其优点是：读者对象明确、集中，针对性强，广告效果好；保留时间长，信息利用充分；读者文化程度高，有专业知识，易接受新事物。更适合新产品和相应专业产品的广告；版面整齐，制作精良，配上彩页，能较好地表现产品外观形象。其缺点是：发行范围不广，广告覆盖面小；周期长，不利于快速传播。

（3）广播。广播是听觉媒体，在我国现阶段也是一种广为利用的主要媒体。其优点是：传收同步，听众易收到最快最新的信息，且不受交通条件和距离远近的限制；传播空间广泛，适应性强，无论何时何地，无论男女老幼和是否识字，只要有听觉能力，都可接受；每天重播率高，传播信息方式灵活多样，可以用音乐、对话、戏剧小品、相声等多种形式加强广告效果；广告制作费用低。其缺点是：只有信息的听觉刺激，没有视觉刺激；信息消失快，给人印象不深；难以保存无法查找；听众分散，选择性差。

（4）电视。电视是重要的现代化媒体。它通过视觉形象和听觉的结合，综合运用各种艺术手法，融声音、图像、色彩、运动于一体，直观形象地传递商品信息，具有丰富的表现力和强烈的感染力。其优点为：表现力丰富，形声兼备，感染力极强，给人以强烈的刺激；播放及时，覆盖面广，收视率高；可以重复播放，加深印象。其缺点是：制作成本高，播放收费高；信息消失快，目标观众无法选择。

（5）户外广告。主要包括路牌广告、灯箱广告、交通车身广告、车辆广告、机场、车站码头广告、招贴广告、传单广告等。其优点是：传播主题鲜明、形象突出；不受时间限制，比较灵活；展露重复性较强，成本较低。其缺点为：不能选择对象，传播内容受一定的限制，创造力受到局限。

（6）售点广告。指售货点及购物场所的广告。例如，柜台广告、货架陈列广告、模特广告、门面装饰等。

（7）其他媒体。主要包括：邮寄广告、赞助广告、体育广告、包装广告等。这些媒体也各有特点和利弊。如邮寄媒体传播对象明确，传播效果明显，信息反馈快，形式灵活，费用低廉。

（二）选择广告媒体要考虑的因素

要使广告达到一定的促销效果，则必须注意广告媒体的覆盖面、接触频率及作用强度等。广告媒体种类繁多，并且各具特点和利弊，企业在选择广告媒体时应考虑以下因素：

（1）企业对传播信息的需求。企业对信息的传播次数、效果及到达目标顾客的最低时间限度要求不同，就要根据各种媒体的特点，选择不同的广告媒体。如要求传播次数多，立即传送到目标顾客时，可选择广播或电视媒体。

（2）产品特性。产品的性质、特点等不同，要选择不同的广告媒体。比如，产品为高档消费品，如高档家具、电器和高级时装等，需选用较高读者层的媒体，或在较高层次的电视节目间插播；如果产品属于中、低档消费品，就应选择以大众为对象的读物做媒体。再如，服装、化妆品、食品等最好选用彩印或电视广告，以突出色彩，形象生动。新产品、高新技术产品可利用邮寄广告，以便详细说明之，并有目的地选择目标顾客。

（3）目标顾客特点。顾客的年龄、性别、文化程度、经济收入和社会地位等不同，接触媒体的习惯也不同，企业应选择能顺利传播到目标市场的媒体。如化妆品、妇女儿童用品，在妇女杂志或电视上做广告，效果会好些。

（4）媒体特征。媒体的传播范围、效果、选择性和声誉是各不相同的。因此，必须根据媒体特征来选择。媒体的传播范围应与产品销售范围相一致，在全国销售的产品，适宜在全国性报纸、杂志中央电视台做广告；在地区销售可选用地方报刊、广播、电视为广告媒体；目标顾客数量较少，可采用选择性强的邮寄媒体。媒体本身的效果和声誉对广告效果有直接影响。因此，应当注意选用效果好、声誉高和影响力大的媒体。

（5）媒体的成本和支付能力。不同媒体的成本是不一样的，在选用时应该考虑企业广告费用支付能力，分析费用与广告效果之间的关系，选用成本低、效果好的媒体。

总之，要根据广告目标的要求，结合各广告媒体的优缺点，综合考虑上述各个影响因素，尽可能选择使用效果好、费用低的广告媒体。

任务二结果测评：

评价依据	评价分值	得分
对产品、市场等内容分析深入、广告媒体与广告内容选择得当、可实施性强、广告效果好	90~100分	
对产品、市场等内容分析深入、广告媒体与广告内容选择得当，存在着可实施性差或花费过高等问题	70~90分	
能够提交产品的广告宣传方案，但方案中对产品的分析不够深入，因此方案效果一般	60~70分	
未能提交广告宣传方案、态度不认真	60分以下	

任务三　人员推销策略实训

任务分配：分组进行。每组成员选择一种产品，进行模拟推销表演，不同的成员可以赋予不同的角色，由老师和其余小组成员赋分

任务三成果展示：模拟推销过程

[案例链接8.6] 亚力森的推销术

亚力森是美国西区电脑公司的著名推销员，他花很大的劲，才卖了两台发动机给一家大工厂的工程师。他决心要卖给他几百台发动机，因此几天后他又去找他。没想到那位工程师说："亚力森，你们公司的发动机太不理想，虽然我要几百台，但我不打算要你们的。"亚力森大吃一惊，问："为什么？""你们的发动机太热了，热得我们手都不能放上去。"亚力森知道，跟他争辩是不会有好处的，急忙采用另一种策略。他说："史密斯先生，我想你说的是对的，发动机太热了，谁都不愿意再买，你要的发动机的热度，不应超过有关标准，是吗？""是的。"亚力森得到了第一个"是"。"电器制造工会规定

是：设计适当的发动机可以比室内温度高出华氏七十二度，是吗？""是的。"亚力森又得了第二个"是"，"那你们厂房有多热呢？""大约华氏七十三度。""这么说来，七十二度加七十三度，想必一定很烫手，是吗？"亚力森得到了第三个"是"。紧接着提议说："那么，不把手放在发动机上行吗？""嗯，我想你说得不错。"工程师赞赏地笑起来，他马上把秘书叫来，为下一个月开了一张价值三万五千美元的订单。这个使对方"是、是、是"的办法，是亚力森从许多次失败中得出来的经验教训。亚力森后来对他的同行说："尽量先从别人的观点开始讨论，然后再逐步把它引向我的目标。"

知识储备：

在市场经济条件下，企业不仅要生产出符合消费者需求的产品，同时还要做好推销工作，以实现满足消费者需求，实现企业利润及服务于社会的目标。

一、推销概述

现代推销不是强制推销，而是为满足消费者需求而展开的一种营销活动。

（一）推销及其任务

推销是营销组合中的人员推销。人员推销是销售人员以谈判方式向顾客作口头说明，以达到销售的目的，从而满足顾客的愿望，并实现企业市场营销目标的一种直接销售方法。

（1）推销的任务。推销人员所要执行的任务有以下五个方面：

1）收集情报。调查的情报有：①顾客对产品设计以及对产品主要评价条件（如规格式样、颜色、抗拉强度、节能标准等）的要求。②竞争者的产品品质、特点及功能。③竞争者各项市场营销战略与战术的变化情况。④顾客的抱怨资料及对产品的使用情况。⑤顾客对价格的意见以及愿付价格与产品成本的关系。⑥同类产品市场及目标市场的变化情况。

2）推销。推销员的中心任务就是推销产品，推销的成败完全依赖于推销员的推销技巧与商品条件。推销员接触顾客是反映技巧与能力的主要推销形式，从某种意义上来说，介绍或推荐自己的产品或服务是一种被动的行为，能够引起顾客的注意和兴趣，促进顾客的购买欲望和得到顾客对企业的信任则是一种主动行为的结果。一个优秀的推销员还应该是一名能够妥善处理各种顾客意见的能手，这不仅是顺利洽谈交易的必要条件，而且也是消除种种顾虑与误解，增进顾客购买信心的重要保证。

3）传递信息。推销人员在推销产品的过程中，不仅要收集自己所需的各种情报，也要向顾客传递有关的产品服务以及企业发展的信息。因为，有的时候顾客是因为产品而购买产品，有的时候是因为服务而购买产品，还有的时候是因为企业的生产条件和声望而购买产品。

4）服务。销售服务是商品生产发展的必然结果，所以，推销人员须向顾客提供各种服务。提供服务的目的必须要明确，不能为了服务而服务，要真正是为了顾客而服务，只有这样服务才能给顾客和企业双方带来现实和长远的利益。推销人员需要向顾客提供各种咨询，保证技术协助，通融资金，按时交货和受理退货，"卖了就走"的想法是错误的。

5）发展业务关系。长期依赖老路线和老客户推销自己的产品并不是一名好的推销员，了解并巩固现有的顾客很重要，而善于发掘和培养新的顾客就更重要，不开拓可能的顾客，企业就没有发展。

（2）人员推销的优点。

1）作业弹性大。推销人员与顾客保持直接联系，可以根据各类顾客的欲望、需求、动机和行为，采取必要的协调行动，并根据顾客对某种推广方法的反应，做必要的调整，对顾客提出的相反意见或质疑，也可及时进行讨论或答复。

2）具有针对性，减少浪费。人员推销事先可对未来的顾客做一番研究，以便实际推销时容易获得成功，而看到或听到广告的人，并非是想购买该产品的顾客，因此，和广告推销相比，人员推销可减少不必要的浪费。

3）促成即时购买。广告虽可引起注意或激发欲望，但无法使顾客立即采取购买行为。

4）促进买卖双方从纯粹买卖关系，发展到建立深厚的友谊。推销人员能经常想到顾客的长期利益，友好的关系就能得到巩固和发展。

5）多功能作用。推销人员除了推广工作以外，还可同时兼做服务、收集情报、市场调查研究等工作。

（3）人员推销最主要的缺点。人员推销最主要的缺点是：当市场广阔而又分散时，推销成本较高，人员过多也难以管理，同时，理想的推销人员并非易得。因此，许多企业除了致力于推销人员的挑选与训练，加强人员推销外，也致力于利用其他促销方式。

（二）推销人员应了解什么

推销员要与顾客进行换位思考，转换心智模式，了解顾客、了解产品、了解竞争者和了解自己的公司。

（1）了解顾客。了解可能顾客的背景与动机，往往可以使推销人员明确所要采取的方式以及能够推销哪种产品，并会及时地随着对方的动向而调整推销方式和方针。

（2）了解顾客购买什么。推销人员的最高境界应立足于满足对方的需要，而不是单纯的推销产品。

表8-2　　　　　　　　　　　　人们购买什么

具体产品	产品能满足顾客的需求
缝纫机	用廉价的材料，做称心的服装
计算机	工作效率高，簿记绝对可靠
家具	舒适、整洁和节省空间
化妆品	使皮肤柔嫩、光洁
洗衣机	节省时间与劳动力
电动剃须刀	简便省时

（3）了解自己的公司。推销人员了解自己的公司，就不会被一些无法回答的问题所困扰。

1）内容。公司的成长历史、资产规模、财务状况、制造技术与设备、销售情况、广告政策、营销计划、顾客关系、销售方式、人事制度、产品项目等。

2）作用。推销人员掌握上述资料，可以有备无患。当对方提出有关问题时，推销者应立即做出回答。对方没有对这些问题提出要求时，就不要讲得太多。

注意，如果在提问所涉及的业务信誉确实欠佳时，像不准时交货、技术较差等，你应坦率承认，但需马上告诉他有关改善的情况，并列举一些优点。

（4）了解产品。推销人员对对方的注意力不够或是缺乏对产品的了解，会导致失去合同。

1）内容。了解产品，不仅要知道产品是个什么东西，什么样的价格和成本，而且要知道产品有什么功用。不充分了解产品，就不能准确地将满足对方需要的功能介绍给对方。

2）作用。推销人员在可能的顾客面前，以顾客满意的方式当场示范使用产品的方法是非常重要的。产品是诱发顾客的欲望与动机，进而满足顾客，并使可能潜在顾客成为真正顾客的工具与依托。

（5）了解竞争者。要知道竞争者的产品、管理、设备、价格及成本等情况。

注意，在推销中千万不要侮辱和贬低竞争者及其产品。解决竞争问题的原则是"他们不错，但我们的更好，更适合你的需要"。

[案例链接8.7] 老式时钟

一天晚上，一对夫妻在浏览杂志时，看到一幅广告中当作背景的老式时钟，把气氛衬托得十分优雅。妻子说道："这座钟是不是你见过最漂亮的一个？把它放在我们的过道或客厅当中，看起来一定不错吧？"丈夫回答："的确不错！我也正想找个类似的钟挂在家里，不知道多少钱？广告上没有标明价格。"研究之后，他们决定要在古董店中找寻那座钟，并且同意假若找到那座钟只能出500元以内的价格。

经过三个月的搜寻后，他们终于在一家古董展示会场的橱窗里看到那座钟，妻子兴奋地叫起来："就是这座钟！没错，就是这座钟。"丈夫说："记住，我们绝不能超出500元的预算。"他们走近那个展示摊位。"哦喔！"妻子说道："时钟上的标价是750元，我们还是回家算了，我们说过只有500元的预算，记得吗？""我记得。"丈夫说："不过我们还是试一试吧，我们已经找了那么久，不差这一下子。"

他们私下商谈，指定丈夫作谈判者，抱着万一有机会以500元买下来的心态。丈夫鼓起勇气，对那座钟的售货员说："我注意到你们有座钟要卖，我知道定价就贴在钟座上，而且蒙了不少灰尘，显得这座钟的确很古老。"在有了信心之后，那个丈夫又说："告诉你我的打算吧，我给你出个价，只出一次价买那座钟，就这么说定。想你可能会吓一跳，你准备好了吗？"他停了一下以增加效果。"你听着——250元。"那个时钟售货员连眼也不眨一下，说道："卖了，那钟是你的了。"

那个丈夫的第一个反应是什么？得意扬扬？"我真是棒透了，不但获得了优惠，而且又得到了我要的东西。"不！绝不！我们都曾经碰到过类似的情况。他的最初反应必然是："我真蠢！我该对那家伙出价150元才对！"你也知道他的第二个反应："这座钟应该很重才对，怎么那么轻呢？我敢说里面一定有些零件不见了。"然而，他仍然把钟表放在家里的客厅中。那座钟看起来非常美丽，而且也似乎没什么毛病，但是他和太太却始终感到不安。那晚他们安歇之后，半夜曾三度起来，为什么？因为他们断定没有听到时钟的声响。这种情形持续了无数个无眠的夜晚，他们的健康迅速恶化，他们开始感到紧张过度并且都有着高血压的毛病。为什么？只因为那个售货员不经交涉就以250块钱把钟卖给了他们。

从此案例中我们可以看出，这个推销员不了解顾客心理。推销员顾及了可能获得的利益，却丝毫没有想到如此这般可能造成的后果，即：这样的做法似乎给人一种"求之不得"的印象，从而使对方感到自己的出价太高了，或产品有毛病。

另外，推销员没有与顾客进行讨价还价。不论对手首先开出的价格有多么好，你都应表示艰难，让顾客觉得这个价钱来之不易，他会非常满意。

二、推销程序

认识推销必须要把握好它的基本程序。

1. 推销的基本过程

完整的推销过程，一般包括寻找客户、访问准备、约见客户、洽谈沟通、达成交易、售后服务、信息反馈七个阶段。

（1）寻找客户。在建立客户档案的基础上，访问前还必须在所有潜在顾客中寻找最有可能购买的顾客，找出具有支付能力和特定需求并能做出或影响购买决策的人选。

（2）访问准备。了解自己的顾客、了解和熟悉推销品、了解竞争者及其产品、确定推销目标、制定推销策划。

（3）约见客户。当推销人员做好必要的准备和安排后，即可约见顾客。

（4）洽谈沟通。洽谈也称面谈，但不一定是面对面的洽谈。

（5）达成交易。在推销活动中推销人员要正确处理顾客异议，并不失时机地说服顾客做出购买决策，完成一定的购买手续。

（6）售后服务与结算货款。成交以至收款、交货后，售货方能否兑现其他承诺，使顾客满意，就能反映出厂商的信誉。

（7）信息反馈。不仅要搞好售后服务，进行推销工作检查与总结，还必须继续保持与顾客的联系，加强信息的收集与反馈。

2. 推销各阶段的交叉渗透

推销工作往往要在人员、团队之间进行分工与协作。

（1）推销各阶段的工作是连续和并存的。

（2）推销各阶段的工作互相交织和渗透。

三、人员推销的方法

购买力、购买决定权和购买意向是买主需要具备的三大要素，三者缺一，对于卖主来说都没有意义。从推销员的角度来看，加强、巩固和扭转顾客的购买意向是其唯一可做的工作，无论是最有希望的购买者或是可能的购买者以及希望不大的购买者，推销员都要将其视为努力的对象。但是，不同的对象需要推销员运用不同的策略和手段，决不能一概而论，所以推销员开拓顾客的方法是很多的。

1. 直接推销

直接推销是推销员直接对不确定的对象进行推销的方法。这种方法又可分为定点突出访问和广泛的突出访问两种：推销员对完全不熟悉的对象进行定点推销被称为定点突出访问；推销员进行全面性选择某一区域挨家挨户地推销被称为广泛的突出访问。直接推销是一种比较简单的推销法，很易于施行，对于推销员来说也是一种基本的推销方法。但是，此法的效率很低，企业一般不愿意使用。

2. 间接推销

"间接"二字，在这里具有特定的含义，意谓"不看僧面看佛面"，间接推销就是指推销员利用第三者为媒介对特定对象所进行的推销。这种方法又可分为下列两种：

（1）关系介绍法。这是一种利用各种人际关系与事务关系（也就是经中间环节的介绍）进行推销的方法。每一个人或企业都有其方方面面的关系。一个人的关系包括亲戚、同志、朋友、同学、同事、邻居等；一个企业的关系包括关系企业、协作工厂以及往来交易的厂商等。一个推销员经由这些关系介绍就可以获得许多的基本推销对象，经由关系介绍所获得的洽谈机会是难得的，但是推销的成败还必须依赖推销员的推销能力与商品条件。

（2）连锁推销法。很多事物都是系列相关的，一环紧扣一环，只要一个发生变化，其他也相继发生变化，依据这种连锁反应的原理所进行的推销，就是连锁性推销。

连锁性推销的关键在于培养基本客户，培养基本客户不但要使他们购买商品，而且也要注意精神与形象上的影响。有了基本客户，连锁反应也就具备了条件，推销员在发动推销的时刻，顾客们就会一个接一个地影响下去。

连锁推销可以运用电话、名片、便笺、书信、代送资料和代为传话等工具与手段。推销员请客户进行连锁介绍，必须要看准时机，语言不能过于显露，也不能太隐秘。推销之后，无论成功与否，推销员都要向原介绍人沟通结果，主要表示对他的谢意。

连锁推销的功效非常高，它不仅能够节省推销员许多的精力和时间，而且还可以避免"王婆卖瓜"的意味。任何推销，如果能够透过他人（客户）之口表达出对产品、企业或推销员的赞语，那是非常理想的，结果必然会事半功倍。

杭州变压器厂是一个规模不大的企业，但产品很有竞争力，主要是因为全国有名望的变压器专家都被他们聘请为顾问。这些专家不但给该企业生产提供了大量信息，同时也在各种场所推荐他们的产品。由于这些专家都具有权威性、影响力，因此，使杭州变压器厂享誉全国。

3. 合作推销

合作推销是指经由他人支持或相互协作与介绍而进行的推销。这种方法有下述两种：

（1）伴同推销法。推销员为了推销的顺利而结伴一人或一人以上以达成与客户的交谈的方法，就是伴同推销法。如果已探知某一潜在顾客，而推销员感到自身力量不足或有某些障碍，不便向其直接推销时，推销员便可请出与此顾客有关的人物来陪同拜访。

（2）交换客户推销法。这是一种公司与公司间或推销员与推销员之间彼此交换客户进行推销的方法。推销员常常遇到这样的情况，即自己的客户要想购买其他产品，推销员便将其介绍给有关的卖主，而其他的推销员也将欲购买自己产品的客户介绍过来，使买卖几方面都感到满意。运用这一方法的时候，推销员必须注意避免自己的好客户受到纷扰，在向他人提供客户名单的时候，必须要慎重。当然，如果客户对某项产品有购买意愿时，交换的结果会使客户抱怨，影响原有关系。

4. 团体推销

团体推销是指集体进行推销或向某一群体进行推销的方法。集体进行推销就是指团体拜访。进行团体拜访的时候，人员不要太多，避免造成对顾客的压迫感，同时要注意步调一致，不要七嘴八舌，以免秩序紊乱。向群体推销，就是指推销员拜访某一群体，如有效地利用各种集会，像婚礼、商品展览会等，推销员运用这种方法，信息必须要及时。

5. 示范推销

了解顾客情况是示范的一个重要的先决条件。为了使推销工作做得更好，推销员可以向自己提出下面两个问题：其一，为了使产品满足对方的愿望和需要，解决其困难，应该了解哪些方面的情况；其二，为了解情况，应该向对方提出哪些问题。也就是说，应该如何提出问题，怎样对掌握的情况加以分析。如何处理自己手头掌握的资料尤为重要，处理得越巧妙，就越有可能直接与对方交换意见和看法，也就越有希望达到目的。示范时除了动手操作以外，还要注意示范的戏剧性、顾客的参与性、集中性、联想性，同时不要一开始就向对方追问结果。

[案例链接8.8] 有效的示范

一位消防用品推销员见到顾客后尚未开口，先从提包里拿出一件防火衣，然后将它放进一个大纸袋里，请顾客用打火机点燃纸袋，当纸袋烧完后露出了仍然完好无损的防火衣。这一戏剧性的表演，使推销员不费口舌就拿到了订单。

任务三结果测评：

评价依据	评价分值	得分
目标顾客选择合适	30分	
推销过程表现好、推销策略选择合适	40分	
分工合理、令人印象深刻	20分	
体现团队合作精神	10分	
合计	100分	

任务四　营业推广策略实训

任务分配：分组进行。每组成员选择一种产品，根据产品的特征、所处的生命周期阶段、目标消费者习性、竞争状况等设计营业推广方案，并派出代表介绍这份营业推广方案

任务四成果展示：营业推广方案、营业推广方案的介绍

知识储备：

营业推广被誉为现代营销的开路先锋，也称销售促进或特种推销，是指除人员推销、广告和公共关系宣传之外能有效地刺激顾客购买、提高交易效率的种种促销活动。它包括的范围较广，如陈列、展示和展览会、示范表演和演出以及种种非常规的、非经常性的推销活动。一般用于暂时的和额外的促销活动，是人员推销和广告的一种补充。

企业在采用营业推广策略进行促销时，一般要做出三项基本决策：确定营业推广的目标；选择营业推广的形式；营业推广方案的制定与实施。

一、营业推广目标的确定

营业推广目标的确定取决于企业的整体营销战略和目标市场的类型。概括而言，企业营业推广的目标有三类：针对顾客；针对中间商；针对推销人员。

1. 针对顾客的营业推广目标

主要包括：鼓励老顾客更多地反复购买；吸引新顾客使用本企业产品；争夺竞争对手的顾客。

2. 针对中间商的营业推广目标

主要有：鼓励中间商采购企业新产品，大批量进货，扩大库存量，特别是季节性产品；争取新的中间商；鼓励中间商长期经销本企业产品，开拓新市场，推销积压产品等。

3. 针对推销人员的营业推广目标

主要有：鼓励推销人员积极工作，努力开拓市场；增加产品的销售量。特别需要说明的是，针对推销人员的营业推广，不仅是指企业对本企业推销人员的营业推广，还包括对中间商的推销人员的营业推广。

二、营业推广形式的选择

营业推广的形式很多，主要有以下三类。

1. 对顾客营业推广的形式

（1）样品。即向顾客赠送或免费试用的产品，通过试用，使其了解产品效果，传播信息以争取扩大销售量。通常是提供少量的使用品，让顾客认识产品的利益所在。例如，小包装的洗发精。这是一种极有效的推广方式，也是费用较昂贵的方式之一。

（2）优惠券。送给顾客的一种购货券，持有者可按优惠价格购买某特定产品。这种优惠券可直接寄给顾客，也可附在其他产品或广告中。

（3）付现金折款（或称退款）。此种形式同优惠券的差别是减价发生在购买之后，

顾客可把指定的购物证明寄给企业，由企业寄回部分购货款。

（4）特价包装。是以低于平常产品的价格向顾客供应产品。这种价格通常在标签或包装上标明。有减价的包装成组合包装。特价包装对刺激短期销售额效果十分明显。

（5）礼品券。顾客购买一定金额的礼品券馈赠亲友祝贺喜庆，受礼者可持券到发券企业选购自己喜爱的同价值的产品。这种方式方便了送礼者，受礼者也得到了实惠。对企业则更为有利。

（6）赠品印花。顾客在购买产品时，商店送一定张数的交易印花、待凑足若干张时即可兑换某一件产品。

（7）馈赠。顾客购买高档家具、电器、金银首饰时，商店馈赠一定价值的产品予以鼓励。例如，顾客购买VCD，馈赠几张光盘。国内许多企业时常采用此方式，其效果明显。

2. 对中间商营业推广的形式

（1）价格折扣。企业为争取中间商多购进本企业产品，在特定时间内，购进一定数量的产品，予以一定金额的折扣。

（2）推广津贴。当中间商为产品做了广告宣传时，企业对此给予的费用补偿。

（3）承担促销费用。企业为中间商分担部分市场营销费用，如广告费用、摊位费用等。

（4）产品展览。利用产品的展销、展示、展览及订货会等机会陈列产品。

（5）销售竞赛。根据各个中间商销售企业产品的业绩，给予优胜者不同的奖励。

3. 对推销人员营业推广的形式

对推销人员最为有效的方式是销售提成，还可以进行销售竞赛，对于销售能手在给予物质奖励的同时，予以精神奖励；为推销人员提供较多的培训学习的机会，为其发展奠定基础。

三、营业推广方案的制定与实施

1. 制定营业推广方案

制定营业推广方案要考虑鼓励的规模、推广的途径、持续时间、选择推广的时机以及推广经费预算等。

2. 营业推广方案的实施

首先要在执行方案前先进行试点效果测试，来确定鼓励规模是否最佳。推广形式是否合适，途径是否有效。试点成功后再组织全面实施营业推广方案。在执行过程中，要实施有效的控制，及时反馈信息，发现问题，要采取必要措施，调整和修改原订方案。

3. 评估营业推广方的效果

最常用的方法是比较推广前、推广中、推广后的销售额数据，以评估其效果大小，总结经验教训，不断提高营业推广的促销效率。

任务四结果测评：

评价依据	评价分值	得分

续表

对产品性质、竞争情况分析深入、营业推广方案制定合理、花费少、效果好、可实施性强、小组讨论热烈、态度认真	90~100分
对产品性质、竞争情况的分析比较深入、有自己的思想、营业推广方案制定较为合理、效果好	70~90分
能够提交产品的营业推广方案，但方案中对产品的分析不够深入，因此方案效果一般	60~70分
未能提交营业推广方案、态度不认真	60分以下

任务五：公共关系策略实训

任务分配：分组进行。每组成员设计或选择一种产品，为改善这种产品与社会公众的关系，促进公众对该产品的认识，理解及支持，为该产品设计一个公共关系策略。每组展示其方案，达到树立良好组织形象、促进商品销售的目的的小组分数最高，其余递减。

任务五成果展示：公共关系方案、公共关系方案展示

[案例链接8.9] 新加坡航空公司优质服务

如今，航空运输业竞争异常激烈，而新加坡航空公司在国际航空业群雄角逐的激烈竞争中独占鳌头，多年连续被国际民用航空组织评为优质服务第一名。新航的服务有很多独特之处，他们把西方的先进技术及管理手段与东方的殷勤待客传统有机地融合在一起，把"乘客至上"的公共关系思想贯穿于服务的全过程，给每一位乘客留下极为深刻的良好印象，使来自各国的乘客自然成为新航的义务宣传员，再加上通过新闻媒体做广告宣传，公司的形象就不胫而走，誉满五洲。

新航制定的严格的服务准则是：对所有乘客一视同仁地施以关心和礼貌，在一切微小的服务细节上给乘客留下难忘的印象，并树立公司的整体形象。这些服务准则通过每一位工作人员的良好举止体现出来。

通常，一般航空公司乘客在订票时是不能拿到座位号的，登机前才能在机场领得印有座位号的登机卡。而新航通过公司设在全球各地的电脑订票系统，可使乘客在任何国家预订任何班次的机票时，能够同时得到飞机上的座位号。公司将订坐某次班机的全体乘客姓名按舱位平面图排列交给当班乘务员，要求每个乘务员事先记住自己所负责的那一舱位所有乘客的姓名，乘客上机时只需将座位号贴在登机卡上，乘务员在机舱门，引导乘客对号入座，并在舱位图上做记号。乘客就座完毕后，乘务员就能按照记忆，对每一位乘客直接以姓相称呼，使乘客在感到宾至如归的同时又略感意外的和谐与舒适。这样周到的服务，是世界上任何其他航空公司都不曾做到的。

新航的优质服务，使乘客从进入飞机起就感觉如同是在殷勤的主人家中做客一般。乘客在座位上刚坐定，乘务员就手拿衣架来到面前，和蔼地询问你要不要把上衣脱下挂起来，如果要的话，可把上衣连同登机卡一并交给她，下机再把上衣送还。飞机起飞之前，乘务员又送来热毛巾，端来一杯杯饮料，然后又送上插着牙签的小点心请乘客选用，乘客

真好像是受到主人的悉心款待。

一般的洲际飞行，乘客易疲劳，而且途中要用几餐饭。因此班机起飞不久，乘务员就给每位乘客送上一双尼龙软鞋套和遮光眼镜，供乘客休息时用。还送来一份印刷精美的菜单，上面以英、法、德三种文字印有全程每餐饭的菜名，并附有飞行各段所需的时间，然后乘务员来到座位上登记每位乘客所选用的主菜。公务舱开饭时，先给乘客小桌上铺桌布，再送上主菜托盘。主菜用完后，乘务员前来把托盘中的主菜取走，空出位置再送甜食或水果，这样就等于把饭店的服务方式搬进了空间狭小的机舱，而不是一股脑儿地把所有的吃食都端到小桌上。

乘客在愉快的旅行后，可得到一包装潢精美的盥洗用具，包括：牙刷、牙膏、肥皂、梳子和两小瓶化妆品，上面都印有新航标记，不但是美观实用的纪念品，更是值得保留的宣传品。乘客如需写信，均可由新航免费邮寄至世界各地，头等舱和公务舱的乘客只要填写一张表格，便可将自己的姓名地址存入新航公司的计算机，并取得一个编号，日后可得到公司寄来的一二十张优待券，一年之内可凭优待券优先购买新航的机票，行李超重可不付费，还可以到新加坡的一些百货商店享受购物折扣优惠。

通过一系列充满活力的公共关系服务措施，使新航在国际航线上赢得了声誉，赢得了顾客，在激烈的国际竞争中胜人一筹。

本案例摘自http：//blog.sina.com.cn/s/blog_65d571aa0101qf4x.html

知识储备：

一、公共关系的含义和职能

1. 公共关系的含义

公共关系是促销组合的另一个重要组成部分。什么是公共关系？在国内外学者中都有许多不尽相同的解释和定义。这里按照菲利普·科特勒的定义，作为一种促销手段的公共关系是指这样一些活动：争取对企业有利的宣传报道，协助企业与有关的各界公众建立和保持良好关系，建立和保持良好的"企业形象"，以及消除和处理对企业不利的谣言、传说和事件。

公共关系不限于企业与顾客之间的关系，更不限于买卖关系，而是一种以长期目标为主的间接促销手段，而且其意义不仅仅限于促销。过去把市场营销的公共关系称为"宣传报道"，即以非付费方式通过各种大众传播媒介来宣传企业及其产品，以达到促销的目的。公共关系则除了宣传报道外，还包括许多其他活动。

总之，公共关系的活动主要是利用信息沟通的原理和方法，宣传企业及其产品，搞好公共关系，最终达到促销的目的。它比广告的成本少得多，而其结果往往能比广告产生更大的轰动效应，企业如果提供一个有趣的活动，几种不同的传播媒介就会争相报道，企业还不用付费。因此，公共关系是一种重要的促销手段。在西方，有些企业利用公共关系重新激发顾客对某些产品已经减弱的购买欲望。例如，美国纽约市为了振兴旅游业，开展了一个"我爱纽约"的活动，扭转了纽约的"城市形象"，取得了很好的效果，为纽约市带来了几百万的游客。同样,许多发展中国家也开展了公共关系活动,以吸引外资和争取国际组织的支援。

2. 公共关系的职能

公共关系的职能是公共关系在组织中所应发挥的作用和应承担的职责。公关的职能从广义上讲,就是调动一切可以调动的力量,运用各种手段,塑造良好的组织形象,赢得良好的生存环境,促进组织的生存与发展,使组织在激烈的竞争中获胜。

当然,在企业内部人们对公共关系职能的认识并不相同,尤其是企业的公共关系人员与营销经理会有不同的认识,营销经理面向基层,重点考虑的是如何进行产品促销,而公共关系人员则倾向于长期效益,注重塑造企业的良好形象。许多企业要求它们的公共关系部门开展各种活动都要着眼于改善企业的促销工作,有些企业还建立了专门的"营销公共关系"部门,直接支持企业和产品的促销及形象的树立。据美国对市场营销经理的一项最新调查表明:有75%的被调查者宣称在他们的公司开展了营销公关活动,这对于建立品牌知名度和提高顾客对新产品的认识,十分有效,而且比广告所花的成本少得多。

[案例链接8.10] 燕子道歉

日本奈良有一个世界一流的旅馆,每年春夏两季游人如织。但每年4月以后,燕子便争相飞到旅馆檐下,筑窝栖息,繁衍后代。招人喜爱的燕子都有随便排泄的不懂事之处,刚出壳的雏燕更是把粪便溅在明净的玻璃窗上或雅洁的走廊上。尽管服务员不停地擦洗,但燕子的我行我素使旅馆总会留下污渍。于是,客人不高兴了,纷纷找服务员投诉,影响效益的危机出现了,有关人士大伤脑筋。但不久,这种现象就渐渐消失了。原因是客人们看到了一封"燕子"写的信:

女士们、先生们:我们是刚从南方赶来这儿过春天的小燕子,没有征得主人的同意,就在这儿安了家,还要生儿育女。我们的小宝贝年幼无知很不懂事,我们的习惯也不好,常常弄脏你们的玻璃窗和走廊,致使你们不愉快。我们很过意不去,请你们多多原谅。你们的朋友:小燕子!

寻找欢乐的游客见到小燕子的信,都给逗乐了,肚里的怨气也在大笑中悄然散去。

二、公共关系的主要方法

企业开展营销公关活动,主要可采用以下几种方法。

1. 创造和利用新闻

公共关系部门可编写有关企业、产品和雇员的新闻;或举行活动创造机会以吸引新闻界和公众的注意,扩大影响,提高知名度。例如,剧院为残疾人举行义演,酒店开展拯救大熊猫的义卖活动等。

2. 举行演讲会

演讲是提高企业及产品知名度的另一种方法。如美国克莱斯勒汽车公司曾举行大规模的生动的演讲会,促进了该公司汽车的销售,并刺激了投资者购买该公司的股票。演讲会前企业必须通过各种渠道搜集问题,以便使演讲的针对性更强。

3. 开展各项活动

除以上列举的活动外,企业还可举行产品和技术方面的展览会或研讨会、有奖比赛、多种纪念会和开幕式或闭幕式等。这些活动都可起到吸引公众,提高企业及产品声誉的作用。

4. 撰写书面材料

书面材料包括公司的年度报告、业务通讯、期刊以及论文和小册子等。这些材料可影响目标市场,加深顾客对企业的认识。

5. 录制音像材料

当前越来越多的企业编制了有关企业和产品的录音带、录像带、幻灯片或电影等宣传材料,这类材料由于声像俱全,效果倍增。

6. 参与社会活动

通过参与社会活动可扩大企业在社会上的影响,树立良好形象。例如,美国多尔顿图书公司在四年中为扫盲运动捐献了300多万美元。

7. 其他

为了树立企业形象,加深它在公众心目中的印象,还可采用以下几种方法:制定鲜明易记并具有代表性的产品名称,如美国的肯德基家乡炸鸡;印制企业专用的信笺;设计企业的标志、名片;制造或装修有特色的办公楼、厂房、宿舍、员工制服;使用带有企业标志的班车及送货车等。这些方法,都可起到潜移默化的宣传作用。

[案例链接8.11] 美国亨氏集团的母亲座谈会

美国亨氏集团与我国合资在广州成立婴幼儿食品厂。但是,生产什么样的食品来开拓广阔的中国市场呢？在建食品厂的初期,亨氏集团做了大量的调查工作。多次召开"母亲座谈会"充分吸取公众的意见,广泛了解消费者的需求,征求母亲对婴儿产品的建议,摸清各类食品在婴儿哺养中的利弊。之后进行综合比较,分析研究,根据母亲们提出的意见,试制了些样品,免费提供给一些托幼单位试用;收集征求社会各界对产品的意见、要求,相应地调整原料配比,他们还针对中国儿童食物缺少微量元素、造成儿童营养不平衡及影响身体发育的现状,在食品中加进一定量的微里元素,如锌、钙和铁等,食品配方更趋合理,使产品具有极大的吸引力。该产品普遍地受到中国母亲的青睐。于是,亨氏婴儿营养米粉等系列产品迅速走进千千万万中国家庭。

三、公共关系的主要决策

企业公共关系决策包括四个主要方面:确定公关目标、选择公关内容和方法、实施公关计划和评估公关效果。

(一) 确定公关目标

企业的公关决策,首先要确定公关目标。例如,美国一家造酒厂制定的公关目标是:

宣传饮酒不仅是一种享受而且有利于健康。在这个目标指引下，酒厂撰写宣传自己产品的文章，并设法刊登在美国第一流的杂志《时代周刊》及主要报纸的有关专栏中，取得了理想的效果，扩大了市场占有率。

（二）选择公关内容和方法

确定了公关目标之后，还要选择达到这一目标的适当的公关内容和方式。可供选择的方式主要有：

1. 提供实证或间接证明

如我国某品牌电风扇在某大商场橱窗陈列中连续运转两年后，组织专门人员检查，质量正常；某品牌电视机被窃贼投进河里一年多，取出后稍加修理即恢复了正常功能等实例，经报道后，这些品牌声名大噪。

2. 对产品性能、成分进行科学论证

主要是聘请著名专家或权威机构对产品签订或推荐等。

3. 公关宣传

宣传产品特色或经营特色，介绍有关的厂史典故、民间传说、神话故事等。

4. 其他公关方式

举行报告会、纪念会、发布会、赞助或组织比赛，开展义卖等。所有这些，都可提高企业知名度，引起公众兴趣和注意，达到公关目标。

（三）实施公关计划

企业公关计划付诸实施时常遇到种种困难，如报纸杂志拒绝刊登已撰写好的公关稿件等。因此，需要公关人员与这些单位的有关人员建立良好的关系，以保证及时、不断地刊登宣传报道的文章。

（四）评估公关效果

对公关效果进行评估是很困难的，因为公关往往是和其他促销方式配合使用的，很难弄清公关从中究竟起了多大作用。如果公关是单独使用的，对其效果进行评估还比较容易。评估公关效果的最简单方法，是计算宣传报道在媒体上的显露次数和时间。例如，经过统计，某企业的稿件被登载在12种报刊上，共计10 000字，约有2 000万人读过；在5家电台合计广播了45分钟，约有3 000万人听过；在15家电视台播出，收看人数约为7 500万人。如果在上述媒体做广告，需花费一定的费用，而效果还不如宣传报道，则公关效果就是好的。

任务五结果测评：

评价依据	评价分值	得分
对企业、产品性质、所处市场营销环境情况分析深入、公共关系方案制定合理、花费少、效果好、传播面广、小组讨论热烈、态度认真	90~100分	
对企业、产品性质、所处市场营销环境情况分析比较深入、公共关系方案制定合理、小组讨论热烈、态度认真	70~90分	
能够提交公共关系方案，但方案中对产品、市场营销环境的分析不够深入，因此方案效果一般	60~70分	
未能提交公共关系方案、态度不认真	60分以下	

课后作业：

案例分析：

（一）产品、购物环境、促销都是撒手锏的屈臣氏

对洗化市场来说，当商家的购物环境、售后服务等诸多因素溶进品牌之后，专业化程度将随之提高。简单的叫卖商品这种营销很可能将逐渐淘汰，取而代之的是对消费群体心理与消费趋势的深度研究。因为只有谁对消费者的需求了解的透彻，谁才能提供更对消费者胃口的产品。事实上，任何一家商场或是一个企业的资源都是有限的，专业化必然要求商家横向做深、做透、做细，因而"大而全"的商场只可能是极少数，大多数商家对各自目标客户群的分工将更为明确。在宽广的零售业市场内，不少商场或许仅截取中间目标市场的一小段消费群。

"屈臣氏"这一闻名全球的连锁专营店，在国内众多城市中能创造一个又一个连锁零售神话正是因为清晰准确地抓住了这一小段消费群中的优质客户，从而稳稳占据了细分的个人护理市场。

以个人护理品与保健品为产品定位，纵向截取目标消费群中的一部分优质客户，横向做精、做细、做全目标客户市场，这是屈臣氏深耕市场后的清晰定位。"屈臣氏"所倡导的是"健康、美态、欢乐"经营理念，锁定18~35岁的年轻女性消费群，专注于个人护理与保健品的经营。走进"屈臣氏"，给人的感觉，犹如走进一家专业的个人护理店。从蒸馏水到面膜乃至精华水，丰富的产品种类以及完备的产品线，个人护理产品的方方面面几乎都可以找到。屈臣氏公关公司爱德曼的周小姐说，强势的产品、优美的购物环境、不断创新的促销方式都是屈臣氏优于其他零售业态的关键。

勇于创新，细心呵护，专业服务一直是屈臣氏品牌成功的关键。勇于创新，包括自有品牌产品的创新，也包括促销模式的创新。天天有特价，时时有促销，这是屈臣氏在消费者的心中形成的消费观念。屈臣氏的促销策略的不断创新应该是业界无人能及的，每一时期，屈臣氏都会推出相应时节的主题促销活动。精选出一系列极具吸引力的产品，组合促销。如寒、暑假的假期疯狂抢购活动，幸运顾客可在店铺中用一元换取其在60秒内疯狂搜罗的所有商品，把高价商品"一元打尽"，让消费者能尽情发泄压抑已久的购物欲，尽享疯狂购物的乐趣。而出游度假篇是为黄金周假期外出旅游人士准备的，屈臣氏精心挑选的旅游套装与单品为顾客的旅程带来无微不至的照顾……诸如此类的主题促销在屈臣氏几乎时时都有，这就让消费者在任何时候走进屈臣氏都感觉有着数、有期待、有惊喜。

屈臣氏在购物环境上的不断革新也是其为消费者创造更满意的购物体验的表现。屈臣氏推出为亚洲女性特别设计的全新面貌的屈臣氏店。相对于以前的传统店铺，新的店铺格调更女性化、店铺更明亮、色彩更缤纷鲜艳。除此以外，店铺的设计更针对亚洲人相对娇小的体型，将货架的高度调低；同时为了让消费者购物更加便利，又将走廊加宽。加上灯光的配合，消费者可以获得更加舒适的购物体验。因其宽松优美的购物环境，屈臣氏在多个城市都被评选为消费者最理想的购物场所。

屈臣氏的强势产品除了其网络全国乃至国际知名品牌外，还有自创品牌的各种产品，屈臣氏自有品牌的产品已涉猎到洗化的各个领域。而且其产品价位都相对同类产品要便宜，有人曾笑言，"屈臣氏"是名品折扣店。"屈臣氏"已逐渐成长为一个著名的品牌标签。目前，"屈臣氏"拥有650多种自有品牌的单品，包括沐浴露、洗发水、护肤品等。

"屈臣氏"就从一个终端零售商渐变成了一个产品直营商。其价格优势,无人可以与之竞争。

同时,对于网络到店内的其他产品,因为掌握了雄厚的上游生产资源,"屈臣氏"可以将终端消费市场的信息第一时间反馈给上游生产企业,进而不断调整商品。从商品的原料选择到包装、容量直至定价,每个环节几乎都是从消费者的需求出发,因而所提供的货品就像是为目标顾客量身定制的一样。正是从消费者的角度出发,能更贴近消费者的需求,从而"屈臣氏"似乎总走在别人前面。

问题:
1. 屈臣氏用了哪些促销组合策略?
2. 你认为屈臣氏还可以采用哪些促销策略,可以获得更大的成功?

案例来源:cykd.yipu.com.cn

(二)聪明的小说家

毛姆是英国著名作家,不满十岁时父母就先后去世,过着孤寂凄清的童年生活,这位大作家在成名之前,生活却十分艰难,常常饿着肚子写作。

有一天,各大报纸同时登出了一则令人注目的征婚启事:

"本人喜欢音乐和运动,是个年轻而又有教养的百万富翁,希望能和毛姆小说中的主角完全一样的女性结婚。"女性读者们看到这则广告,马上飞奔到书店,抢购毛姆的小说,回到家后,更是闭门苦读,让自己向小说中的女性靠拢。男性读者也不甘落后,他们也争相抢购,他们的目的是想研究女性心理,然后对症下药,以防范自己的女友投进了富翁的怀抱。

短短几天时间,毛姆的小说就被抢购一空,毛姆一举成名,生活迎来了巨大转机。

问题:
1. 为什么说在商品时代,好东西也得勤吆喝?
2. 这个案例带给我们什么启示?

项目九　网络营销策略的选择与实施

学习目标

（1）知识目标。

了解网络营销策略的相关概念，掌握影响网络营销策略选择的影响因素和遵循的原则；掌握网络营销策略中的产品策略、定价策略、渠道策略和促销策略等，掌握4C策略在企业实际运营中的应用。

（2）能力目标。

能够运用所学的知识，能够根据企业性质、所面对的市场竞争形势，结合网络消费者的购买行为习惯、购买心理，为企业选择合适的网络营销策略，能采取相应措施推动其有效实施，以达到开拓市场、增加盈利的目标。

（3）素质目标。

本项目要培养学生爱岗敬业、勇于创新、团队合作的职业精神，为日后进行开展网络营销实际工作奠定良好的素质基础。

重点和难点

（1）重点。

本项目中的重点是对网络营销策略的理解；尤其是能灵活运用网络营销策略，采取有效措施保障实施，以提升企业竞争力和赢利水平。

（2）难点。

本项目的难点是网络营销产品策略、定价策略、渠道策略和促销策略的理解，尤其是4C策略在企业实际运营中的应用。能够根据企业性质、所面对的市场竞争形势，结合网络消费者的购买行为习惯、购买心理，为企业选择合适的网络营销策略，能采取相应措施推动其有效实施。

项目九　网络营销策略的选择与实施

项目名称：网络营销策略的选择与实施	
项目说明：本项目通过对网络营销策略的讲授和实训，使学生能够了解到企业在网络营销中，网络营销与传统营销的区别，影响网络策略选择的因素，实施的方法，如何进行效果评价，能够灵活地运用这些策略，为企业选择合适的网络营销策略，能采取相应措施推动其有效实施	
核心词：网络营销、策略选择、实施方法、效果评价	
任务一　认识网络营销策略的实训 任务二　网络营销策略选择和实施实训	实训成果： 网络营销策略分析报告、PPT文稿、报告展示交流表现、网络营销策略选择过程、网络营销策略方案、网络营销实施经营业绩

课前思考：

现在有一个段子说得非常好：邮局不努力，顺丰就替它努力；通信行业不努力，微信就替它努力；银行不努力，支付宝就替它努力；出租车不努力，滴滴、快的就替它努力。在"互联网+"时代，请同学们思考几个问题：①谁没有上网买过东西？②谁的朋友圈里一个卖东西的都没有？③互联网时代给我们带来了太多的机遇和挑战，21世纪的竞争更多的时候是网络营销，那么网络营销是什么？④网络这个虚拟市场和传统市场有什么区别？⑤在传统营销中的产品、价格、渠道和促销策略能不能完全照搬？⑥究竟什么样的产品才适应在网络上销售，应该采取哪些网络营销策略呢？

任务一：认识网络营销策略的实训

任务分配：在预习了网络营销策略相关知识点的基础上，以小组为单位完成本任务内容，请每组成员针对你们所喜欢的企业，分析其目前采取了哪些网络营销策略。以小组为单位，完成分析报告，并制作成电子演示文稿（PPT），每组派代表在班上进行交流汇报，其他组学生提问，教师点评。实训成绩由网络营销策略分析报告质量、PPT制作质量、交流展示表现三部分组成。

任务一成果展示：网络营销策略分析报告、PPT文稿、报告展示交流表现

[案例链接9.1] "三只松鼠"为什么发展这么快

基于互联网渠道，运营卓有成效的单品类品牌"三只松鼠"，其成功秘诀，相信大家早有耳闻。下面，我们一起看看大家钟情的"三只松鼠"其独具特色的营销手段，究竟藏着什么秘密？

小小的坚果能创造出多大的市场？

"三只松鼠"给出的答案是：超过3亿元的年销售收入，而且，这还只是一个开始。

"三只松鼠"的成功得益于独树一帜的创意和坚持不懈的持续创新。"三只松鼠"网站成立于2012年，正是靠着"卖萌"的卡通松鼠形象、独特的情感营销及为客户提供别出心裁的产品服务，在2013年坚果的销售总额超出了3亿元，竞争如此激烈的电商市场中，"三只松鼠"受到了消费者的热捧，企业找到了适合的营销路线和发展空间，为其赚得了一个满载而归。

同样是卖坚果，有人在商场做生意，有人却可以卖到了互联网。越来越多的企业希望用互联网的思维来经营企业，更愿意把自己定位就是走互联网思维的企业。换言之，企业已经不愿意把自己置身于网络之外了。

"三只松鼠"在众多网络品牌之中脱颖而出，它于2012年6月在天猫上线，65天后成为中国网络坚果销售第一；2012年"双十一"创造了日销售766万的奇迹，名列中国电商食品类第一名；2013年1月单月销售额超过2 200万；至今一年多时间，累计销售过亿，并再次获得IDG公司600万美元投资。

"三只松鼠"为什么可以成长的如此之快？清晰可见的是，"三只松鼠"在坚果类的红海中找到了属于他们的蓝海，他们擅长于找到消费者的痛痒之处。不是关于价格，而是能不能给消费者带来愉快的感受。再从侧面看一下"三只松鼠"的包裹，除了坚果，不能

吃的有哪些？一个带有品牌卡通松鼠形象的包裹；开箱器；快递小哥寄语；坚果包装袋；封口夹；垃圾袋；传递品牌理念的微杂志；卡通钥匙链，俘房用户心的小玩具；还有供你清洁的湿纸巾。

我们可以说下"三只松鼠"运用在互联网思维上的对话式营销，店小二在面对买家时以"主人"相称，这种与用户之间的沟通也让这个品牌不断被熟悉、被接纳。该品牌选择的品牌代言人则是最为虚拟的松鼠形象，这种形象也是最为亲民的。这种交流从店小二的话术、即时沟通、店内促销及广告内容等都可以传达"三只松鼠"这个品牌的态度。

"三只松鼠"的创始人章燎原曾经说过，它代表的是一个互联网品牌，甚至是一个年轻时代的符号。年轻一辈人的网购希望获取快乐，需要更好的互动和愉快的心情，80,90需要什么，"三只松鼠"就做什么。他要时刻知道80,90需要什么，正因如此，所以他与其他老板最大的不同就是他愿意花更多的时间去与客户沟通。章燎原既然选择这个沟通平台，就必须寻找适合销售对路的优质来源。对"三只松鼠"来说，就比如"天猫""双十一""聚划算""一号店"都是一个个优质沟通平台，更是一个个优质销售平台。这更是对"三只松鼠"成功的一个充分肯定。

"三只松鼠"从产品思维模式怎么一步步走到现在的互联网思维模式，更多的是需要从互联网的本质出发与思考，传统的生意结合互联网思维营销时，不仅仅只是产品的输出与内容的简述。还需要的是商品观念可以从头到脚的输出，时刻为用户制造着惊喜。这样的营销才能更加接地气，走得更扎实，更有底气。

问题："三只松鼠"为什么发展如此之快，成功的关键是什么？

本案例摘自http://www.glzy8.com/ceo/42726.html

知识储备：

一、认知网络营销的概念

（一）网络营销概念

百度百科对网络营销（On-line Marketing或E-Marketing）的定义是：以国际互联网络为基础，利用数字化的信息和网络媒体的交互性来辅助营销目标实现的一种新型的市场营销方式。简单地说，网络营销就是以互联网为主要手段进行的，为达到一定营销目的的营销活动。

网络营销概念具体归纳为下列几点：
（1）网络营销的本质仍然是营销。
（2）网络营销的理论基础是现代营销理论。
（3）网络营销的主要手段是互联网。

（二）网络营销与电子商务的区别

网络营销与电子商务是一对紧密相关又具有明显区别的概念。电子商务是电子化交易的交易方式和交易过程的各个环节，网络营销并不等同于电子商务，它只是电子商务的一部分，而且是电子商务的核心，是企业整个业务流程中与消费者最密切的部分，是市场营销手段的创新。

第一，电子商务和网络营销的研究范围不同，电子商务的核心是电子化交易，强调交易方式和交易全过程的各个环节。电子商务分为交易前、交易中、交易后。而网络营销注重以互联网为主要手段的营销活动，主要研究的是交易前的各种宣传推广。

第二，电子商务和网络营销的关注点不同。电子商务的重点是实现电子化交易；而网络营销的重点在交易前的宣传和推广。

第三，电子商务和网络营销在企业的应用阶段和层次不同。在某种意义上讲，电子商务可以看作是网络营销的高级阶段，企业在开展电子商务前可以开展不同层次的网络营销活动。

小贴士：了解网络营销的特点

互联网具有营销所要求的某些特性，使得网络营销呈现出以下一些特点：

（1）跨时空。营销的最终目的是占有市场份额，由于互联网能够超越时间约束和空间限制进行信息交换，使得营销脱离时空限制进行交易变成可能，企业有了更多时间和更大的空间进行营销，可每周7天，每天24小时随时随地地提供全球性营销服务。

（2）多媒体。互联网被设计成可以传输多种媒体的信息，如文字、声音、图像等信息，使得为达成交易进行的信息交换能以多种形式存在和交换，可以充分发挥营销人员的创造性和能动性。

（3）交互式。互联网通过展示商品图像，商品信息资料库提供有关的查询，来实现供需互动与双向沟通。还可以进行产品测试与消费者满意调查等活动。互联网为产品联合设计、商品信息发布、以及各项技术服务提供最佳工具。

（4）个性化。互联网上的促销是一对一的、理性的、消费者主导的、非强迫性的、循序渐进式的，而且是一种低成本与人性化的促销，避免推销员强势推销的干扰，并通过信息提供与交互式交谈，与消费者建立长期良好的关系。

（5）成长性。互联网使用者数量快速成长并遍及全球，使用者多属年轻、中产阶级、高教育水准，由于这部分群体购买力强而且具有很强市场影响力，因此是一项极具开发潜力的市场渠道。

（6）整合性。互联网上的营销可由商品信息至收款、售后服务一气呵成，因此也是一种全程的营销渠道。另一方面，刘禹含指出企业可以借助互联网将不同的传播营销活动进行统一设计规划和协调实施，以统一的传播咨询向消费者传达信息，避免不同传播中不一致性产生的消极影响。

（7）超前性。互联网是一种功能最强大的营销工具，它同时兼具渠道、促销、电子交易、互动顾客服务、以及市场信息分析与提供的多种功能。它所具备的一对一营销能力，正是符合定制营销与直复营销的未来趋势。

（8）高效性。计算机可储存大量的信息，代消费者查询，可传送的信息数量与精确度，远超过其他媒体，并能因应市场需求，及时更新产品或调整价格，因此能及时有效了解并满足顾客的需求。

（9）经济性。通过互联网进行信息交换，代替以前的实物交换，一方面可以减少印刷与邮递成本，可以无店面销售，免交租金，节约水电与人工成本；另一方面可以减少由于迂回多次交换带来的损耗。

（10）技术性。网络营销是建立在高技术作为支撑的互联网的基础上的，企业实施网络营销必须有一定的技术投入和技术支持，改变传统的组织形态，提升信息管理部门的功能，引进懂营销与计算机技术的复合型人才，未来才能具备市场的竞争优势。

（11）交易成本的节省性。交易成本的节省体现在企业和客户两个方面。对企业来说，尽管企业上网需要一定的投资，但与其他销售渠道相比，交易成本已经大大降低了，其交易成本的降低主要包括通信费用、促销成本和采购成本的降低。

（12）交易的互动性。互联网络上的促销是一对一的、理性的、消费者主导的、非强迫性的、循序渐进式的，是一种低成本与人性化的促销，避免推销员强势推销的干扰，并通过信息提供与交互式交谈与消费者建立长期良好的关系。网络是一个主动式信息传输渠道，与商场传统销售方式比较，商场可在网络上主动发布商场信息，主动发出电子邮件的广告宣传，顾客在家中发出问询或购买信息而实现双向互动完成商场销售交易。网络的互动性还表现在商场促销活动中，商场能够将单方面主动传播和实施变位在网络上与顾客沟通和交流的双向互动，使促销效果更加有效。

（13）交易的特殊性。交易的特殊性包括交易主体和交易对象的特殊性。从交易主体来看，随着网民的增加和电子商务的发展，网上购物的人数在不断增加。但是网上购物者的主体依然是具有以下共同特征的顾客群体：年轻、比较富裕、比较有知识的人；个性化明显、需求广泛的人、知识广博、头脑冷静、擅长理智分析和理性化选择的人、求新颖、求方便、惜时如金的人。从销售对象的特征性来看，并不是所有的商品都适合在网上销售。

引自http://www.wm23.com/wiki/34065.htm

（三）了解网络营销的性质

1. 网络营销是一种直复营销

根据美国直复营销协会为直复营销下的定义，直复营销是一种为了在任何地方产生可度量的反应和达成交易而使用一种或多种广告媒体的相互作用的市场营销体系。

2. 网络营销是一种软营销

网络软营销理论认为，企业在进行市场营销活动时，必须尊重消费者的感受和体验，让消费者乐意地主动地接受企业的营销活动。它实际上是针对工业经济时代的以大规模生产为主要特征的"强势营销"而提出的新理论。

3. 网络营销是一种整合营销

在传统市场营销策略中，由于技术手段和物质基础的限制，产品的价格、产品或服务、宣传和销售的渠道、商家所处的地理位置等就成了企业经营、市场分析和营销策略的关键性内容。美国密歇根州立大学的麦卡锡将这些内容归纳为市场营销策略中的4P组合，即产品（Product）、价格（Price）、地点（Place）和促销（Promotion）。

以舒尔滋教授为首的一批营销学者从顾客需求的角度出发研究市场营销理论，提出了基于4P市场营销组合理论的4C组合理论，其要点如下：

（1）是以消费者的需求和欲望（Consumer's wants and needs）为中心。

（2）网络营销的产品分销以方便（Convenience）消费者为主。

（3）网络营销产品和服务的价格以消费者能接受的成本（Cost）定价。

（4）网络营销的促销，从强势促销转向以与消费者沟通和联系（Communication）为主。

4. 网络营销是一种关系营销

关系营销理论包括两个主要的观点：一是在宏观上认识到市场营销会对范围很广的一系列领域产生影响，包括顾客市场、劳动力市场、供应市场、内部市场、相关者市场，以及影响者市场（政府、金融市场）；二是在微观上认识到企业与顾客的关系不断变化，市场营销的核心应从过去的简单的一次性的交易关系转变到注重保持与顾客的长期的关系上来。

网络关系营销的核心是保持顾客，为顾客提供高度满意的产品和服务价值，通过加强与顾客的联系，提供有效的服务，保持与顾客的长期关系，并在与顾客保持长期关系的基础上开展营销活动，实现企业的目标。

5. 网络营销是一种数据库营销

数据库营销，就是利用企业经营过程中收集、形成的各种顾客资料，经分析整理后作为制订营销策略的依据，并作为保持现有顾客资源的重要手段。

（1）数据库在营销中的基本作用。

1）更加充分地了解顾客的需要。

2）为顾客提供更好的服务。顾客数据库中的资料是个性化营销和顾客关系管理的重要基础。

3）对顾客的价值进行评估。通过区分高价值顾客和一般顾客，对各类顾客采取相应的营销策略。

4）了解顾客的价值。利用数据库的资料，可以计算顾客生命周期的价值，以及顾客的价值周期。

5）分析顾客的需求行为。根据顾客的历史资料不仅可以预测需求趋势，还可以评估需求倾向的改变。

6）市场调查和预测。数据库为市场调查提供了丰富的资料，根据顾客的资料可以分析潜在的目标市场。

（2）网络数据库营销的优势。

与传统的数据库营销相比，网络数据库营销的独特价值主要表现在三个方面：动态更新、顾客主动加入、改善顾客关系。

1）数据动态更新。

2）顾客主动加入。

3）改善顾客关系。

6. 网络营销是一种病毒性营销

所谓"病毒式营销"，是通过用户的口碑宣传网络，信息像病毒一样传播和扩散，利用快速复制的方式传向数以千计、数以百万计的受众。也就是说，通过提供有价值的产品或服务，"让大家告诉大家"，通过别人为你宣传，实现"营销杠杆"的作用。病毒式营销病已经成为网络营销最为独特的手段，被越来越多的商家和网站成功利用。

美国的电子商务专家将一个有效的病毒性营销战略归纳为六项基本要素，一个病毒性营销战略不一定要包含所有要素,但是,包含的要素越多,营销效果可能越好。

(1)提供有价值的产品或服务。
(2)提供无须努力的向他人传递信息的方式。
(3)信息传递范围很容易从小向很大规模扩散。
(4)利用公共的积极性和行为。
(5)利用现有的通信网络。
(6)利用别人的资源。

小贴士:故事与营销

《小马过河》告诉我们,做网络营销,别去迷信所谓的互联网巨头或中小站长分享的经验,而应从实际出发,找准切入点。

《曹冲称象》告诉我们,做网络营销,一定要学会不对称创新,运用好那些表面看起来毫无价值的网站。

《乌鸦找水喝》告诉我们,做网络营销,一定要凝聚中小网站的力量,找到自己的网络石头。

《守株待兔》告诉我们,做网络营销,一定要学会营造氛围,以吸引消费者坐赢天下。

《草船借箭》告诉我们,做网络营销,一定要借力量于第三方,让利益于第三方。

《刻舟求剑》告诉我们,做网络营销,一定要与时俱进,随机应变。

《坐井观天》告诉我们,做网络营销,一定要跳出自己的网站,拥抱云计算的蔚蓝天空。

(四)分析网络营销与传统营销的关系

网络营销是在传统市场营销的基础上发展起来的,借助于互联网络来实现营销目标的一种新的市场营销方式,是营销的创新和创新的营销,是市场营销学在20世纪90年代发展起来的新理论和营销实践,网络营销仍然是市场营销的重要组成部分。

网络营销是对传统营销的发展,而且网络营销不能取代传统营销。从目前来看,网络营销的交易额还仅占整个交易市场的一小部分。由于个人的行为及偏好,部分消费者仍愿意使用传统方式进行沟通。网络营销与传统营销的整合,主要表现在网络营销中顾客概念、产品概念、营销组合和企业组织的整合。

[案例链接9.2] 网络营销成功案例:《中国好声音》

浙江卫视热播的综艺节目《中国好声音》,一经播放,一发不可收拾,收视率刷新了很多的节目。这个节目不同于以前的一些选秀节目,很像模仿西方的达人秀之类的节目,但是有所创新,有所突破,每个选手背后都有一段故事,每个选手的背后都有一段对音乐的追求,他们为了音乐在不断努力着,不曾放弃。

为什么这档节目如此让大家所关注呢,它成功的地方在哪里呢?这个是留给我们这些爱揣摩的朋友一起去研究的话题。

（1）《中国好声音》在开播的时候，就是利用微博营销的方式壮大声势，不断给那些喜欢和追求的朋友留下很多悬念。好奇心是人最大的特点，这就让大家去继续关注，成功地吸引了很多的关注，为后期的收视率埋下深深的伏笔。这个就让我们联想到了我们的网络营销，我们想推销一个产品，前期的宣传是很有必要的，企业有再好的产品，如果没人知道，那你也是枉然。

（2）《中国好声音》同时也抛掉了常规选秀节目的评委点评环节，选择了让选手多点选择，选择自己喜欢的明星导师来带动整个节目的刺激性和趣味性。网络营销中也是要增加点趣味性和刺激性来带动和刺激消费者的购买欲望，只有吸引了客户的注意力，你才能把握好市场的导向。

（3）而且《中国好声音》，整个现场的气氛非常的好，互动强，每个有梦想的人都能站在这个舞台上来展现自己。就好比我们做网络营销一样，一个好的用户体验，一个好的网站布局，一个好的交流互动，怎么会没有订单呢？

（4）还有一点我要强调的是，《中国好声音》声音真的很好，选手的歌声也是一个重中之重。让观众愿意一直听下去。这个很清晰，网络营销，你的产品质量也是一个重点。如果你的质量太差的话，就会适得其反。

（5）最后一点就是《中国好声音》播放，受到了很多专业人士和一些大型媒体的高度评价，拥有了一个强大的群众基础和社会口碑。网络营销也是一样，圈内人士的宣传一样，很多朋友对这些专业人士的评价都是很认可的。

本案例摘自：http://www.jujiao1.com/blog/1774.html

二、认知网络营销策略

网络在让世界变小，缩短了空间的距离，也在改变时间的概念——可以午夜去购物，可以和地球另一端的朋友共同游戏，只要几秒钟，一封电子信件就可以送到世界任何一个有互联网的地方，也可以在一秒钟内把想要的资讯从世界各地抓取过来……当互联网融入手机这一便携终端后，其范围可谓无远弗届。今天的互联网已经充分融入我们的生活中，也彻底颠覆了我们的生活方式。

随着互联网技术的不断发展，智能产品已成为普通人日常生活中不可分割的一部分。无论工作、休闲、生活还是娱乐，应用智能产品更是成了人们的一种生活习惯，于是互联网服务也由最初的大行业应用向垂直细分领域渗透，网络营销时代已悄然而至！网络营销正用其难以替代的经济性、时空性、多媒体、整体性和交互式优势逐步改写经济社会的一些规划因素，为现代企业的生存和发展带来了机遇和挑战，如何实施有创新意义的网络营销策略，值得我们思考。

（一）网络营销产品策略

1. 认识网络营销产品的整体概念

网络营销产品整体概念：网络营销活动中，消费者所期望的能满足自己需求的所有的有形实物、无形产品和服务的总称。在网络营销中，产品整体概念可分为核心产品、形式产品、期望产品、延伸产品、潜在产品五个层次，各层次关系如图9-1所示。

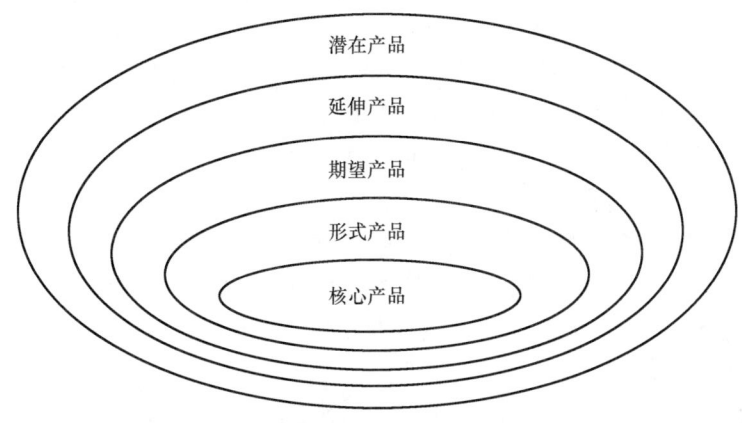

图9-1　网络营销产品的层次

（1）核心产品。这是产品最基本的层次，是指产品能够提供给消费者的基本效用或益处，是顾客要购买的实质性的东西。如客户购买汽车，并不是只想拥有多大排量的发动机和它的钢铁外壳本身，而是要通过发动机驱动车轮，最终获得载乘行驶的效用。由于网络营销是一种以顾客为中心的营销策略，企业在设计和开发产品核心利益时要从顾客的角度出发，要根据上次的营销效果来制定本次产品的设计开发。要注意的是网络营销的全球性，企业在提供核心利益和服务时要针对全球性市场提供，如医疗服务可以借助网络实现远程医疗。

（2）形式产品。这是核心产品借以存在并传递给消费者的具体物质形式。主要表现在品质、品牌、包装、功能、款式和特色等方面，是核心利益的物质载体。对于物质产品来说，首先，产品的品质必须有保障；其次，必须注重产品的品牌；再次，注意产品的包装；最后，在式样和特征方面要根据不同地区的文化来进行针对性加工。

（3）期望产品。指顾客在购买产品时期望得到的与产品密切相关的一整套属性和条件。例如，住宿的客人期望旅馆能提供一次性拖鞋和牙刷、牙膏及洗发水、沐浴液、浴巾等产品服务，在网络营销中，消费者处于主导地位，消费呈现出个性化的特征，不同的消费者可能对产品的要求不一样，因此产品的设计和开发必须满足顾客这种个性化的消费需求。即使对于同一核心产品，不同的顾客对所购产品的质量、使用方便程度、特点等方面的期望值也不一样。为满足这种需求，对于物质类产品，要求企业的设计、生产和供应等环节必须实行柔性化的生产和管理。对于无形产品如服务、软件等，要求企业能根据顾客的需要来提供服务。

（4）延伸产品。指由产品的生产者或经营者提供的和购买者需求的、主要是帮助用户更好地使用核心利益的一系列服务。在网络营销中，对于物质产品来说，延伸产品层次要注意提供满意的售后服务、送货、质量保证等。

（5）潜在产品。这是在延伸产品层次之外，由企业提供能满足顾客潜在需求的产品层次，它主要是产品的一种增值服务，它与延伸产品的主要区别是顾客没有潜在产品层次仍然可以很好地使用顾客需要的产品的核心利益和服务。例如，联想电脑推出天禧系列电脑时，在提供电脑原有的一切服务之外，还提供了直接上网的便捷服务。

例如：在电子电器网站中它的核心产品是手机。它的有形产品从手机的品牌不同可以分为诺基亚、索爱、三星等；从使用人群的不同可以分为学生机和老人机；从用途不同可以分为商务机和学习机。它的期望产品是移动电话、具有桌面级电子邮件、网页浏览、搜索和地图功能的突破性因特网通信设备完美地融为一体。延伸产品是包邮和免费保修。潜在产品是免费随时向顾客提供手机的软件的升级服务和防辐射技术等。

2. 了解网络营销产品的特点

一般而言，目前适合在互联网上销售的产品通常具有以下特性：

（1）产品性质。由于网上用户在初期对技术有一定要求，用户上网大多数与网络等技术相关，因此网上销售的产品最好是与高技术或与计算机、网络有关，这些产品容易引起网上用户的认同和关注。

（2）产品质量。网络的虚拟性使顾客可以突破时间和空间的限制，实现远程购物和在网上直接订购，这使得网络购买者在购买前无法尝试或只能通过网络来尝试产品。由于网络购买者无法具有在传统环境下亲临现场的购物体验，因此顾客对产品的质量尤为重视。

（3）产品式样。网上市场的全球性，使得产品在网上销售面对的是全球性市场，因此，通过互联网对全世界国家和地区进行营销的产品要符合该国家或地区的风俗习惯、宗教信仰和教育水平。网上销售产品在注意全球性的同时也要注意产品的本地化。同时，由于网上消费者的个性化需求，网络营销产品的式样还必须满足购买者的个性化需求。

（4）产品品牌。在网络营销中，生产商与经营商的品牌同样重要，要在网络中浩如烟海的信息中获得浏览者的注意，他们必须拥有明确、醒目的品牌。

（5）产品包装。作为通过互联网经营的针对全球市场的产品，其包装必须适合网络营销的要求。

（6）目标市场。网上市场是以网络用户为主要目标的市场，在网上销售的产品要适合能覆盖广大的地理范围。

（7）产品价格。互联网作为信息传递工具，在发展初期是采用共享和免费策略发展而来的，网上用户比较认同网上产品低廉的特性；另一方面，由于通过互联网进行销售的成本低于其他渠道销售的产品，因此在网上销售产品一般采用低价定位。

3. 网络营销产品的特征

在网络上销售的产品，按照产品性质的不同，可以分为两大类：即实体产品和虚体产品。其营销方式和销售品种与传统营销有很大差别。

（1）实体产品。

将网上销售的产品分为实体和虚体两大类。在网络上销售实体产品的过程与传统的购物方式有所不同。在这里已没有传统的面对面的买卖方式，网络上的交互式交流成为买卖双方交流的主要形式。消费者或客户通过卖方的主页考察其产品，通过填写表格表达自己对品种、质量、价格、数量的选择；而卖方则将面对面的交货改为邮寄产品或送货上门。

（2）虚体产品。

虚体产品与实体产品的本质区别是虚体产品一般是无形的，即使表现出一定形态也是通过其载体体现出来，但产品本身的性质和性能必须通过其他方式才能表现出来。在网络上销售的虚体产品可以分为两大类：软件和服务。软件包括计算机系统软件和应用软件。网上软件销售商常常可以提供一段时间的试用期，允许用户尝试使用并提出意见。好的软件很快能够吸引顾客，使他们爱不释手并为此慷慨解囊。

表9-1　　　　　　　　　　　　　网络营销产品特征

产品形态			营销方式	销售品种
实体商品			在线浏览购物 物流送货上门	日用品、工业品、农产品、旧货等实体产品
虚体产品	软体商品	资讯提供	网上销售网上传输	资料库检索、电子新闻、电子图书、电子报刊、研究报告、论文、团购券
		软件销售		电子游戏、套装软件
	在线服务	在线服务	互动沟通	情报服务、法律查询、医药资讯、股市行情分析、银行、金融咨询服务
		互动式服务		网络交友、电脑游戏、远程医疗、法律救助
		网络预约服务	网络预约 电话预约	航空、火车订票　饭店、餐馆预约　电影票、音乐会、体育赛事入场券预订、旅游预约服务、医院预约挂号

4. 理解网络产品的生命周期及营销策略

网络产品的市场生命周期是指产品从上市到被淘汰为止的全过程。网络产品生命周期的长短主要取决于网络市场的需求和产品的更新换代频率和程度。可分为：介绍期、成长期、成熟期和衰退期。

（1）介绍期产品的市场特点和营销策略。处于介绍期的网络产品，网上顾客对其不太了解，需求有限，生产成本高，网上市场中的竞争者较少。网络营销策略方面的重点应是加强网络促销活动，鼓励消费者使用，吸引网络中间商。

（2）成长期产品的市场特点和营销策略。处于成长期的网络产品，网上顾客对其有一定的认知度，网上营销渠道面扩大，销售量增长很快，网上市场中的竞争者开始大量出现。网络营销策略方面的重点是加强网络促销手段使用的同时，加强树立产品形象，调整价格，拓展新的市场。

（3）成熟期产品的市场特点和营销策略。处于成熟期的网络产品，顾客对产品产生一定忠诚度与美誉度，各销售渠道基本处于饱和状态，销售增长率缓慢上升，进入一个相对稳定的时期。市场上产品过剩、竞争加剧、消费者也开始转移。网络营销策略方面的重点是改进产品，开拓新市场和调整网络营销组合。

（4）衰退期产品的市场特点和营销策略。处于衰退期的网络产品，网上顾客的兴趣已经转移，销量开始下滑，多数企业无利可图，被迫退出市场。网络营销策略方面可以有三个选择：集中策略、维持策略、放弃策略。

思考：

登录与下面相关的新型网站：
①个性化定制网站：卡当网（www.kadang.com）。②虚拟体验：试衣网http：//www.41go.cn/

③发泄：出气筒（www.cqTong.cn）。 ④易物：易物趣（www.ewuqu.com）。 ⑤收藏：百度搜藏（cang.baidu.com）。 ⑥新分享：糗事百科（www.qiushibaike.com）。

想一想各网站经营产品及特点，用户的心理特征，预测其趋势。

（二）网络营销价格策略

价格是一把"双刃剑"，一方面对着消费者和市场份额；另一方面对着竞争对手和企业利润。放眼网络产品，一元、免费等字眼冲刺眼球，让人眼花缭乱，网络产品的定价是网络营销策略的重要内容之一。

1. 认识网络产品的价格

（1）低价位化。互联网自科学研究应用发展以来倡导免费的、开放的、自由的，成为企业和消费者交换信息的渠道，网络产品较传统产品减产了很多中间环节的成本，迫使开展网络营销的企业以尽可能低的价格出售产品，增大了消费者的让渡价值。网络产品价格较常规渠道低，这是吸引消费者的一个核心原因。

（2）全球定价化。网络营销市场面对的是开放的和全球化的市场，世界各地的消费者都可以直接通过网站进行交易，不需要考虑网站归属哪个国家或地区。企业的目标市场从过去受地理位置限制的局部市场，拓展到范围广泛的全球性市场，这使得网络营销产品定价时必须考虑目标市场范围的变化带来的影响因素。

（3）价格水平趋于一致化。因特网市场是一个开放的、透明的市场，在这个市场中，消费者可以及时获得同类产品或相关产品的价格信息，对价格及产品进行充分的比较，迫使企业努力减少因国家、地区等因素的不同而产生的价格差异，进而使价格趋于一致。

（4）弹性化。网络营销的互动性使得消费者可以和企业就产品价格进行协商，另外也可以根据消费者的需求不同，提供不同的产品和服务，企业在制定网上销售价格时，可以科学量化每个环节的价格构成，制定相应的价格。

（5）顾客主导化。传统市场中，产品的价格是以生产成本为基准，加上一定的利润率，成为市场价格。在网络市场中，消费者能及时获取产品及其价格的各种信息，通过综合这些信息决定是否接受企业报价并达成交易。所以，在定价时，企业必须考虑消费者的心理特点和价格预期，以消费者为中心，根据生产成本和消费者心理意识到的产品价值综合定价，以赢得消费者的接受和认可，产生购买欲望，实现双赢。

2. 掌握网络营销产品定价策略形式

（1）低价定价策略。

1）直接低价定价策略。直接低价定价策略是指在定价时采用成本加一定利润的方法，有的甚至是零利润，企业在公开价格时比同类产品价格要低。它一般是制造业企业在网上进行直销时采用的定价方式。如DELL公司的计算机定价比相同性能的其他企业产品低10%~15%。

2）折扣定价策略。折扣定价策略是在原价基础上进行折扣来定价的。这种定价方式可以直观地让顾客了解网络产品的降价幅度，以促进顾客的购买。这类价格策略主要被用在一些网店上，他通过网上产品按照市面上流行价格进行折扣定价。如唯品会的服装一般要进行折扣,而且折扣价格非常低。

3)促销定价策略。促销定价策略是指为了达到促销目的,对产品暂定低价,或暂以不同的方式向顾客让利的策略。促销定价除了前面提到的折扣定价策略外,比较常用的还有有奖销售和附带赠品销售。

(2)使用定价策略。所谓使用定价,是指顾客通过互联网注册后可以直接使用某企业的产品,顾客只需要根据使用次数进行付费,而不需要将产品完全购买。这一方面减少了企业为完全出售产品而进行的不必要的大量的生产和包装浪费,同时还可以吸引过去那些有顾虑的顾客使用产品,扩大市场份额。顾客每次只根据使用次数付费,既节省了购买产品、安装产品、处置产品的麻烦,又可以节省不必要的开销。目前,比较适合的产品有软件、音乐、电影等产品。

(3)定制生产定价策略。定制生产定价策略也称为个性化定价策略,是在企业能实行定制生产的基础上,利用网络技术和辅助设计软件,帮助消费者选择匹配或者自行设计能满足自己需求的个性化产品,同时承担自己愿意付出的价格成本。定制生产定价根据客户对象可以分为两类:一类是面对工业组织市场的定制生产定价,这部分市场属于供应商与订货商的协作问题;另一类是面对大众的消费者市场,实现满足客户个性化需求的定制生产,如芭比娃娃的服装个性化定制。

(4)拍卖竞价策略。网上拍卖使消费者通过互联网轮流公开竞价,在规定时间内价高者赢得产品。这是目前发展比较快的领域,经济学认为市场要想形成最合理的价格,拍卖竞价是最合理的方式。目前国外比较有名的拍卖站点是http://www.ebay.cn,它允许商品公开在网上拍卖,拍卖竞价者只需要在网上进行登记即可,拍卖方只需将拍卖品的相关信息提交给eBay公司,经公司审查合格后即可上网拍卖。网上拍卖竞价方式主要有以下两种:

1)竞价拍卖。最大量的是C2C的交易,包括二手货、收藏品,也可以是普通商品以拍卖方式进行出售。如惠普公司也将一些库存积压产品放到网上拍卖。如保利拍卖,以拍卖中国古董、中国现当代油画及艺术品、中国近现代书画、中国古代书画等为主要项目,如图9-2所示。

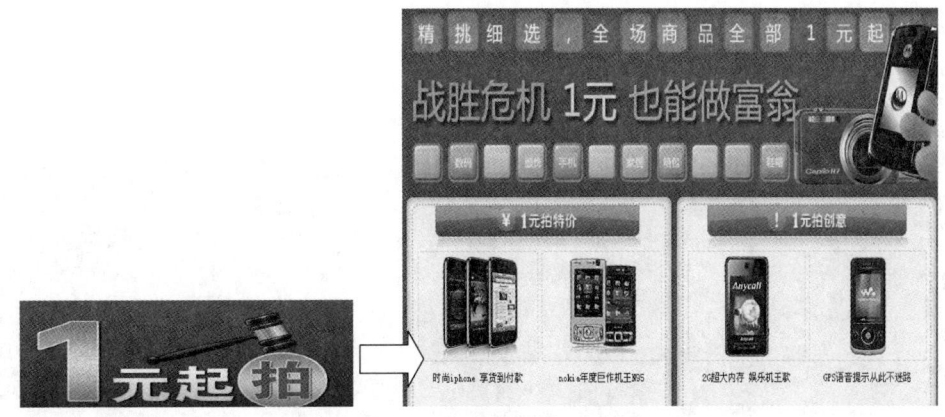

图9-2 易趣网的竞价拍卖策略

2)竞争拍买。竞价拍买是竞价拍卖的反流程,消费者求购某商品,提出一个价格范围,由商家出价,出价可以是公开的或隐蔽的,消费者最终与出价最低或最接近的价格商家成交。

3)集体议价。在互联网出现以前,这种方式在国外主要是由多个零售商结合起来,向批发商(或生产商)以数量换价格的方式。互联网出现后,使得普通的消费者能使用这种方式购买商品。提出这一模式的是美国著名的Priceline公司,作为动态定价的一种形式,集体议价将不同的投标者联合起来以便获得折扣价格。

(5)免费营销。免费价格策略是市场营销中常用的营销策略,指的是企业将产品或服务以零价格或近乎零价格的形式提供给顾客使用,满足顾客需求。在传统营销中,免费价格策略一般是短期和临时性的;在网络营销中,免费价格策略却是一种长期并行之有效的企业定价策略。可供企业参考的三种免费营销策略(图9-3):

1)完全免费营销:即产品从购买、使用和售后服务所有环节都实行免费。如淘宝网上开店、注册邮箱、博客、微博、微信、360杀毒软件等。免费不等于公司无利润,如新浪网在2005年推出"名人博客"这一新闻形式之后,经过一年多的发展,新浪博客的日访问量已经过亿,巨大的访问量为新浪网的广告增收和无线业务增收打下了很好的基础。

2)部分免费营销:又称产品限制免费营销,是指设定一些限定条件对产品实行部分免费。根据"免费经济学"创始人克里斯·安德森(Chris Anderson)的观点,将限制免费模式分为四种,具体为:

一是限定时间。如30天试用期内免费,之后收费。

二是限定特征。如网络游戏《征途》对玩家免费开放但对升级所需的武器装备收费。

三是限定用户数。如一定数量用户可以免费使用该产品,但超过这一数目则需要收费。如目前许多培训公司常常会有这样的广告,如某月某日之前报名的,其费用打折扣或前12名报名者免手续费等。

四是限定用户类别。如低端用户免费,高端用户付费。如微软BizSpark项目就是使用的这种模式,在该项目中成立时间少于3年且营业收入低于100万美元的公司可免费使用微软的商业软件。

图9-3 苏宁易购采用的免费营销

3）产品捆绑式免费模式：是指购买某产品或者服务时赠送其他产品。如一些软件会实行捆绑式免费策略，通过成熟软件的销售带动新软件进入市场。它有利于企业的产品迅速占领市场份额。

小贴士：适用免费策略的产品

采用免费策略的产品一般都是利用产品成长推动占领市场，帮助企业通过其他渠道获取收益，为未来市场发展打下基础。并不是所有的产品都适合于免费定价策略。受企业成本影响，如果产品开发成功后，只需要通过简单复制就可以实现无限制的生产，使免费商品的边际成本趋近于零或通过海量的用户，使其沉没成本摊薄，这就是最适合用免费定价策略的产品。免费价格策略如果运用得当，便可以成为企业的一把营销利器。

（6）差别定价策略。差别定价策略是指对同一产品针对不同的顾客、不同的市场制定不同价格的策略，以满足顾客的不同需要，从而为企业谋取更多的利润。其种类主要有：以顾客为基础的差别定价策略、以产品为基础的差别定价策略、以产品部位为基础的差别定价策略和以销售时间为基础的差别定价策略。

1）以顾客为基础的差别定价策略：是指企业按照不同的价格把同一产品或劳务卖给不同的顾客。如网上超市对于非会员、会员、VIP会员实行不同的价格。

2）以产品式样为基础的差别定价策略：是指企业对不同花色、品种、式样的产品制定不同的价格，但这个价格相对于它们各自的成本是不成比例的。如网店上特百惠的水杯，只因颜色不同而定不同的价格。

3）以产品部位为基础的差别定价策略：是指企业对于不同部分的产品或服务分别制定不同的价格。如：网络上旗帜广告会因发布位置不同而收取不同的费用。

4）以销售时间为基础的差别定价策略：是指企业对于不同季节、不同时期甚至不同钟点的产品或服务分别制定不同的价格。如网上旅游产品会因是平时、周末、节假日而有所不同。

（7）品牌定价策略。360百科指出：品牌定价是消费者感知品牌价值高低及自己利益得失的重要依据，是消费者考虑购买该品牌商品的重要因素及判断商品价值的基础。产品的品牌和质量会成为影响价格的主要因素，它能够对消费者产生很大的影响。如果产品具有良好的品牌形象，那么产品的价格将会产生很大的品牌增值效应。名牌商品采用"优质高价"策略，既增加了盈利，又让消费者在心理上感到满足。

（8）折扣与让利。企业为了调动各类中间商和其他用户购买商品的积极性，对某些产品的销售做出减价、降价、加赠品或给予一定的津贴等，以鼓励购买者的积极性，或争取顾客长期购买。折扣与让利定价策略常用的有以下几种（图9-4）：

1）现金折扣：指企业对采用现金交易的客户或按约定日期提前以现金支付货款的客户，给予一定折扣。

2）批量折扣：又称数量折扣，指企业按客户购买数量的多少分别给予不同的折扣，购买数量越多，折扣越大。如一件9折，两件8折。

3）功能折扣：又称交易折扣。根据各类中间商在营销中所起的作用和功能差异，分别给予不同的折扣。例如，某商品的零售价为100元，对批发商、零售商的折扣率分别为

10%和5%,这样,给予批发商和零售商的折扣价格分别为90元和95元。

4)季节折扣:指根据季节不同采用不同的定价。对销售淡季来购买的客户,给予折扣优惠,调节淡旺季之间的销售不均衡。这种定价策略主要适用于季节性明显的商品。

5)推广让价:指生产企业为了鼓励中间商开展各种促销活动,给予某种程度的报酬,或以津贴形式或以让价形式推广。

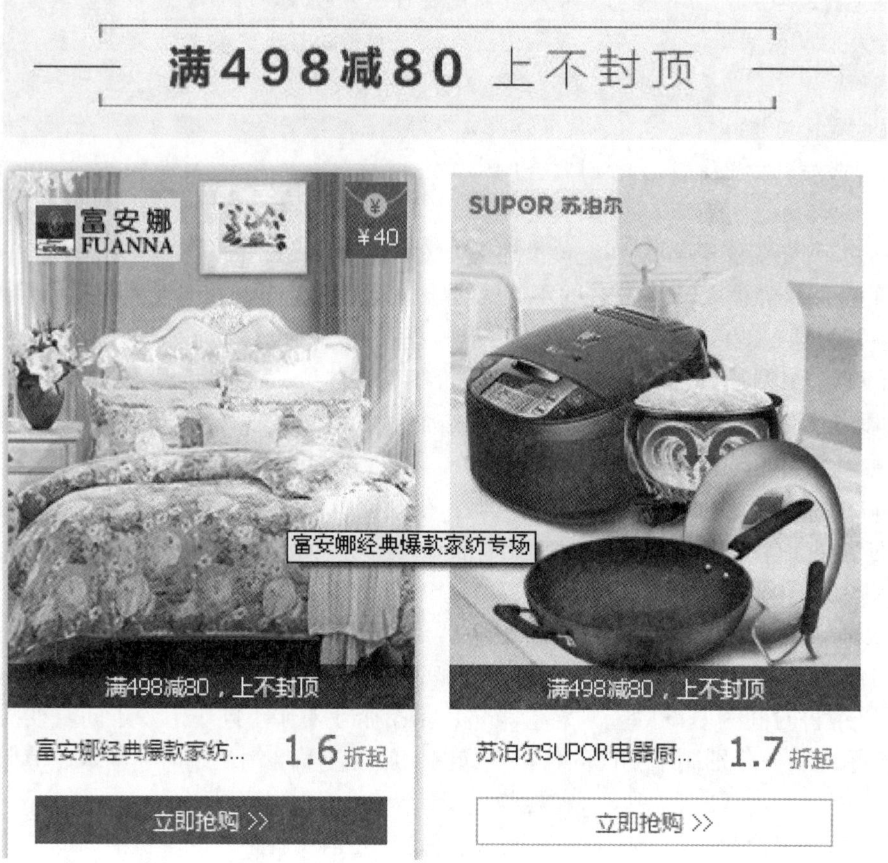

图9-4 唯品会的折扣定价策略图示

小贴士:6条规避定价风险的策略

没有定价文化的企业,总会陷入以成本定价或是被动定价的泥沼。这两种方法都无法满足企业或是企业客户对价值的追求。定价的失当会让顾客不知所措,会失去他们对企业品牌的忠诚,最终导致利润的下降。这是企业不得不避免的商业风险。

美国佩博丁大学格雷齐尔迪奥商学院出版的《格雷齐尔迪奥商业报道》杂志发表文章 Have You Reviewed Your Pricing Strategies Lately,举出了6条规避定价风险的策略,帮助你解决定价的难题。

(1)认清你的商业模式。弄清什么让你赢利,什么导致成本。并且认真考虑价格的变化会给你公司的财务指标带来什么影响,你能为你的客户或潜在客户减轻什么负担。

(2)确定战略目标。某类产品的定价最终要实现什么?通过渗透性定价,你的市场份额是否能够最大化?或者通过撇脂性定价你的利润是否能最大化?

（3）确定产品或服务的价值。分清谁是你的客户，谁是你竞争对手的客户。企业目前的市场情况是怎样的？客户愿意为你的产品支付多高的价格？他们愿意为此多付一点吗？

（4）定位你的价格策略。它与营销组合中其他几个要素是一致的吗？

（5）先定价再测试。首先给产品定价，再传递产品的价值。接下来统计新定价后的销售量、毛利和净边际利润，并调整定价策略使利润最大化、成本最小化。不仅销量要达标，还要重新评估针对客户的价值主张，检查产品的供应，征求客户意见，并依此调整定价策略。

（6）将定价作为公司文化的一部分。定期从客户那里收集反馈，并周期性地评估定价策略。制定标准的定价政策，使员工能主动地思考战略性定价问题。最后切记，客户和企业对价值的追求。

本案例摘自 http://www.ceconline.com/sales_marketing/ma/8800043335/01/

3. 网络营销渠道策略

（1）认识网络营销渠道。网络营销渠道是借助互联网将产品从生产者转移到消费者的中间环节。狭义上是指企业通过互联网为消费者提供的与企业进行产品信息和资金交换的途径和一系列的中间环节。

与传统营销渠道一样，以互联网作为支撑的网络营销渠道也应具备传统营销渠道的功能。营销渠道是指与提供产品或服务以供使用或消费这一过程有关的一整套相互依存的机构，它涉及信息沟通、资金转移和事物转移等。

1）订货系统：既为消费者提供产品信息，又方便企业获取消费者的需求信息，以求达到供求平衡。一个完善的订货系统，可以最大限度降低库存，减少销售费用。

2）结算系统：消费者在购买产品后，可以有多种方式方便地进行付款，因此厂家（商家）应有多种结算方式。如：支付宝、信用卡、电子货币、网上银联付款等。

3）配送系统：网上产品分为有形产品和无形产品，对于无形产品如服务、软件、音乐等产品可以直接通过网上进行配送，对于有形产品的配送，要涉及运输和仓储问题。有良好的专业配送服务体系作为网络营销的支撑。

（2）网络营销渠道与传统营销渠道的区别。网络营销渠道与传统营销渠道的区别将从作用、结构、费用三个方面分析：

1）作用方面的区别：①传统营销渠道：作用单一，是商品从生产者向消费者转移的通道。②网络营销渠道：作用多方面，是信息发布的渠道；是销售产品、提供服务的快捷途径；是企业间洽谈业务、开展商务活动的场所，也是进行客户技术培训和售后服务的园地。

2）结构方面的区别：传统渠道结构复杂，有一级、二级、三级渠道等；网络营销渠道更多的是直接面对消费者，最多的是一级渠道。

3）费用方面的区别：①传统直接分销渠道：直接出售，有或没有仓库。②网络直接分销渠道：网络管理员的工资和上网费用。③传统间接分销渠道：中介机构多，流通费用高。④网络间接分销渠道：大大减少了流通环节，降低交易成本。

（3）网络营销渠道建设。

1）网络营销渠道构建方式：一般来说网上销售主要有两种方式：B2B、B2C。

①B2B，指的是企业对企业的模式。因B2B每次交易量很大、交易次数较少，且买方较集中，因此网上销售渠道的建设关键是建设好订货系统，以方便买方抉择；由于企业一

般信用较好，通过网上结算实现付款比较简单；另一方面，由于量大次数少，因此配送时可专门运送，既可保证速度又减少中间环节造成损伤，从而保证产品质量。②B2C，指的是企业对消费者模式，因B2C每次交易量小、交易次数多，而且消费者非常分散，因此网上渠道建设的关键是做好结算系统和配送系统，特别是面对大众消费时，解决好这两个环节才有可能获得成功。

2）网络营销渠道选择注意事项：在选择网络销售渠道时要注意产品的特性，一些易于数字化的产品，可以直接通过互联网传输；而对大多数有形产品，则须依靠传统配送渠道来实现货物的空间移动，对于部分产品依赖的渠道，可以通过对互联网进行改造以最大限度提高渠道的效率，减少渠道运营中的人为失误和时间耽误造成的损失。

[案例链接9.3] 网络排队也疯狂

"排队文化"，这个屡次出现在苹果新品报道中的词汇，如今被一家企业运用到了互联网上，通过排队，为品牌带来了充足的人气，并有效地促进了线下实体店的客流导入。它是如何做的？请看：

2010年12月3日，日本服装零售品牌优衣库登陆人人网，凭借品牌号召力及粉丝的自发传播，上线一周它的公共主页粉丝就突破1万。为了号召更多粉丝加入，优衣库在12月10日推出了与人人网独家合作的"UNIQLO LUCKY LINE"的网上排队活动。

参与者只要用自己的人人账号登录优衣库官网，就可以选择一个喜欢的卡通形象，并发表一句留言同步到人人网新鲜事，就可以用这个小人和其他人一起，在优衣库的虚拟店面前排起一串长长的队伍。当然，大家如此辛苦的"排队"，总是要有些收获的。优衣库为参加活动的朋友准备了丰富的奖品，除了每天随机赠送的一部iPhone或者iPad，如果你在队伍里恰好排到第10万或者第50万这样的幸运数字，还可以得到4 999元旅游券或者20件衣服的大礼包。如果参与者希望增加中奖概率，每隔5分钟就可以重复排队一次，而每次排队都有机会抽奖，中到九折优惠券的机会几乎人人有份。为了体现抽奖的真实性，每天在优衣库的公共主页都会在相册公布得奖者的人人网照片，这些都为排队者提供了源源不断的动力。在排队等待的过程中，参与者也不会无聊，把鼠标移到队伍中的其他顾客，将显示此人的人人网账号姓名和留言。在活动页面还能看到实时更新的人人网好友留言，在线"与好友聊聊"。

短短一周时间，这次网上排队活动已经有超过93万人次参与。从12月3日登录人人网，不到两周时间，优衣库的粉丝人数已经接近11万人。而早在活动开始前期，优衣库就在全国各大店面展示了活动的宣传海报，但如此之快的传播速度还要归功于SNS网站用户的自传播。用户参与的每一次登录、留言、成为粉丝、聊天等行为都会触发不同的新鲜事告知参与者的人人网好友，吸引好友们的参与。除了奖项设置本土化，优衣库还在游戏里加入了更多的中国元素。他们为这个活动设计了15个场景区块和大约50种排队的人物角色。在北京烤鸭、大红灯笼、石狮子和小笼包围绕的中国街道上，大熊猫、孙悟空、打太极或者骑自行车的人们排起长长的队伍。

活动开始时Lucky Line的九折优惠券设定的有效期限是不超过两天，目的是希望网友每天都来排队看看。这个过短的时间限制受到不少网友质疑，再加上活动人数很快超出预期，希望优惠券促进实体店销售的期望已经超过了增加游戏趣味性的需求，优衣库又将九折券的有效期延长至12月23日活动结束。

其实，这个创意最早在日本执行过两次，让这个活动在中国火起来的是2010年9月的"Lucky Line Taiwan"。在价值4万元新台币的日本游大奖激励下，借助Facebook和Twitter平台，当时有超过60万人次通过网络在优衣库门前排起长队，优衣库在Facebook上的粉丝数从零激增到8万。在Lucky Line Taiwan取得成功后，把这个创意移植到中国内地几乎成为水到渠成的事情。

对于这次活动为实体店圣诞促销带来的作用，优衣库中国子公司电子商务部部长松山真哉说，"店内销售要受到很多因素的影响，不能单纯评估这次活动带来的效果，但在客流导入方面肯定是有效的。"

此案例摘自http://18126300.blog.hexun.com/73183773_d.html

4. 网络促销策略

（1）认识网络促销策略。网络促销（Cyber Sales Promotion）策略是指企业利用现代化的网络技术向虚拟市场传递有关产品和服务的信息，以启发需求，引起消费者的购买欲望和购买行为的各种活动。

（2）网络促销的特点。网络促销突出地表现为以下三个明显的特点：

第一，网络促销随着网络技术的不断改进而发展。因网络促销是通过网络技术传递产品和服务的存在、性能、功效及特征等信息的。它是建立在现代计算机与通信技术基础之上的，因此随着计算机和网络技术的不断改进而改进。

第二，网络促销是在虚拟市场上进行的。这个虚拟市场就是互联网。互联网是一个媒体，是一个连接世界各国的大网络，它在虚拟的网络社会中聚集了广泛的人口，融合了多种文化。

第三，网络促销建立在全球统一的市场背景上。互联网虚拟市场的出现，将所有的企业，不论是大企业还是中小企业，都推向了一个世界统一的市场。传统的区域性市场的小圈子正在被一步步打破。每个企业要想长远发展就要学会在这个虚拟市场上做生意。

（3）网络促销与传统促销的区别。虽然网络促销和传统促销的目的都是让消费者认识产品，引导消费者的注意和兴趣，激发他们的购买欲望，并最终实现购买行为，但由于互联网强大的通讯能力和覆盖面积，网络促销在时间和空间观念上，在信息传播模式上以及在顾客参与程度上都与传统的促销活动发生了较大的变化。

1）时空观念的变化。传统促销：有时间限制，产品销售和消费者群体都有一个地理半径的限制。网络促销：可在全球范围竞争，订货和购买可能在任何时间进行。

2）信息沟通方式的变化。多媒体信息处理技术提供了近似于现实交易过程中的产品表现形式；双向的、快捷的、互不见面的信息传播模式，即将买卖双方的意愿表达得淋漓尽致，也留给对方充分思考的时间。传统促销可以与消费者面对面的交流，可以从非语言中获得信息。

3）消费群体和消费行为的变化。上网购物者是一个特殊的消费群体，具有不同于消费大众的消费需求。这些消费者普遍大范围地选择和理性地购买。这些变化对传统的促销理论和模式产生了重要的影响。

4）对网络促销的新理解。网络促销虽然与传统促销在促销观念和手段上有较大差别，但推销产品的目的是相同的，因此，整个促销过程的设计具有很多相似之处。所以，一方面应当理解与顾客不见面、完全通过网络交流思想和意愿的产品推销形式；另一方面吸收传统促销方式的整体设计思想和行之有效的促销技巧，打开网络促销的新局面。

（4）网络促销方式。

1）打折促销。打折促销是目前最常见的促销方式。因为消费者普遍认为网上商品的价格一般都要比传统方式销售时要低。商家利用消费者对价格的敏感，以折扣价引爆网民的购买欲望和热情。由于网上销售商品存在不能给人全面、直观的印象，也不能试用、触摸及配送成本和付款方式的复杂性等弊端，因此，幅度比较大的折扣可以促使消费者进行网上购物的尝试并做出购买决定，如唯品会、当当网上书店等，如图9-5所示。

图9-5　当当网上书店折扣图示

2）赠品促销。赠品促销指顾客购买产品或服务时，赠送给他一些产品或小赠品，以此来带动主产品的促销。目前在网上这种促销方法的应用不算太多，一般情况下，在新商品推出试用、商品更新、对抗竞争品牌、开辟新市场情况下，利用赠品促销可以达到比较好的促销效果。促销的赠品要选择一些具有特色，能引起客户兴趣的产品。

小贴士：赠品选择注意事项

（1）注重赠品质量，不要选择次品、劣质品作为赠品，这样做只会起到适得其反的作用。

（2）了解消费者的心理，明确促销目的，选择适当的能够吸引消费者的商品或服务。

（3）注意赠品的时间性和时机，如冬季不能赠送只能在夏季才能用的物品。

（4）注意市场需求和预算，赠品要在能接受的预算内，不能过度赠送赠品而造成困境。但在危急公关等情况下，为挽回企业公关危机可考虑不计成本的赠品活动。

3）网上抽奖式促销。抽奖促销也是网络上促销常用的方法之一。网上抽奖活动主要被用于调查、商品销售、扩大用户群、庆典、推广某项活动等，消费者或访问者通过填写问卷、注册、购买商品或参加网上活动等方式获得抽奖机会。它是以一人或数人获得超出参加活动成本的奖品为手段进行商品或服务的促销。

抽奖时要注意公开、公正、公平，奖品要对大家有吸引力，这样才会有更多的用户对促销活动感兴趣。

小贴士：抽奖促销注意事项

（1）奖品必须具有足够的诱惑力，大额超值的商品更能吸引消费者参加。

（2）活动参加方式要简单化，网上抽奖活动要策划的有趣味性和易参加。流程过于复杂较难吸引匆匆的访客。

（3）抽奖结果的公正公平性，对抽奖结果的真实性要有一定的保证，应该请公证人员进行全程公证，并能及时通过网站、微信公众平台等形式向参加者通告活动进度和查询结果。

4）积分促销。积极促销指的是消费者通过多次购买或多次参加某项活动来增加积分以获得奖品。客户每消费一次，给会员累积积分，这些积分可以兑换小赠品或在以后的消费中，可以当成现金使用。积分促销一般设置价值较高的奖品。可以增加上网者访问网站和参加某项活动的次数，可以增加上网者对网站的忠诚度，可以提高活动的知名度，如图9-6所示。

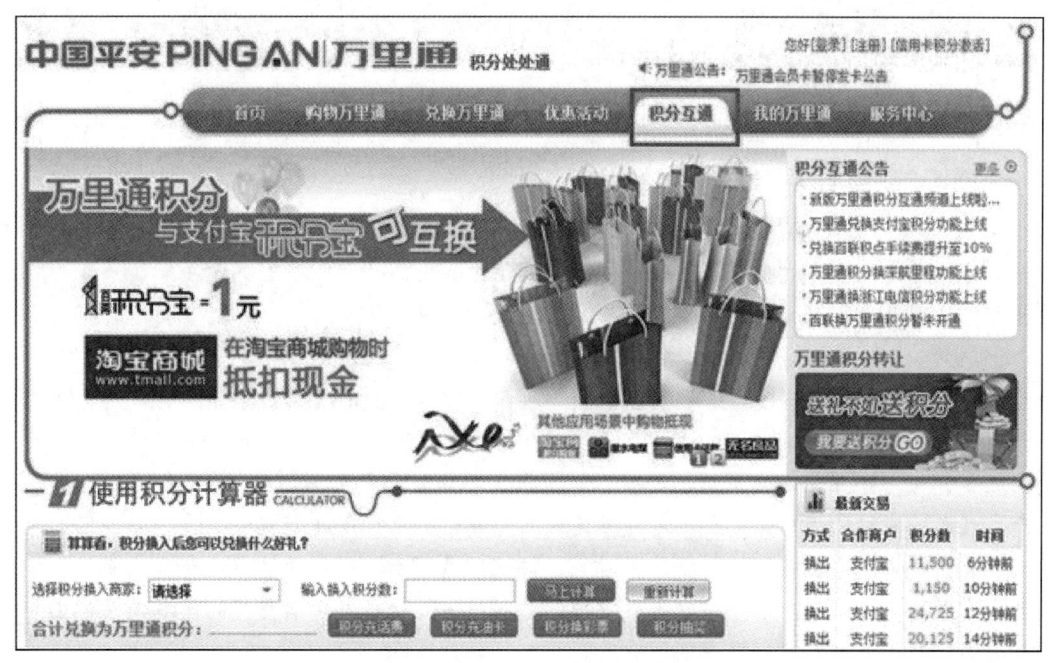

图9-6 中国平安积分促销图示

积分促销在网络上的应用比起传统营销方式要简单和易操作。网上积分活动很容易通过编程和数据库来实现，并且结果可信度很高，操作起来相对较为简便。

"虚拟货币"也是积分促销的一种体现。如百度公司的百度币、腾讯公司的Q币，Q点、盛大公司的点券，新浪推出的微币（用于微游戏、新浪读书等），利用参与活动挣来的"货币"去购买本站的商品，实质上是给消费者一定的优惠。

5）联合促销。由不同商家联合进行的促销活动称为联合促销。联合促销的商品或服务可以起到一定的优势互补、互相提升自重价值等效应。应用得当，联合促销可起到双赢的促销效果。如网络公司要和传统商务联合，线下体验线上交易。还可以是不同品牌合作，网上销售的汽车和润滑油公司联合等。

6）节日促销。在节日期间开展促销也是大家常用的方法之一，节日促销时应注意与促销的节日关联，这样才可以更好地吸引用户的关注，提高转化，节日网络促销可以参考杨涛写的《端午节推广网站十大方法》。即使不是传统节日，商家极力寻找可引起共鸣的时间点，开展促销活动，如图9-7所示。

图9-7 当当网开学日促销图示

小贴士："双十一"节日发展历程

光棍节11月11日，因由4个1组成的日子，人们联想到光棍，而由此也衍生出了光棍节的说法。光棍节的约会方式也是非常奇特的，比如陌生男女约会时，手里各拿一只筷子作为见面的暗号。光棍节也是男孩追求女孩的一种方式，让自己脱离单身。

2009年以前，11月11日不过是一个普普通通的日子，而到2012年，它却成了一个标志性节点，一个销售传奇，一个网络卖家、平台供应商、物流企业的必争之地。

2009年，天猫（当时称淘宝商城）开始在11月11日"光棍节"举办促销活动，最早的出发点只是想做一个属于淘宝商城的节日，让大家能够记住淘宝商城。选择11月11日，也是一个有点冒险的举动，因为光棍节刚好处于传统零售业十一黄金周和圣诞促销季中间。但这时候天气变化正是人们添置冬装的时候，当时想试一试，看网上的促销活动有没有可能成为一个对消费者有吸引力的窗口。结果一发不可收拾，"双十一"成为电商消费节的代名词，甚至对非网购人群、线下商城也产生了一定影响力。

围绕这个日子，线上天猫、京东、易迅、当当、国美网上商城、苏宁易购等电商提前热身，线下家电连锁卖场、商场也打得不可开交。2012年"双十一"服务于这次狂欢节的商家、快递业、支付行业、第三方服务业以及电商平台等相关行业从业者将达百万。

"双十一"不仅让电商热衷于促销，就连运营商也开始搞促销活动了。阿里巴巴集团控股有限公司于2011年11月1日向国家商标局提出了"双十一"商标注册申请，2012年12月28日取得该商标的专用权，2014年10月末，阿里发出通告函，称阿里集团已经取得了"双十一"注册商标。

2015年11月12日,第七个天猫双11全球狂欢节落下帷幕,全天交易额达912.17亿元,其中无线交易额为626.42亿元,无线成交占比68.67%。

摘自:360百科

7)纪念日促销。如果遇到了建站周年,或访问量突破多少关,成为第多少个用户,成交额突破多少额大关,可以利用这些纪念日展开网络促销,如图9-8所示。

图9-8　聚划算周年庆促销图示

8)优惠券促销。在网友购买或完成活动时,每消费一定数额或次数,给一定的优惠券,会促使用户下一次来消费,从而达到网络促销的目的,如图9-9所示。

图9-9　天猫优惠券促销图示

红包促销也属优惠券促销当中的一种手段,现在很多商家利用抢红包或参加活动、完成任务等形式在消费者未消费前就已开始赠送红包,以吸引消费者购买商品,如图9-10所示。

图9-10　苏宁易购新人专享红包图示

9）限时限量促销。限时限量促销现已成为大型网站常用的一种方法,如淘宝、京东商城等网站几乎每天都有一系列产品以限时限量方式促销,目的是吸引消费者购买并培养消费习惯。限时限量目前最流行的方式有"闪购""秒杀""团购"三种方式:

①闪购促销如图9-11所示。

图9-11　京东闪购图示

②秒杀如图9-12所示。

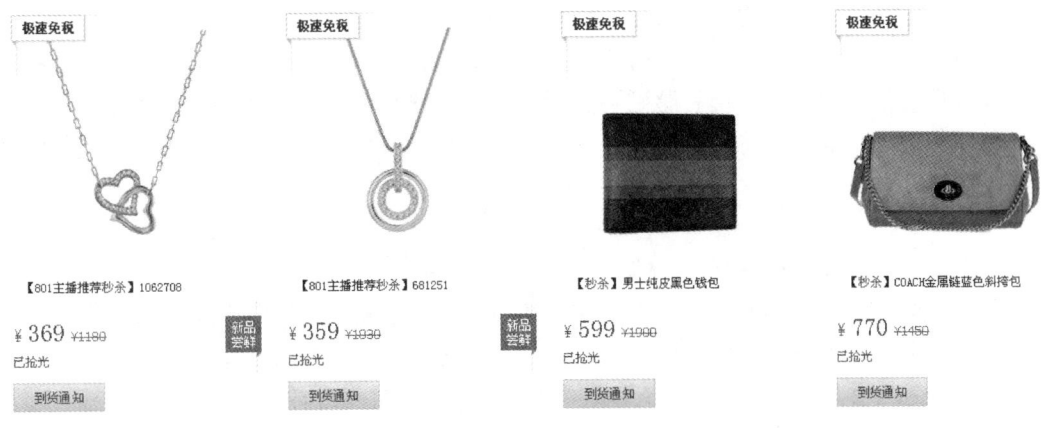

图9-12　聚美优品的限时秒杀图示

③团购如图9-13所示。

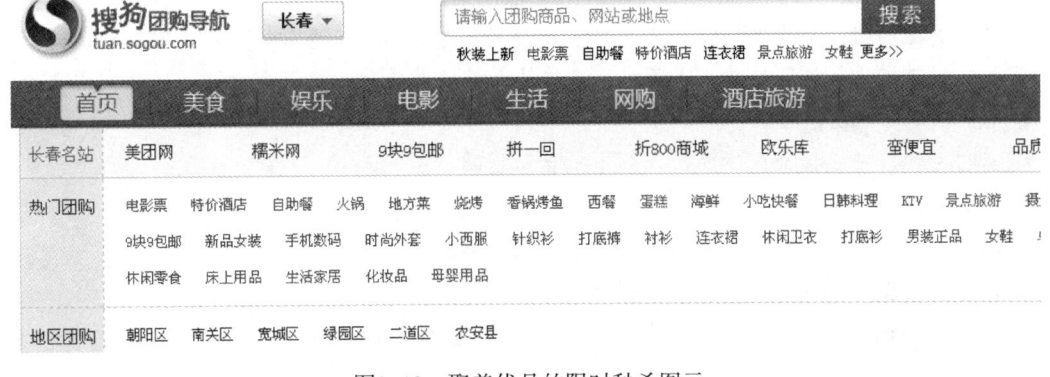

图9-13　聚美优品的限时秒杀图示

小贴士：限时限量促销三种流行方式

（1）闪购：又称限时抢购模式，起源于法国网站 Vente Privée。闪购模式即是以互联网为媒介的B2C电子零售交易活动，以限时特卖的形式，定期定时推出国际知名品牌的商品，一般以原价1~5折的价格供专属会员限时抢购，每次特卖时间持续5~10天不等，先到先买，限时限量，售完即止。顾客在指定时间内（一般为20分钟）必须付款，否则商品会重新放到待销售商品的行列里。

（2）秒杀：起源于网络，是网上竞拍的一种新方式。所谓"秒杀"，就是网络卖家发布一些超低价格的商品，所有买家在同一时间网上抢购的一种销售方式。由于秒杀商品定价非常低，往往一上架就被抢购一空，有时只用一秒钟。

（3）团购：是指一定数量的消费者通过互联网渠道组织成团，以折扣购买同一种商品。其根本特征就在于借助互联网的凝聚力量来聚集资金，加大与商家的谈判能力，取得价格上的优惠。随着全球服务业和互联网经济的不断发展与融合，网络团购行业得到了越来越多的消费者的青睐。

10）不折打促销。①反促销促销：声明自己的网站或网店质量有保证，从不打折促销，这样做要有一定的实力，以不促销作为促销的卖点。这是跳出价格战的一种心理战。②增加商品附加值促销：是指在不打折的基础上甚至微调上涨价格的前提下，以设法提高商品或服务的附加值，让消费者感到物超所值的方式进行促销。③产品示范和比较：指在网上利用各种先进的技术将产品以生动的形式展示出来或与其他相关产品比较，使得消费者可以从视觉和听觉上体验产品，从而产生购买的冲动。

思考：拼多多靠什么赢利

拼多多是团购和微分销的衍生品。团购购买商品的玩法是：一件商品，如果单卖，要100元，但是如果达到20人购买的话，就可以便宜一点，比如60元也行。

微分销的玩法是：如果你成为我的分销商，你分销的用户购买商品，你就有返利，依此类推，一般到三级。拼多多既有团购的概念，也有分销的概念，而这种1分购物，1元创富百万的例子更是在微商营销中层出不穷。传统行业建议还是走比较稳妥的营销之路，比如直达客的O2O全网营销系统，概念差不多。

举个例子：

【限量250份】4.9元2斤智利进口车厘子（果径26~28mm）

原价88元智利车厘子2斤装（果径26~28mm），红如玛瑙，亮如钻石，脆肉多汁，纵有糖果般的酸甜滋味，却是低热量，零脂肪，这才是女神的美味甜品。可多次购买提高中奖概率，每个用户仅送一次优惠券。

支付开团，并邀请38人参团，人数不足自动退款。

抽奖规则

活动时间：2月24日22：00-3月1日18：00

1. 活动结束后从组团成功的订单中随机抽取250份。

2. 组团成功未抽中者退款+安慰代金券88元。

3. 中奖的商品预计3月2日发放。

问题：拼多多靠什么赢利？

摘自http://www.nthd119.com/a/yule/2016/0527/44093.html

任务一结果测评：

评价依据	评价分值	得分
网络营销策略分析报告（内容完整、分析透彻）	60分	
PPT文稿精美、生动	10分	
报告展示交流表现表达能力强、有说服力	10分	
团队分工合理、团结互助	10分	
发言积极、乐于与同学分享成果	10分	
合计	100分	

任务二：网络营销策略的选择与实施实训

任务分配：以小组为单位模拟组建公司，完成制定企业在微信平台上的网络营销策略的选择和实施工作，制定网络营销策略方案，并在微信平台上实施，将方案和运行情况制作成PPT，由小组代表进行成果演示。非演示组成员认真观看演示组的成果，并与自己小组的成果进行对比，找出其中的优点与不足，做好记录。演示完毕后接受其他组学生及教师提问，然后小组自评、互评、教师点评。实训成绩由网络营销策略选择过程、网络营销策略方案质量、PPT文稿、报告展示交流表现、网络营销策略实施经营业绩

任务二成果展示：网络营销策略方案质量、PPT文稿、报告展示交流表现、网络营销策略实施经营业绩

[案例链接9.4] 2016经典营销案例盘点：借势热点火爆朋友圈

在这个万物皆可营销的时代，海量信息让普通的营销手段难以实现效果。但如果在特殊的时间节点，利用事件营销等多种营销手段，往往能够让产品瞬间被引爆，从而达到扩大影响力的效果。纵观2016年到目前为止的营销案例，不乏有一些品牌巧妙利用热点进行事件营销和病毒传播，从而在消费者和业界造成震动。

宝洁：节日营销 打造母爱经典

宝洁一向擅长情感营销，此前屡屡携手奥运，从冠军背后的母亲为切入点，为消费者留下了深刻的印象，博得不少掌声。而在今年的母亲节，宝洁在新浪微博展开了"做一件事感谢妈妈"的活动，延续了"为母亲喝彩"的主题宗旨。此外还推出了"感谢母亲"系列新一则广告片。广告片通过时光倒流的形式，定格在母亲将婴儿高高举过头顶的瞬间，质朴温情为宝洁此次营销大大加分。

宝马：炫酷H5刷爆朋友圈

为了给M2上市造势和吸引更多的潜在客户预订，宝马中国的官方微信推送了一篇题为《该新闻已被BMW快速删除》的文章。悬念十足的标题引起了读者的好奇心，不由自主的就会点开内文页进行阅读。该H5的创意及制作团队前线网络以"页面扭曲""视频碎裂"等炫酷的方式紧紧抓住眼球，许多人在观看之后纷纷在朋友圈进行分享。可以说宝马这条H5相当的成功，直接刷爆了整个朋友圈。

酷派：借势热点，直击手机安全痛点

手机的安全一直都是用户最为关心的问题，病毒肆虐让手机的使用变得如履薄冰。酷派借势《我的特工爷爷》上映后的热潮，联合半个萝卜数字营销公司推出《这是一个被国安局封杀的H5》，利用特工奶奶与热映电影的关联性，将酷派手机的双系统安全特性巧妙植入其中，直击用户在使用手机时对安全问题的顾虑的痛点。酷炫精致的画面、曲折悬疑的剧情和丰富有趣的互动，让H5迅速在朋友圈得到火爆转发与传播。上线短短几天时间，H5浏览量就达到32万人次，分享次数近3万次，在业界形成了较大的影响力。

当前的营销不再仅仅局限于市场活动层面，借势热点、事件营销、节日营销等多种营销方式吸引着众人的眼球。诸如宝马、酷派等知名品牌，通过线上的H5传播，将品牌的特点和文化都融入H5产品中，让消费者在主动参与和转发的过程中领略到品牌的魅力，将被动接受变成主动参与，实现了营销手段的进一步升华。

本案例摘自：http://tech.hexun.com/2016-05-26/184082101.html

知识储备

一、网络营销组合策略选择原则

以客户（Consumer）为中心进行营销，应关注并满足客户在成本（Cost）、便利（Convenience）方面的需求，加强与客户的沟通（Communication）。

运用4C理论进行网络营销策略选择。

（1）满足消费者的需求（customer's need），即从消费者的需求出发去设计产品。

（2）以消费者能够接受的成本（cost）去定价，即从消费者能够接受的心理价位去定价，先了解消费者满足需要愿意付出多少成本，而不是先忙于给产品定价。

（3）本着方便购买（convenience）的原则进行渠道规划，即从消费者的角度反向设计营销渠道，首先考虑如何给顾客购物等交易过程带来方便，而不是先考虑销售渠道的选择和策略，目的是为了缩短销售的过程。

（4）变单向促销为双向沟通（communication），就是把单一的促销行为变为整合传播推广，其本质在于寻找消费者更易接受的促销方式，通过互动、沟通等方式，将企业内外营销不断进行整合，把顾客和企业双方的利益无形地结合在一起。

二、网络营销策略选择和实施方法

1. 网络营销产品策略

小贴士：提炼产品核心卖点的"六大法则"

第一，确有其实：是否"确有其实"，是商家与骗子的分水岭，概念（卖点）永远不能代替产品，必须建立在产品实物基础上。通常一个产品的卖点不会只有一个，而将哪一点提炼为核心卖点并不取决于产品自身实际功效（或特色）强度排序，也不是由技术人员确定的，而是按照市场需求排定的。但记住，"不实在"是骗子，"太实在"是傻子。

第二，确有其理：消费者在得知你的产品核心卖点时，一般会在口头或心里追问一句："凭什么这么说？"这时你必须有充足的说服力，这就是产品核心概念的理论支撑体系。支撑产品核心卖点的理由必须可信、易懂、便于表达、记忆和传播，切记，要用消费者听得懂的语言去表达和交流。

第三，确有其市：必须有足够数量的受众（需求者），过分狭小的目标市场将会降低产品获利的空间。如：航空药、"熊猫"特供烟等。选择的对象必须是有购买能力的、相对集中的、容易锁定的。但要记住，虽然市场细分已成为取胜市场的法宝之一，但细分的程度需要有一个量化界线。

第四，确有其需：你所诉求的卖点，其市场需求或潜在需求必须是实实在在的，这种需要最好是尚未被很好满足的"急需"，这会节省你许多宣教成本；此外，我们也可以深入研究、发现、引导和满足潜在需求，不过这往往需要较大的市场教育成本和拓展代价——风险和收益基本是成正比的。当然，要切忌想当然式的诉求，其害企不浅。

第五，确有其特：你所提炼的核心卖点要尽量优于或别于其他同类产品，要有自己的个性、突出自身特点，要巧妙别致、给人以美感，有寓意、易识别、易记忆、易传播、吉利、不违背习俗，太过直白和哗众取宠均不可取，要能够体现企业精神和产品特质，可延展、可持续。

第六，确有其途：你所提炼的核心卖点必须有能够传递给目标消费者的途径，最好是捷径。传播必然有代价，但达到同样的传播效果，所付出代价的多寡则是判定"能人""俗人"与"庸人"的尺码，好的核心卖点是能够找到其"廉价"的快速传播通路的。

最后，要学会"营销"你的卖点——做的与说的同样重要。

如果少女只是在闺房里抛媚眼，其可能永远嫁不出去。聪明的方法是找出自己的优点，贴出告示，来到热闹的市口，登上高高的楼阁，然后在云集的人群中挑一个自己最中意的，把绣球抛给他——这就是"营销"！在许多经营者眼里，产品"永远是自己的好"，这也许并没什么错，但如果认为只要是"好产品"就一定有好销路，就大错而特错了。存在和让人知道是不同的概念，许多时候，后者比前者更更重要。因为，没有被目标消费者知晓和认可的产品优势与不存在没有什么本质区别。

引自http://www.cyzone.cn/a/20131025/246451.html

2. 网络营销定价的影响因素和定价方法

与传统营销一样，网络营销产品定价一样要由市场这只"看不见的手"来决定，价格是由市场供应方和需求方共同决定的。互联网的出现不但使得收集信息的成本大大降低，而且还能得到很多的免费信息。网络技术发展使得市场资源配置朝着最优方向发展。

网络营销定价策略有别于传统的门店定价营销策略，没有中间商的分成，使得网络营销定价可以有更大的浮动空间。网络营销的成功与否，与产品定价是否符合网民的消费心理密切相关。

（1）网络营销定价策略选择的影响因素。网络营销策略价格的形成受多种因素的影响和制约。市场营销理论认为，产品的最高价格取决于产品的市场需求，最低价格取决于该产品的成本费用。在最高价格和最低价格的幅度内，企业能把网上商品的价格定多高，则取决于竞争者同类产品的价格水平。企业定价时，应综合考虑影响定价的内部和外部因素。

1）内部因素：包括通过SWOT分析得出的优势和劣势、厂商总体的定价目标、营销组合策略、生产和销售成本等。

2）外部因素：包括市场需求、消费者的观点和议价能力、竞争产品的价格、政府的政策法令等，这些都会对网上定价产生较大影响。

（2）网络营销的主要定价方法。

1）成本导向定价法：成本导向定价法是以产品单位成本为基本依据，再加上预期利润来确定价格的定价方法。

2）需求价格弹性：需求价格弹性指商品的需求对于价格的变动的反应。如果价格发生微小变动，需求量几乎不动，称为这种商品需求无弹性；如果价格的微小变动使需求量变化较大或很大，称为需求有弹性。

3）竞争导向定价法：企业通过研究竞争对手的生产条件、服务状况、价格水平等因素，依据自身的竞争实力，参考成本和供求状况来确定商品价格的定价方法。

4）需求导向定价法：根据市场需求状况和消费者对产品的感觉差异来确定价格的方法。也叫市场导向定价法、顾客导向定价法。

5）渗透定价：新产品初上市时，定以较低价格，以获得最高销售量和最大市场占有率为目标，称之为"渗透定价"。

6）价格折扣和折让：为鼓励顾客及早付清货款，大量购买或淡季购买，企业酌情调整其基本价格，这种价格调整称之为价格折扣和价格折让。

7）认知价值定价法：主要依据消费者在观念上对该产品所理解的价值来定价的方法。

企业在制定价格时，必须给特定的产品确定一个定价目标。通过制定一定水平的价格，达到预期的目的。企业的定价目标一般与企业的战略目标、市场定位和产品特征相关。企业的目标越清晰，定价越容易。企业一般可选择一下定价目标：生存目标定价、利润最大化目标定价、市场占有率最大化目标定价、销售额增长率最大化目标定价和产品质量最优目标定价。

小贴士：行为定价："引导"消费者的购买决策

很多消费者的购买决策常常是不理性的，会跟随情境的变化而做出即时的消费行为。对非理性的消费行为进行分析进而制订出的定价策略，能够帮助商家（企业）提升收入和业绩，这就是行为定价。西蒙顾和集团CEO克劳斯·席乐克博士（Dr. Klaus Hilleke）研究和实践行为定价多年，他认为，行为定价在产品定价、产品组合，以及销售策略上的应用"大有可为"。

何为行为定价？

克劳斯说，行为定价来源于行为经济学。早先的一个学派认为消费者都是理性的，他们知道自己需要什么，但实际上消费者在消费过程中会简化消费行为，更多的利用价格参照，这其实是不理性的。把消费者不理性的现象运用到商业定价中，就是行为定价。

行为定价不是针对某个个体行为做出的策略，而是在整体的一个情境之下，通过对价格做设定，用合适的方式与消费者进行沟通，引导消费者购买商家真正想要销售的商品。

举个例子：实验中，有两款酒，一瓶售价5美元，另一瓶是10美元。如果只有两种选择的话，有60%的人选择5美元的酒，40%的人选择10美元的酒。但是，实验者又增加了一瓶15美元的酒，结果，选择10美元的消费者增加了25%，变成了65%。从中可以看出，消费者是非理性的，当增加一个选项的时候，他会觉得10美元的酒更物有所值。

所以，在行为定价中，不是只改变一个产品的价格，而是需要设定一个情境，例如，增加一个价格选择，消费者可能就会受到商家引导，选择价格相对较高的产品。

这只是行为定价的一个方面。另外一个有趣的实验是，实验方发给两组人同样的止痛药，他们告诉第一组人，这片药2.5元，而告诉第二组人，这片药0.1元。当实验方问参与实验的人该药是不是有效，能够缓解疼痛时，第一组有85.4%的人认为有效，第二组有60%的人认为有效。很明显，价格会影响消费者对产品价值的认知。这个试验显示消费者是非理性的，他们会从价格的设定感知产品的价值。

所以商家应该从整体上考虑消费者在怎样的情况下，非理性的决策会影响他们的购买决策，让他们觉得付出更多的钱会获得更大的价值。

摘自http://www.ceconline.com/sales_marketing/ma/8800074356/01/

3. 网络营销渠道建设应考虑的因素

首先，设计渠道要让消费者接受。只有采用消费者比较放心，容易接受的方式才有可能吸引消费者使用网上购物,以克服网上购物的"虚"的感觉。目前采用支付宝一类第三方平台方式比较让人认可。

其次,订货系统要简单明了。不要让消费者填写太多信息。订货系统还应提供商品搜索和分类查找功能,以便于消费者在最短时间内找到需要的商品,提供消费者想了解的信息,如性能、外形、品牌等重要信息;采用现在流行的"购物车"方式模拟超市,让消费者一边看物品比较选择,一边进行选购。在购物结束后,一次性进行结算。

再次,结算方式应考虑到目前实际发展的状况。应尽量提供多种方式方便消费者选择,同时还要考虑网上结算的安全性,对于不安全的直接结算方式,应换成间接的安全方式,如8848网站将其信用卡号和账号公开,消费者可以自己通过信用卡终端自行转账,避免了网上输入账号和密码被丢失的风险。

最后,关键是建立完善的配送系统。消费者追求快速、安全、准确、完好到货,只有看到购买的商品到家后,才真正感到踏实,因此建设快速有效的配送服务系统是非常重要的。在进行网上销售时要考虑到该产品是否适合于目前的配送体系。

4. 网络促销的实施程序

网络促销战略的实施程序由四个方面组成,即:确定网络促销对象,设计网络促销组合,制订网络促销预算方案和衡量网络促销效果。

(1)确定网络促销对象。网络促销对象是针对可能在网络虚拟市场上产生购买行为的消费者群体提出来的。随着网络的迅速普及,这一群体也在不断膨胀。这一群体主要包括三部分人员:产品的使用者、产品购买的决策者和产品购买的影响者。

1)产品的使用者:是指商品的实际使用者或消费者。实际的需求构成了这些消费者购买的直接动因。抓住了这一部分消费者,网络销售就有了稳定的市场。

2)产品购买的决策者:是指实际决策购买商品的人。在许多情况下,商品的使用者与购买者是一致的。

但在另外一些情况下,产品的使用者与决策者是分离的。例如,中小学生在网络光盘市场上看到富有挑战性的游戏,非常希望购买,但是实际对购买行为做出决策的是学生的父母。婴幼儿的用品更是如此。所以,网络促销同样应把对购买决策者的研究放在重要的位置上。

3)产品购买的影响者:是指其看法或建设对最终购买决策可以产生一定影响的人。因为对于高价耐用品的购买,购买者往往比较谨慎,希望广泛征求意见后再作决定。这部分人群也不能忽视。

(2)设计网络促销组合。由于企业的产品种类不同,销售对象不同,促销方法与产品种类和销售对象之间将会产生多种网络促销的组合方式。企业应当根据网络广告促销和网络站点促销两种方法各自的特点和优势,根据自己产品的市场情况、消费者情况,扬长避短,合理组合,以达到最佳促销效果。

(3)制定网络促销预算方案。制定网络促销预算方案是企业在网络促销实施过程中最困难的一个问题。因为运用因特网技术进行促销是一种新生事物,对所有的价格、条件都需要在实践中做比较、学习和体会,不断地总结经验。只有这样,才能利用有限的资金收到尽可能好的效果,做到事半功倍。制定网络促销方案应处理好以下三个方面的问题:

首先,必须明确网络促销的方法及组合的办法。企业应当认真比较各站点的服务质量和服务价格，从中筛选适合于本企业的、质量与价格匹配的信息服务站点。

其次，需要确定网络促销的目标。是树立企业形象、宣传产品，还是宣传售后服务？围绕这些目标再来策划投入内容的多少，包括文案的数量、图形的多少、色彩的复杂程度，投放时间的长短、频率和密度，广告宣传的位置、内容更换的时间间隔以及效果检测的方法等。这些细节确定好了，对整体的投资数额就有了预算的依据，与信息服务商谈判时也有了一定的把握。

最后，要明确网络促销的影响对象。就是需要明确企业的产品信息希望传递给哪个群体、哪个层次、哪个范围、哪个区域。因为不同的站点有不同的服务对象、不同的服务费用。企业促销人员应当熟知自己产品的销售对象和销售范围，根据自己的产品选择适当的促销形式。

（4）评价网络促销效果。网络促销的实施过程到了这一阶段，必须对已经执行的促销内容进行评价，衡量一下促销的实际效果是否达到了预期的促销目标。对促销效果的评价主要依赖于两个方面的数据：一方面，要充分利用因特网上的统计软件，及时对促销活动的好坏做出统计。这些数据包括主页访问人次、点击次数、千人广告成本等。因为网络不像报纸或电视，难以确认实际阅读和观看者的人数，在网上可以很容易地统计出站点的访问人数，也可以很容易地统计广告的阅览人数。甚至可以告诉访问者，他是第几个访问者，利用这些统计数字，网络促销人员可以了解自己在网上的优势与弱点以及与其他促销者的差距；另一方面，销售量的增加情况、利润的变化情况、促销成本的降低情况，也有助于判断促销决策是否正确。此时，还应注意促销对象、促销内容、促销组合等方面与促销目标的因果关系的分析，从中对整个促销工作做出正确的判断。

网络促销是一项崭新的事业。要在这个领域取得成功，科学的管理起着极为重要的作用。在衡量网络促销效果的基础上，对偏离预期促销目标的活动进行调整是保证促销取得最佳效果的必不可少的程序。同时，在促销实施过程中，不断地进行信息沟通的协调，也是保证企业促销连续性、统一性的需要。

任务二结果测评：

评价项目	评价分值	得分
网络营销策略选择正确、可行性高	20分	
网络营销策略实施经营业绩销售收入最多（依次递减2分）	20分	
PPT文稿精美、生动	10分	
报告展示交流表现表达能力强、有说服力	10分	
团队分工合理、团结互助、	10分	
发言积极、乐于与同学分享成果	10分	
合计	100分	

小结：

网络营销是借助一切被目标用户认可的网络应用服务平台开展的引导用户关注的行为或

活动，目的是促进产品在线销售及扩大品牌影响力。产品策略是营销组合策略的基础。在营销组合中，价格是唯一能产生收入的因素，其他因素表现为成本。营销渠道策略是整个营销系统的重要组成部分，它对降低企业成本和提高企业竞争力具有重要意义，是规划中的重中之重。促销策略为扩大销售起重要作用。网络营销并非简单地将传统营销方式照搬到网上。企业应根据自己的产品、市场环境、竞争态势等，结合网络营销的特点，充分利用Internet这一新的销售手段和媒体，制定适合网络市场的营销策略，整合产品、渠道、价格以及促销策略，使之相互支持，从而顺利进入网络营销新领域，在竞争中发展壮大。

情景训练

请你根据客户的回答，补充合适的对话内容。

客户问：在吗？
客服答：＿＿＿＿＿＿＿＿＿＿＿＿＿＿＿＿＿＿＿＿＿＿＿＿＿＿＿＿＿＿＿＿
客户问：这款产品还有货吗？货还多吗？如果我买×件，能确定库存够吗？
客服答：＿＿＿＿＿＿＿＿＿＿＿＿＿＿＿＿＿＿＿＿＿＿＿＿＿＿＿＿＿＿＿＿
客户问：这款产品质量怎样呢？
客服答：＿＿＿＿＿＿＿＿＿＿＿＿＿＿＿＿＿＿＿＿＿＿＿＿＿＿＿＿＿＿＿＿
客户问：你们店中的产品打折活动什么时间结束？
客服答：＿＿＿＿＿＿＿＿＿＿＿＿＿＿＿＿＿＿＿＿＿＿＿＿＿＿＿＿＿＿＿＿
客户问：这么贵，要不你送我个小礼品吧？
客服答：＿＿＿＿＿＿＿＿＿＿＿＿＿＿＿＿＿＿＿＿＿＿＿＿＿＿＿＿＿＿＿＿
客户问：这款产品能不能算便宜点儿呢？你们的产品价格真的比较高啊！
客服答：＿＿＿＿＿＿＿＿＿＿＿＿＿＿＿＿＿＿＿＿＿＿＿＿＿＿＿＿＿＿＿＿
客户说：太贵了，第一次来就给我便宜点吧，用得好，我还会再来买的，而且以后我还会介绍一些朋友也来买嘛。
客服答：＿＿＿＿＿＿＿＿＿＿＿＿＿＿＿＿＿＿＿＿＿＿＿＿＿＿＿＿＿＿＿＿
客户说：你们的邮费好贵啊！
客服答：＿＿＿＿＿＿＿＿＿＿＿＿＿＿＿＿＿＿＿＿＿＿＿＿＿＿＿＿＿＿＿＿
客户说：你们店的产品实在太贵了，要是不行就算了吧！
客服答：＿＿＿＿＿＿＿＿＿＿＿＿＿＿＿＿＿＿＿＿＿＿＿＿＿＿＿＿＿＿＿＿
客户说：我再看看其他的，再考虑一下。
客服答：＿＿＿＿＿＿＿＿＿＿＿＿＿＿＿＿＿＿＿＿＿＿＿＿＿＿＿＿＿＿＿＿
客户问：如果有问题可以退换货吗？
客服答：＿＿＿＿＿＿＿＿＿＿＿＿＿＿＿＿＿＿＿＿＿＿＿＿＿＿＿＿＿＿＿＿
客户说：这商品我不想买了。
客服答：＿＿＿＿＿＿＿＿＿＿＿＿＿＿＿＿＿＿＿＿＿＿＿＿＿＿＿＿＿＿＿＿

课后作业：

案例分析：小米的营销策略

小米手机是一款由小米科技研发、由英华达和富士康代工制造的MIUI平台智能手机。

小米的LOGO是一个"MI"形，是Mobile Internet的缩写，小米手机是小米公司（全称北京小米科技有限责任公司）研发的高性能发烧级智能手机，坚持"为发烧而生"的设计理念，采用线上销售模式。

该手机首次亮相于2011年8月16日的小米科技北京发布会上，小米科技董事长雷军主持了发布会，并称小米手机为"全球最快"的智能手机。

新东方在线运营总监潘欣在《之乎》上对小米手机的营销策略按照4P进行了分析。

从产品端来看：

（1）定位于发烧友手机，核心卖点其实是高配和软硬一体。这种定位是一个"伪"定位，小米手机的第一批用户应该是有两部手机，一贵一廉，小米是取代那部廉价手机的。小米定位于发烧，把手机一个简单的产品复杂化了，会让部分用户望而却步。

（2）产品的研发采用了"发烧"用户参与的模式，当然这也可以理解为一个炒作和前期预热的噱头，但这确实也是一个全新的产品形式。这个问题的核心就是小米貌似想通过这种"手机2.0"的方式取悦于用户，但是有可能适得其反。毕竟越想满足、越满足不了用户的需求，况且这只是一部分"发烧"小众用户。他们的需求就算是真实的，也未必符合更大范围用户的需求。虽说是发烧手机，但再发烧，小米也得指望这手机走量吧？

（3）目前看，这产品硬件"无敌"，但不知道10月正式发售的时候是否依旧无敌？这是个关键。软件，目前应该还远远不够支撑雷老板的梦想。未来，不知道google和MOTO的联姻会否给小米带来不利的影响，待验证。

（4）售后服务似乎从未见小米提及，我觉得这是用户最关心的几个点之一。希望不会成为小米的致命伤。

从定价端来看：

1999元的价格对于这款高配手机是具有很强杀伤力的。从这个定价也可以作证这手机一点也不发烧，真正的发烧友压根不在乎价格。

无论从成本角度还是雷军对苹果的膜拜角度，这个价格应该是没有再降价的空间，也不会考虑降价销售的。可以说，这个价格直接就让小米背水一战了。毕竟小米不同于苹果，苹果是有足够强势品牌的，也是从ipod开始真正在大众中树立起自己形象的，当然，雷军对自己的产品有足够强的信心和市场分析，他们的决策应该是有依据的。我毕竟只是没有任何数据支撑的理论上判断。

从促销推广端来看：

其实，这才是这个问题的核心吧。只是我觉得4P分开看也许看不清，我习惯了从产品端出发看问题。

说回产品的品牌和定位。从品牌角度看，我感觉小米过于注重功能性诉求的表达，缺乏情感性诉求和自我表现性诉求的表达。其实，前期的用户参与完善小米手机是可以更好地包装成情感诉求的表达，可惜还是被小米表述成了比较技术化、产品化的方向。发烧友手机算是一种自我表现性的诉求方式，只是我总觉得这个诉求和小米的实际目标用户有所偏差。

再来说推广。前期预热够足、够长、够吊人胃口，这也是基于苹果的习惯套路，也是基于雷军在业内的光环效应。这并不是什么公司都可效仿。除非你觉得自己地位和雷军差不多或比他更高。但发布会还是值得说说的。不论小米或雷军怎么说，应该以观众的视角为准。正基于此,最后雷军摔iphone的行为和这个发布会的大基调是不协调的,也是相悖的。我觉得这个创意很失败,最起码从我个人角度看,我觉得小米的格局因此显得小了许多。

关于小米负面的信息,主要集中在魅族jw上。抛开是非,这对于小米的销售来说没什么大影响。

时间点的把握上,一个10月才发售的新品牌手机,提前两个月开发布会,这中间需要小米不断的制造可持续的传播点才不至于让消费者热情冷却。毕竟,小米不是苹果啊。而且,过早的把第一款手机的底牌暴露出来,似乎对于竞品而言也是个利消息啊。

从渠道端来看:

全线上售卖的方式,节约成本,很有时尚感,这是可以加分的。但我始终相信,小米未来还会走线下的传统手机销售方式,也一样会走运营商定制的方式。只是目前小米还是个初生者,渠道和运营商的谈判难度我相信很大,没有那么快速达成合作。这两者也是要观望小米的实际销售状况。

问题:

1. 小米手机上市初期采取了哪些网络营销策略?
2. 成功的原因是什么?
3. 小米手机的营销策略存在哪些不足?
4. 小米手机未来可能采取的营销策略是什么?

本案例摘自http://abc.wm23.com/info/213180.html

项目十 国际市场营销策略的实施

学习目标

（1）知识目标。

能够理解由于市场营销环境的国际化和复杂化，营销策略也会产生相应的变化，掌握产品策略、价格策略、渠道策略和促销策略的核心思想，并能够在国际市场中具体运用。

（2）能力目标。

能够运用所学的4P策略的核心思想，根据企业特点，在进入国际市场时，灵活的选择营销组合策略，熟练的加以实践，提高企业竞争力。

（3）素质目标。

本项目要培养学生对外部环境的分析能力，在复杂的情况下能重新获取新的职业知识与技能，具备可持续发展的职业素质，增强学生在现代市场的竞争意识。

重点和难点

（1）重点。

本项目中的重点是理解国际市场营销的复杂化，熟练掌握国际市场营销的掌握产品策略、价格策略、渠道策略和促销策略的核心思想。

（2）难点。

本项目的难点是产品策略和价格策略，不但要充分理解差异化和标准化战略的思想，在面对更加复杂的国际市场营销环境时，能够灵活选择和运用。

项目十　国际市场营销策略的实施

项目名称：国际市场营销策略的实施	
项目说明：本项目通过对4P策略在国际市场中应用的讲授和实训，使学生能够认识到4P策略的核心思想是适用于任何营销环境的，在面对更加复杂的国际市场营销环境时，能够灵活选择和运用	
核心词：国际产品策略、国际价格策略、国际渠道策略、国际促销策略	
任务一　国际市场营销产品策略的实训 任务二　国际市场营销价格策略的实训 任务三　国际市场营销渠道策略的实训 任务四　国际市场营销促销策略的实训	实训成果： 产品策略报告、价格策略报告、分销渠道策略报告、促销策略方案

课前思考：

安利公司1959年创立于美国，是世界知名的日用消费品生产商及销售商，业务遍及全球

80多个国家和地区,安利全球统一的直销模式一直被安利公司看作最有效的营销方式。但是,自1992年进入中国市场以来,却遭遇前所未有的尴尬,被迫进行两次转型。

请同学们思考,为什么在全球市场上获得巨大成功的直销模式,在中国却屡屡受挫,甚至一度让人联想到非法传销呢?在企业进军国际市场时,面对众多有着特殊国情的市场,是保持传统,还是改变自己?我们究竟应该怎样灵活选择和运用营销策略呢?接下来,我们就来进行国际市场营销策略的训练。

任务一　国际市场营销产品策略的实训

任务分配:在复习之前学习的营销策略相关知识点的基础上,分小组进行本任务内容,请每组成员将国内售价几十元的"飞跃"牌球鞋销往欧洲市场,有没有可能像匡威鞋一样打动欧洲的年轻人?有没有可能对"飞跃牌"球鞋稍加改变,以更高的价格在欧洲销售?请每组制定出相应的营销策略,并派代表向全班同学介绍,要求将营销策略以PPT的形式进行展示,由其余小组进行评分

任务一成果展示:营销策略报告、展示与介绍

[案例链接10.1] 飞跃球鞋的新生

飞跃球鞋诞生于1959年的上海,当时的上海胶鞋一厂。当年的"飞跃"无论是简洁的款式设计、轻便的用料和简单的LOGO,用现代的眼光看,都达到了简约设计的流行趋势,而近乎手工的生产线,更是现代人标榜的时尚理念。"飞跃"在第一年便生产了161.6万双,并在1964年被评为全国同类产品第一名。工厂最为壮大时,足有2 000多位职工在连成一片的2~3层的车间里工作。20世纪60年代到80年代,中国鞋类是"飞跃""回力"和"双钱"的天下,一位现在还在坚持穿飞跃球鞋的老人回忆,80年代初穿飞跃球鞋就是贵族,每天把鞋擦得很白,一点泥都不沾,这种爱干净甚至被认为是"轻浮"。一个学生,如果在班里冲大家炫耀他有飞跃球鞋的鞋票会很快吸引女生的目光。"一双鞋能穿两年,除了底儿有磨损,没有任何污渍和坏的痕迹"。

现在,飞跃球鞋在中国是典型的穷人鞋。如今它们只能出现在偏远的农村市场或城市中农民工集中的马路地摊上。如今,生产"飞跃"的老厂房因为严重亏损已搬到上海市郊,而工厂则更愿意以较低的价格来为国际知名鞋品牌代工,却不愿研发新的款式。"飞跃"到最后都没有注册成为一个商标,尽管它目前在国内的归属权还属于大博文鞋业,但全国各地都有小作坊在生产带有"飞跃"标志的鞋,这造成了"飞跃"的市场价格从12~26元不等,质量也参差不齐。原来成产过"飞跃"的老员工至今还记得,在胶水味弥漫、机器声轰然作响的车间里,一双"飞跃"要经过上底、压制、绷线、刷浆等许多到工艺才能成鞋,从鞋面到鞋底,再上机器缝合,几乎没有任何失误,"精确得都能和机器相媲美"。一位销售"飞跃"的商家说:"因为鞋卖不上价,那一套严谨的制作工艺早已被抛到脑后,鞋底断裂、开胶已成为家常便饭。"

巴黎街头,一群年轻人从brooklyn店(法国一家多品牌连锁店)走出,他们穿着入时,有一个共同的特点,脚上都穿着一双来自中国的"古老"品牌——飞跃球鞋。

"这绝对是挑战Converse在年轻人心目中的时尚主导地位。"ELLE法国版在报道

飞跃球鞋时这样写道。年轻的时尚潮人们厌倦了教条式的美国文化,他们急需一个能和Converse并肩抗衡的品牌来让他们"足下生辉"。

2005年,法国人派特斯·巴斯坦在上海街头无意中发现了飞跃球鞋。派特斯说当时他被震撼了,带着商业眼光,他找到了飞跃球鞋的生产厂商——上海大博文鞋业。谈判在中方的质疑中展开,几轮下来,派特斯取得了"飞跃"的海外拥有权,直到签署协议时,中方代表还对这位法国人报以怀疑的目光——这双在中国地摊儿上廉价到12元一双,已淡出人们视线多年的"古董",竟然被一位老外看中,并还要在国外卖上50多欧元(合500元人民币)。除了派特斯,当时没人会想到,三年后,这双鞋在欧洲会火得一塌糊涂。派特斯将飞跃球鞋带到了法国,他干脆就用飞跃的拼音FEIYUE注册了商标,并赋予了其新的含义flying forward(向前飞)。在FEIYUE的第一个广告当中,派特斯设计了一个人穿着FEIYUE的中国功夫剪影,并在背影中配上硕大的文字——少林功夫。很快,这个牌子开始被时尚圈关注,ELLE更是在2006年和2007年分4次对FEIYUE进行了报道。著名的Playboy女郎安娜·尼古拉·史密斯亲自上阵为其代言,FEIYUE的广告更是开始频繁出现在《Jeune&Jolie》《Cosmopolitan》上。而FEIYUE也开始在巴黎的专业运动鞋店与国际品牌一起销售,在法国,FEIYUE牌球鞋有160多家零售代理商。

重生的飞跃经历了从整体到细节的全面改观:外形更精巧时尚,面料质地更优良,并修改了原"Feiyue"标志字体的笨拙之感;在鞋子内部和鞋底都加印了崭新的在海外注册的商标;同时,外包装也设计得更漂亮了。另外每一款鞋也都有了名字以加强其个性,比如一双试图吸引女性消费者的粉红色款型,被命名为"sweetwind"(甜蜜之风)。

在中国,人们对于这双在欧洲大红大紫的鞋子却浑然不知。而在上海市郊一家为FEIYUE代工的厂里,工作人员发现,除了鞋的形状和花样有些许变化外,从用料到装配几乎毫无改进。在他们眼里,FEIYUE还是"飞跃",这个被老外买断的品牌还是中国曾经泛滥大街、夹杂着汗渍与油腻的"臭球鞋"那副样子。

发生在"飞跃"这个球鞋老牌身上的故事,其实只是许多"中国制造"在价值再开发过程中的缩影。一位美国华裔设计师Vivienne Tam逛过上海的红星劳防用品商店,当她看到那些延续了数十年的劳防装束时,不禁两眼放光,正如派特斯当年看见"飞跃"时的震撼情形。在老外的眼里,任何他们热衷的中国事物都背离本土审美,派特斯也说过:"把中国品牌带到欧洲重建,就像和欧洲人说长城一样,有许多的料可以去说去挖掘。"

本案例根据《商业故事》改编,2009.03。

知识储备:

从国际市场营销的观点来看,产品是满足不同国家或地区市场上消费者的某种需要与欲望的物质形态和非物质形态的综合体。在市场营销学的角度,凡是第一次出现在某一市场上的产品,或者某一企业第一次生产或销售的产品,都属于新产品的范畴。企业进入国际市场的产品,有一般有三种形式:以现有产品原封不动地向其他国家的市场推销;根据国外新市场的具体要求改进产品;专门为国外市场开发全新的产品。企业选择什么样的产品进入国际市场，对产品要进行怎样的调整来适应国际市场，选择怎样的营销策略，要根据当地市场情况、企业的经济效益、社会经济文化需求等情况而定。

一、国际市场产品标准化与差异化策略

从全球消费者的角度来看，需要可分为两大类：一类是全球消费者共同的与国别的共性需求；另一类则是与各国环境相关的各国消费者的个性需求。根据企业自身实力和需求以及市场情况，选择不同的产品策略。

（一）国际市场产品标准化策略

国际产品的标准化策略，是指企业在全世界范围内的所有市场上都提供同一种产品，即以本国现有产品不加改变地销售到国外市场。认为企业应把整个世界看成一个大市场，不必理会差别，任务就是提供标准化的产品。采用标准化策略的好处主要以下几点：

（1）降低生产成本，形成规模经济效益。
（2）减少产品研究开发费用。
（3）降低市场经营费用。
（4）符合消费者流动性要求。
（5）提升国家形象。
（6）降低技术影响。

（二）国际市场产品差异化策略

国际产品的差异化策略，是指企业在全世界范围内对不同的国外市场提供不同的产品或经过调整的产品。企业在选用差异化战略之前，首先，要鉴别各个目标市场国家消费者的需求特征，这对企业的市场调研能力提出了很高的要求；其次，是要针对不同的国家市场开发设计不同的产品，要求企业的研究开发能力跟上；最后，是企业生产和销售的产品种类增加，其生产成本及营销费用将高于标准化产品，企业的管理难度也将加大。因此，企业在选择产品差异化战略时，要分析企业自身的实力以及投入产出比，综合各方面的情况再作判断。

（三）应考虑的因素

国际企业在做出产品设计决策时应该考虑以下几个方面的因素：

（1）不同市场使用条件的差异（气候、规则等）。
（2）市场之间的差异（收入水平、接受程度等）。
（3）强制性差异（贸易保护主义的影响、税收政策、政府规定等）。

二、国际市场营销产品扩张策略组合

美国营销学家基根（W. J. Keegan）将产品和促销两个因素组合在一起，并考虑到目标市场上的广告宣传的方式，得出了五种国际产品策略，即基本产品策略。

1. 直接延伸策略

直接延伸策略是指企业直接出口与本国同样的产品，在外国市场也使用同样的广告宣传方式。如果国外购买者对该产品的要求和使用情况与国内基本相同，便可既不改变产品，也不改变广告宣传的方式和内容。例如，可口可乐、麦当劳快餐、柯达胶卷、莱维牛

仔裤等均采用这一策略并获巨大成功。

直接延伸策略的理论依据是产品生命周期理论，国际市场营销中也存在产品生命周期。这是由于世界各国之间的状况、教育水平、科技发展情况、生产条件等环境因素的差异，使得同一种产品在不同国家之间所处的生命周期阶段产生了差异，这种差异使得居于产品生命周期上游阶段的国家向下游国家推销同一种产品成了可能。基于此，在国际市场营销活动中，就意味着企业可以对其生产的产品不作任何改动，以符合自身实际的途径和方式直接将原产品推入国际市场，即实施直接延伸策略。

采用这一策略的优点在于：

（1）取得规模经济效益，节省成本与费用。

（2）容易为国际顾客辨认接受，扩大销售。

（3）有利于扩大国际影响，提高国际声誉，树立统一形象，提高竞争力。

2. 产品延伸，宣传改变策略

产品延伸，宣传改变策略是指企业直接出口与本国相同的产品，但在外国市场改变广告宣传方式。产品功能、用途实际上没有改变，但是在外国市场上，消费者的消费习惯、偏好改变了，广告宣传的方式和内容也进行了改变。例如，中药，美国莱威牌牛仔裤等。

3. 产品改变，宣传延伸

产品改变，宣传延伸策略是指一些产品在国内外市场上基本用途相似，只是使用条件不同，或顾客的使用习惯和购买习惯略有差异。这就要求产品做若干变化，包括改变式样、包装、色彩等以适应其特点，但产品的基本功能、品质没有改变、宣传的方式也不改变。例如日本销往香港的电饭煲。

4. 产品和宣传双重改变

产品和宣传双重改变策略中，由于产品用途改变，宣传方式和内容也必须改变。其优点在于：第一，能满足不同的使用条件，如地理、气候条件；第二，能满足不同收入水平、不同生活习惯和爱好的消费者需要；第三，适应目标市场国政府的要求。例如，美国要求进口汽车必须装有防污装置；欧洲各国按汽车发动机规格征税。

因为这一策略适应面广，优势明显，所以为大多数企业采用。变更的内容、程度可以从实际出发，灵活选择：

（1）功能变更。即在原产品上增加或减少功能。

（2）外观变更。即对原产品进行造型、色彩方面的改变。

（3）商标品牌变更。适应当地文化习惯或法律禁忌，如有的国家不许使用山川、河流、地名作厂牌，有的不许涉及功能，或出于利用知名中间商品牌的目的改变品牌。

（4）包装变更。如中国茶叶出口欧美多采用袋装茶，而东南亚华人区则多以盒筒散装。

（5）标签变更。根据目标国政府要求标明应备的文字内容，使用法定语言。

5. 设计并开发全新产品

设计并开发新产品策略是指企业为更好地开拓国际市场，有时必须专为国外市场设计生产全新的产品，并采用新的广告策略。企业通过开发适应国际市场需要的新产品来打入国际市场，具有高回报、高风险的特点，特别是新产品开发往往需要较高的开发费用，但也是建立企业差别优势的产品策略，若能成功，获利也高。由于此种策略的风险过高且因全新产品具有一定的不可预测性，因此，除少数具备条件的企业外，一般不采用此种策略。

小贴士：进入国际市场的四种产品观念

1. 整体产品的观念

市场营销学所研究的产品就是整体产品。整体产品的概念包括三个方面的内容，即实质产品（又称核心产品）、形式产品和延伸产品。实质产品就是产品的基本需求效用；形式产品是指产品的实体外在形态，包括品质、特征、式样、包装、商标和厂牌等；延伸产品则是针对产品本身的商品特性而产生的各种服务保证。市场营销学的产品价值观就是消费者的需要，产品的整体概念就体现着以用户为中心思想，正因为这样，国际营销学者在营销过程中，就应不折不扣地考虑产品的各个方面适应消费国的顾客需要，否则在策略的运用上便有失策的可能。

2. 产品的组合观念

所谓产品组合，即指企业所经营的全部产品的有机构成，或者是各种类产品的数量比例。国际市场营销要求每一个国家或企业，一定要根据国际市场的需求和自己的资源、技术条件来确定产品的经营范围及产品的结构，这是任何国家面对国际市场必须要解决的问题。如果一个国家不能根据国际市场情况充分发挥本国优势（避开劣势）确定产品的出口结构，它就不能利用国际经济为本国的建设发展作用。所以，出口什么产品是自家长处，缩短和发展什么产品对己有利，营销者必须心中有数。

3. 产品的周期观念

产品在市场上出现到消失的过程就是产品的市场生命周期。就同类性质的产品而言，大类的产品与大类的某种产品以及某个牌号的产品的生命周期是不同的。从一个国家或一个企业来说，向国际市场提供的产品一般都是某种产品或某种牌号的产品，这就要求产品的经营者不仅要考虑到个自产品的经营周期，还要考虑到该种产品及该类产品的周期。企业的市场营销战略必须适应产品的这种周期变化并符合各种类型产品周期间的内在关系，这是企业在动态的市场上求得生存和持续发展的关键。

4. 创造开拓的观念

国际市场不仅是市场营销的新领域，而且也是竞争创新最广阔场所，不创造就没有前途，就企业的自身条件来看，开拓精神是企业最大的潜在精神力量。国际市场经营者，必须多动脑筋，经常保持头脑清醒，多创新意，不断采用新的科研成果和技术，不断开辟新的生产领域和服务领域，不断生产独特新颖的产品，去争取顾客、影响市场、开拓市场、创造市场，才能使自己在国际竞争中立于不败之地。

[案例链接10.2] 雀巢创造品牌

雀巢的广告发展过程也同历史一样，打上了鲜明的时代烙印，成立于1867年的瑞士雀巢集团，以创始人亨利·雀巢（Nestle）的名字命名，德语意思是小小雀巢。如今，小小雀巢已经成为世界上最大的食品公司的代名词。雀巢公司是如何让雀巢咖啡深入人心的？除了保证产品品质外，成功的广告策略是关键——让消费者在记住生动广告的同时，记住了雀巢咖啡。塑造品牌的广告三部曲，作为一个多世纪历史的品牌，雀巢的广告发展过程也同历史一样，打上了鲜明的时代烙印。雀巢产品线广告主要以雀巢咖啡广告为主，它代表着雀巢产品广告的整体特性。纵观它的广告发展历程，雀巢咖啡的广告经历了三个时期的演变。20世纪三四十年代，速溶咖啡刚刚面世时，雀巢在工艺上的突破给传统喝咖啡的方式所带来的革命成为卖点，在广告中突出速溶咖啡与传统咖啡相比的便利性。但这一广告创意与当时的社会环境不相符。三四十年代是一个男尊女卑的时代，相夫教子是妇女生活的要务，女性很少外出工作。买速溶图方便这就导致了广告主题与许多家庭妇女的购买心理相悖，因为女性消费者认为购买速溶咖啡给人不够贤惠的感觉，这可不是男人期望的妻子的形象。因此，速溶咖啡的销售不太好。可雀巢着眼长期效果，坚持用这个广告。随着时代进步，步入社会职场的女性日益增多，速溶咖啡这种既方便又能保持原味的优势终于大放光彩，速溶咖啡的优势被消费者认可，销售稳步上升。五六十年代，随着产品导向型广告的流行，以及速溶咖啡被消费者广泛接受，雀巢开始转换宣传的重点。这一时期的广告着重强调雀巢咖啡的纯度、良好的口感和浓郁的芳香。世界各地分支机构都采用了产品导向的广告，强调雀巢咖啡是真正的咖啡。雀巢咖啡1961年进入日本市场时，电视广告首先打出"我就是雀巢咖啡"的口号，朴素明了，反复在电视上出现，迅速赢得了知名度。1962年，根据日本消费者以多少粒咖啡豆煮一杯咖啡来表示咖啡浓度的习惯，雀巢开展了43粒广告运动，可谓典型的USP（独特的销售主张）策略。广告片中唱着"雀巢咖啡，集43粒咖啡豆于一匙中，香醇的雀巢咖啡，大家的雀巢咖啡"，优美的旋律一时间传遍了大街小巷。随着雀巢咖啡知名度越来越高，雀巢咖啡广告的导向转变为与年轻人生活息息相关的内容，广告尤其注重与当地年轻人的生活形态相吻合。雀巢咖啡（Nescaef）这个名称，用世界各种不同的语言来看，都给人一种明朗的印象，和消除紧张、压力的形象结合在一起。在英国广告中，雀巢金牌咖啡扮演了在一对恋人浪漫的爱情故事中一个促进他们感情发展的角色。70年代，雀巢在日本的广告至今仍让许多人印象深刻，"了解差异性的男人"的广告运动表达这样的概念：雀巢金牌咖啡所具有的高格调形象，是经过磨炼后的了解差异性的男人所创造出来的。广告营造了雀巢咖啡让忙于工作的日本男人享受到刹那的丰富感的气氛，雀巢咖啡所具有的高格调，正好表现了勤勉的公司职员的形象。雀巢广告在中国的本土化在中国，雀巢一直强调要提供适合中国人口味的优质食品。从20世纪80年代雀巢进入中国到现在，产品已经从奶粉、咖啡，拓展到了饮用水、冰淇淋等领域。雀巢在中国如此家喻户晓，"雀巢，味道好极了"这句绝佳的广告词深入人心，一提起雀巢食品，那甜美芳香的味道马上会浮现于脑海。早在1908年，雀巢就与中国建立了贸易关系，但当时只有中国上流社会极少数的人才能品尝到雀巢的美味食品，而绝大多数平民百姓却不知雀巢为何物，这种状况一直延续了70年。雀巢广告在我国广告战略可分为两个阶段：第一阶段，20世纪80年代，雀巢产品再次进入中国，在宣传策略上强调使用中国人的形象。一句经久不变的广告语"雀巢，味道好极了"，拉近了雀巢与中国民众的距离。广告以味道好极了的朴实口号作为面市介绍，劝说国人也品尝西方的茶道。当初雀巢在中国推出速溶咖啡的时候，面对中国人传统的喝茶习惯，雀巢首先做的是培养中国人喝咖啡的习惯。雀巢用广告等多种手段，来宣传喝咖啡是一种时尚、潮流，成功地吸引了一群年轻人对茶背叛之后选择了咖啡。品尝雀巢咖啡，代表的是体验一种渐渐流行开来的西方文化。味道好极了广告运动持续了很多年，尽管其间广告片的创意翻新有过很多次，但口号一直未变。直到今日，说起味道好极了，人们就会想到雀巢咖啡。第二阶段，20世纪90年代后，中国年轻人的生活形态发生了变化。一是年轻人渴望做自己的事，同时又保留传统的伦理观念；二是意识到与父辈之间的差异，也尊敬他们的家长；三是渴望独立，并不疏远父母；四是虽然有代沟，但有更多的交流与理解；五是有强烈的事业心，也要面对工作的压力和不断的挑战，这就是当今年轻人的生活形态。雀巢敏锐地感受到年轻一代的生活形态的微妙变化，广告口号变成了"好的开始"。广告以长辈对晚辈的关怀和支持为情感纽带，以刚刚进入社会的职场新人为主角，传达出雀巢咖啡将会帮助他们减轻工作压力，增强接受挑战的信心。这种社会背景也成了雀巢咖啡"好的开始"广告的沟通基础。纵观雀巢的整体广告策略，其成功的关键在于广告在跨文化传播中的标准化与本土化的合理及灵活的运用。雀巢在遵循全球化经营理念的同时，尊重和考虑本土顾客的需求、习惯和文化诸因素，在广告中反映出各地消费者的生活方式，使品牌真正地满足本地市场。正是这种出色的广告策略，小小雀巢才有了今天的大世界。

本案例摘自：品牌价值网

任务一结果测评：

评价依据	评价分值	得分
对产品标准化和差异化策略的理解与阐述（产品选择）	40分	
产品扩张策略的选择（其他组投票高低）	40分	
表达能力强、有说服力	20分	
合计	100分	

任务二：国际市场营销价格策略的实训

任务分配：
以跨国连锁超市（例如沃尔玛等）的日化区商品为对象，进行一次定价分析，找出同一超市在不同国家及地区的定价上存在哪些异同，应该如何解释。要求学生以3~5人为一组利用课余时间进行资料收集，进行组内讨论并形成一份超市国际市场定价策略分析报告，并与其他小组进行经验交流

任务二成果展示：价格策略分析报告

知识储备：

一、国际市场上影响产品定价的因素

了解并分析那些影响国际市场定价的因素，对于制定恰当的国际营销价格策略具有重要的意义。在国际市场上，影响产品定价的因素主要有。

（一）定价目标

它是指企业通过定价策略所要达到的目的。企业的定价目标取决于企业的经营目标。

不同的企业在不同的时期及不同的国家有不同的定价目标。企业的定价目标主要有三种：

（1）维持生存，避免竞争的定价目标。

（2）当期利润最大化的定价目标。当产品在目标市场上具有较强的竞争优势，如果该价格可以保证企业当期利润最大化又不会牺牲企业的长远利益，就要及时确定该价格。这种价格一般来说是该产品较高的价格。追求当期利润的最大化应以企业长远利润最大化为前提。

（3）提高市场占有率的定价目标。

国际市场占有率是指企业某种产品的销售量占国际同类产品销售量的比重。当企业具有较强的高档品牌优势时，群体的注意力，以提高其市场占有率；当市场对价格高度敏感时，企业可以采取低价策略来提高市场占有率。

（二）成本因素

成本是企业定价的下限。成本因素包括与国际营销有关的一切生产、销售和管理的费用，是国际营销价格策略中一项非常重要的影响因素。主要包括：制造成本、销售成本和风险成本。

（三）市场因素

1. 需求

需求是定价的重要依据之一，各个国家的经济发展水平、居民收入水平决定了消费者的需求水平及其对价格的承受力。在需求方面，一是要考虑国际市场上消费观念对消费需求的影响；二是消费者的消费偏好和消费习惯可直接影响价格的高低；三是要对企业不同产品在不同国家的需求弹性进行分析。当需求弹性比较大时，应适当降低价格，可以增加总收入；需求弹性小且缺乏替代品时，如日用品，则宜采用较高的价格。国际营销企业不但要通过市场调查掌握目标国家的需求状况，而且还要注意需求的变化，以便制定与需求相适应的价格。

2. 竞争

竞争是影响价格水平的又一个重要因素。如果说对产品的需求决定了产品价格的上限，产品的成本决定了产品价格的下限，那么市场竞争则在很大程度上影响了产品价格在上下限之间的变动。

3. 国际市场价格

国际市场价格是指在国际市场上具有代表性的成交价格。商品的国际集散中心、经常大量进出口商品的地区、成交额大的著名国际交易会和博览会、国际商品期货市场的成交价格通常可视为国际市场价格。

（四）政府因素

国际市场营销还会受到目标市场国家政府对定价的各种干预，例如：

（1）限制共谋与价格歧视。

（2）新贸易保护主义的所谓"反倾销"和"反补贴"。

（3）规定价格的上下限。

（4）限制价格变化。

在某些国家，商品的价格不能随意变动，变动价格必须经政府有关部门的同意，如印度、西班牙等国,有些商品价格的变动就要受到管制。

小贴士:国际营销定价的策略化思想

对待国际市场营销的价格因素有两种态度:一是把制定价格看成是实现销售目标的一种积极手段;二是视产品价格为公司营销决策中的某种静态因素。

我国的对外贸易已有了很大的发展,但在对外贸易领域,第二种观念仍在外销人员思想中居主导地位,多数人仅满足于在国际市场上卖出什么就算什么。

现代市场营销观念要求营销者必须积极对待价格,并将该因素尽可能地控制在自己的手里,以实现在国外的营销目的和目标,尽可能多地为国家创汇,为企业创效益,打开国际市场或扩大国外市场占有率。积极控制价格,关系到营销者在交易中是处于主动地位还是处于被动地位。对价格的控制含义在两个方面:一是对最终价格的控制;二是对出口价格的控制。对外营销者的思想趋向于前者,则战略立意很高;若趋向于后者,或感无力控制或无意图控制,都是不高明的。

在国际贸易中,发生在流通过程中的费用(流转环节保险、运输、关税等)相当高,如果将此置于不顾之境地,自然要失去好多利益。

二、国际营销定价须注意的问题

1. 合理选用价格

在国际贸易中使用的价格很多,但以FOB、CIF及CFR(CNF)三种价格最为常用。我国在出口贸易中应多使用CFR和CIF价格,进口应按FOB计价,这样可以利用自有船队和在我国投保的有利条件,确定最好卖价或樽节外汇运费支出。但遇有大宗商品买主时,对方要求得到优惠运价,我国出口也可用FOB价格。

2. 灵活运用佣金和折扣

佣金和折扣直接关系到商品的价格。一般来说,为了推销库存商品、争取大批量成交或鼓励商人经营新小产品,都可运用佣金和折扣。佣金和折扣有多种,如特别折扣、额外折扣、数量折扣、累计佣金和年终回扣等。在运用佣金和折扣时,须明确所给佣金的百分比,而且要掌握得恰如其分,不同商品、不同市场、不同交易对象要区别对待,切忌千篇一律地机械掌握佣金和折扣。

3. 选择适当货币

在选用计价货币时,起码要考虑两个因素:①所使用货币应是可自由兑换的货币。②国际汇兑的汇率波动情况。国际营销基本上可以据此选用对自己有利的货币。从原则上说进口通常要选用"软币"支付,出口则争取多选用"硬币"。

4. 熟识国际市场商品价格

国际主要的商品市场价格,是国际营销者最好的参照价格,诸如芝加哥粮食行情、伦敦有色金属交易所价格以及达拉斯棉花行情等,国际营销者都要研究并掌握。

5. 避免价格上的多头对外

价格控制是综合性活动,有纵向与横向之分。纵向控制要求尽量控制好商品和顾客见面的最后价格;横向控制要求公司对内部的竞争必须加以管理。总公司与分公司之间、总公司所属各分公司之间，彼此互挖墙脚，必然导致外商坐收渔翁之利。

6. 成本因素

国际市场商品的成本，除产品的制造成本以外，还有许多国际营销所特有的成本项目。产品的制造成本是产品价值货币表现的主要部分，是企业定价的最低经济成本，制造成本的高低对产品定价的影响最大，如果制造成本有变化，一般来说价格应随之变动。

7. 关税因素

各个国家为了保护自身利益，往往会限制一些商品进口，同时为了获得财政收入需要向进口商品收税。除关税外，各国可能还有交易税、增值税及零售税等，这些税收往往会给出口商造成沉重的成本负担。

8. 汇率因素

汇率是指两国间货币兑换的比价，或称兑换的比率，也就是以一国货币表示另一国货币的价格。因此，汇率也称汇价。汇率有固定汇率、浮动汇率和其他汇率种类。固定汇率是指两国之间的货币比价基本上是固定的，或将汇率的波动幅度加以人为的限定，当外汇市场上两国汇率的波动超过一定幅度时，国家有义务加以干涉。浮动汇率指各国对汇率不加固定，也不规定其波幅的上下限，而是听任外汇市场根据外汇的供求状况，自行决定本币对外币的汇率。其他汇率种类主要有复汇率、卖出汇率、即期汇率和远期汇率。如果本国货币贬值，出口企业会增加本国货币的收入，等于卖价上浮，有利于出口；反之，买价下浮，有利于进口。

9. 倾销与反倾销

倾销是指出口商以低于本国市场价格，甚至低于生产成本的价格，将产品出售到外国市场。反倾销是指当倾销的进口产品对进口国生产相似产品的工业造成实质损害，或实质损害威胁，或阻碍进口国生产相似产品工业的建立时，进口国依法可对倾销的进口产品征收除正常海关税以外的一种惩罚性关税。反倾销税的税额应相当于正常价值减去出口价格的差额，该差额称倾销幅度。可见，倾销与反倾销是国际定价的重要影响因素。

三、国际市场营销的定价方法

企业在确定了定价依据和定价目标后，就要采取适当的方法进行定价。国际市场营销定价方法主要包括成本导向定价法、市场需求导向定价法和竞争导向定价法三种。

（一）成本导向定价法

成本导向法主要以成本为依据，在考虑企业定价目标、市场需求、竞争格局等因素的基础上，增加适当利润的一种定价方法。这种方法可分为成本加成定价法、边际成本定价法和目标利润定价法三种。

1. 成本加成定价法

是指在单位产品总成本的基础上加上一定比例的利润来确定产品价格的方法。其计算公式为：单位产品售价=单位产品总成本×（1+成本利润率）。这种方法的关键是要确定成本加成率，即成本利润率。例如，美国零售业中的百货公司一般对烟草制品加成20%、照相机加成28%、服装加成41%。

我国企业在运用成本加成法制定产品价格时，还要考虑到国外市场的新贸易保护主义的因素。我国劳动力成本低,导致了产品的低成本和低售价,有时在国外市场上被他国政府认定为有倾销倾向,企业在制定产品价格时要充分重视这个因素。

2. 边际成本定价法

是指产品售价以边际成本为基础,价格或收益大于边际成本或高于可变成本。边际成本定价法的计算公式为:单位产品售价=单位变动成本+单位边际贡献。其中,单位变动成本=总变动成本÷总销售量;单位边际贡献=总边际贡献÷总销售量。

3. 目标利润定价法

目标利润定价法亦称为投资收益率定价法。它是根据企业的总成本和计划的总销售量,加上按投资收益率制定的目标利润率作为销售价格的定价方法。计算时,先求出单位产品的固定成本和可变成本,再加上单位产品目标利润额。其计算公式为:单位产品销售价格=(总成本+目标总利润)÷总销量。

(二)市场需求导向定价法

它是以国外市场需求强度为定价基础,根据消费者对产品价值的理解和需求来决定价格,这种定价方法主要是考虑顾客可以接受的价格以及在这一价格水平上的需求数量。

(1)价值定价法。是以国外市场零售价为基础,减去中间商利润、运费、关税等费用,反推出产品出口净价的方法。

(2)认知价值定价法。它是把产品的价格建立在产品的认知价值基础上。它认为,定价的关键,不是卖方的成本,而是买方对产品的认知。它利用营销组合中非价格因素在消费者心目中的地位,建立起认知价值。

(3)市场倒推定价法。它是企业根据国外市场上同类产品的价格估算企业产品在国外市场上的零售价格,然后扣除各种中间环节的费用(利润、关税、运费等),得出企业在出厂价格,然后同成本比较,最后定出产品价格。

(三)竞争导向定价法

竞争导向定价法是指企业以市场上竞争对手的价格作为定价的基本依据,随竞争状况的变化来确定和调整本企业产品的价格。

1. 随行就市定价法

它是竞争导向定价法中最常用的一种方法。它是将本企业产品的价格保持在同行业产品的平均价格水平上。在国际市场上,对于小麦、茶叶、大豆、咖啡等大宗农副产品,其国际市场价格是经众多买卖双方通过多次交易达成的,已经成为标准价格,企业只需随行就市定价即可。

2. 主动竞争定价法

主动竞争定价法不是追随竞争者的价格,而是根据本企业实力及与竞争对手产品的差异状况来确定价格,价格可以高于、低于市场价格或与市场价格一致。

3. 投标定价法

主要用于招投标交易方式。在报价时,企业既要考虑成本费用和利润目标,也要考虑竞争状况,提高中标率。其关键是投标报价。一般来说,报价高,利润大,但中标机会小;反之,报价低,利润小,但中标机会大。因此,最佳报价应为目标利润与中标率两者之间的最佳组合。这种方法通常用户于国际上的建筑工程承包、大型机械设备采购及政府、集团等的采购。

四、国际营销的价格策略

国际的商品流通环节多、渠道长，最初价格与最终价格间的差额往往大得惊人。就价格而言，最终价格是最根本的销售因素，最终价格的高低制约着产品的销路。国际销售价格的这种差距是受运费、关税、分销渠道、中间人的活动范围以及外汇变动等因素的影响而形成的。所以国际营销定价所要解决的主要问题，就是想办法对付这种价格的差距。最终价格构成如表10-1所示。

表10-1	最终价格构成表	（单位：元人民币）
出厂价格	5.00	
运费、保险费	1.10	
CIF值	6.10	
CIF值的20%关税	1.22	
进口商成本	7.32	
进口商的销售利润（25%）	1.83	
批发商成本	9.15	
批发商利润（33%）	3.05	
零售商成本	12.20	
零售商利润（50%）	6.10	
最终价格	18.30	

1. 依市场导向定价法降低出口价格

国际营销中有一种很流行的定价方法，即市场导向定价法，也叫逆推定价法。这种定价是最终价格扣除流通中各种费用的结果。降低出口价格会使流通过程中的各类费用获得同步下降，特别是可以少纳从价税，减少运费，从而为降低最终价格提供了可能。这种策略充分考虑了市场上各个环节的利益，有助于产品迅速进入国际市场，外商很愿意接受。但这种策略会导致一时收入减少或遭到反倾销的对待。

2. 化整为零散件出运

零配件或半成品的关税较低，把产品化整为零、分件装运，再在销售国组装成成品销售，不仅可获低关税之利而且组装成本低廉。这样低成本的产品价格必然在销售市场具有竞争力。

3. 国外设厂合资经营

资金外投，在国外生产特别是在第三世界国家生产，原因之一就是可以降低产品的销售价格。在国外搞合资经营，不仅可以减少出口费用、避开不利的外汇汇率，而且可以利用外国的廉价资源，改善价格的竞争能力。

4. 控制流通渠道减少流转环节

某些商品在某个时候靠降低出口价格增加销售量并不是上策，如果省去某些中间环节，缩短流通渠道，则收益非常可观。不过，这一策略的难度很大，在国际市场上控制或缩短流通渠道极为困难。

5. 适当包装和适当品质

这是一种取消某些产品的特色和昂贵的包装，甚至减少某些产品的性能，以适当的品质、适当的包装保持较低的适当价格的策略。如日本的电视机最初进入我国时，就根据我国的实际情况减少了电视机的一些性能，从而使欧洲的电视机在价格上望尘莫及。

需要指出，目前我国的出口商品多数价格低廉，甚至有一等商品、二等包装、三等服务、四等价格的情况，这种价格是不正常的，是在适当价格界限以下的。降低价格与此有本质的不同，降低价格并不是放弃利益，而是获得合理利益，获得更大利益。

任务二结果测评：

评价依据	评价分值	得分
数据收集丰富、真实、准确	20分	
定价策略分析准确	40分	
分析阐述逻辑清晰	20分	
报告格式规范	20分	
合计	100分	

任务三　国际市场营销渠道策略的实训

任务分配：

1999年4月30日：在美国南卡罗莱纳州中部的一个人口为8 000人的小镇坎姆登（Camden），海尔投资3 000万美元的海尔生产中心举行了奠基仪式。一年多以后，第一台带有"美国制造"标签的海尔冰箱从漂亮的生产线流下来，海尔从此开始了在美国制造冰箱的历史。海尔成为中国第一家在美国制造和销售产品的公司。要求学生以3~5人为一组，选择中国国产冰箱品牌产品，通过对海尔冰箱进入美国市场的渠道分析，针对自己所选择的产品设计进入美国市场的渠道策略，形成渠道策略分析报告，并以PPT展示的形式与其他小组进行经验交流

任务三成果展示：渠道策略报告（PPT形式）

知识储备：

一、国际分销渠道的概念

分销渠道又称营销渠道，是指产品从生产者到达消费者所经历的各个环节和途径。企业的分销渠道策略所要解决的问题，是如何将企业的产品在适当的时间，以适当的方式转移到适当的地点，便于购买，扩大销售。在国际市场营销中，生产者和消费者不在同一个国家，双方不能面对面地交易，商品的流通大部分由中间商来完成。商品从生产者向国际

市场消费者转移所经过的流通渠道、流通环节和流通方式,就称为国际市场分销渠道。

国际市场上分销渠道是通过市场沟通,及时有效地把商品转移到消费者购买地点,实现所有权在国际市场上的转移。它包括两方面的含义:一是实体转移;二是所有权的转移。从广义来讲,分销渠道一般应包括以下组织和个人:出口商、进口商、进出口代理商、进出口佣金商、经销商、批发商、零售商与贸易有关的单位。

二、国际分销渠道的基本模式及结构

在国际市场上,出口产品从出口国生产者流转到国外最终消费者手里,要经过出口国和进口国两个方面的分销渠道。虽然各国的营销环境差异较大,使国际市场上分销渠道呈现出不同的特点,但在长期的国际市场营销活动中,仍然有基本的分销渠道模式和分销渠道选择惯例,如图10-1所示。

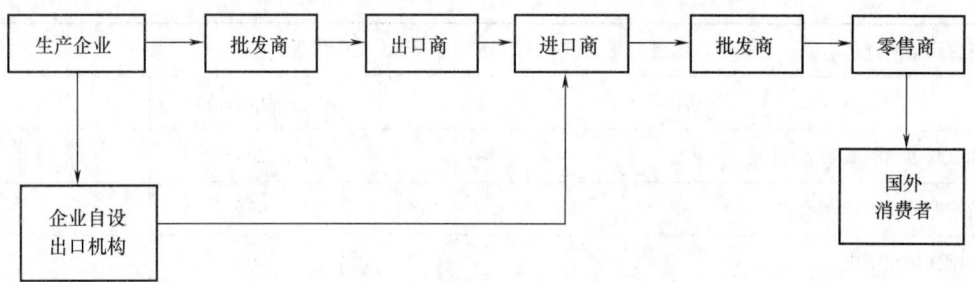

图10-1 国际分销渠道的基本模式

以上仅仅是出口商品的最基本的模式或总体模式,在实践中可以省去中间若干个环节。如生产企业直接交付给国外用户,如邮购等直接渠道。出口企业使用或不使用中间商、使用多少、使用哪些中间商,构成了不同形式的国际分销渠道,如图10-2所示。

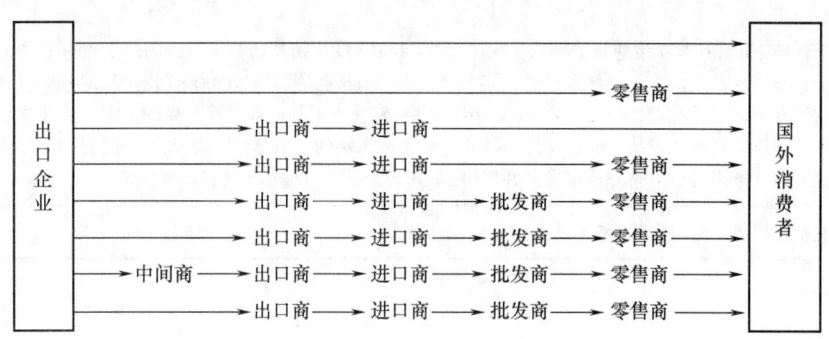

图10-2 国际分销渠道的基本结构

从图中可以看出,国际营销者必须对两种渠道施加影响:一是国内分销渠道;二是国际分销渠道。在国内,营销者必须有一个机构来沟通国与国之间的各个分销环节。在国外,营销者还必须监督检查向最终消费者供应商品的渠道。最佳的做法是营销者能够控制整个分销渠道或参与其中。但初期从事国际营销的企业往往重视进口国国内的分销渠道,认为产品卖给进口商就完事大吉,仅把进口商作为销售对象。实际上,进口商是中间商,他们购买商品的目的是为了再出售,赚取差价。若产品不如竞争者产品能满足消费者的需求,他就会转而去经营竞争产品。若出口产品卖给进口商,而他不经过本国适当的渠道使产品与最终消费者见面,那么商品就没有和同类商品在消费者面前竞争的机会,即使质量再好,也无法被消费者所选购。因此,国际营销企业的任务并没有随着产品抵达海外市场而告完成,而是应该关心从生产者到最终购买者的整个分销渠道,即使他并不总能对所有中间环节的行为和政策施加直接影响。这就是现代营销学中的整体渠道概念。

我们强调整体分销渠道概念有一定的现实意义。因为长期以来,我国的出口企业最重视的就是出口创汇,而对于产品卖给国外的进口商以后的情况就不再关心,诸如目标市场渠道结构如何、中间经历多少个层次的中间商、各中间商的加成率如何、各渠道成员状况如何、最终用户购买情况如何等。也就是说,很多企业没有整体渠道这一概念。实际上,渠道成员的效率会影响整个渠道效率,从而影响产品的销售,影响企业的营销策略的实施,所以,出口企业必须树立整体分销渠道这一观念。

我国开发国际市场大体有两种形式:一是产品出口;二是资金外投。出口又分为直接出口和间接出口,目前以间接出口为主要形式,直接出口正在迅速发展。就出口而言,现在面临的主要问题是:产品进入国外渠道后如何施加影响或尽量减少国外的中间环节。只有深入进去才能真正学会对外营销,增加对市场的了解,加强我国产品在国外市场上的竞争能力。

[案例链接10.3] 好孩子品牌国际化的分销策略

著名品牌设计公司捷登设计总监Raymon曾说过:通过对好孩子在海外市场实现OEM-ODM-OBM的品牌建设战略的分析,针对国际市场渠道建设这一短板,结合微笑曲线和供应链理论,提出多元化的渠道覆盖策略,希望给中国代工制造企业树立自己的品牌道路提供参考。

一、好孩子的成长之路

好孩子作为一个以童车起家的集团,专业从事儿童用品的研发、制造、分销和零售,为天下家庭提供全系列的母婴用品。"好孩子"在中国儿童用品行业拥有"中国驰名商标"和"中国名牌"的称号。但在国外却只负责研发、设计和制造,由国外品牌进行产品销售、维权和法律服务。

在国内市场,自1989年好孩子成立以来,1993年开始问鼎国内市场销售额第一并持续至今,完成了在中国研发、制造、营销一体化的全面微笑曲线介入。

在海外市场,1996年进军美国市场,2001年开拓欧洲市场,以研发为最大核心竞争力,做行业的质量标准,1999年以34.1%的市场份额成为美国市场第一,2005—2008年在欧洲翻番速度增长。2013年年底,美国独家合作商Cosco结束续签合同后,2014年1月全资收购欧洲著名高端儿童汽车座品牌Cybex,6月全资收购美国百年儿童品牌Evenflo,开启全球渠道建设战略。

二、好孩子产品核心竞争力延伸

捷登设计总监Raymon曾说过:在微笑曲线理论中,曲线两端拥有行业价值链中的较高利润,而处于制造的中游则是利润较低的环节。在国际商场中,好孩子已经完成了从OEM

到ODM的跨越，面对竞争对手的渠道封闭，OBM这国际品牌建设的最后一步，面临自主建立渠道的关键瓶颈。除了保持原有的研发核心竞争力以外，国外市场，要求对于品牌营销渠道进行全面推进，一方面是自身发展的需求；另一方面也是国际市场竞争的大趋势。

三、好孩子国际渠道建设的建议

针对不同市场的特性，对于多元化渠道建设，提出以下三方面策略。

1. 保留原有渠道

从生产商到批发商的传统渠道是对于生产商来讲最简单的一种渠道管理模式。在美国市场由于前期合作商Cosco与好孩子是独家联盟关系，寻找新的合作伙伴或者修复与原有合作者的关系，都可以使其继续享有成熟渠道的使用。但是，使用这样的渠道具有依赖性，不利于企业国际品牌的树立。因此提出两个策略，以降低渠道商对好孩子的约束力，加强好孩子对国际市场渠道的控制力。

（1）渠道置换。在好孩子拥有国内本行业渠道垄断地位的前提下，通过国内国外渠道的交换来保有国际市场的渠道使用，达到合作双方互利共赢，相互约束。

（2）品牌收购。类似吉利汽车收购沃尔沃一样，通过收购国外知名OBM企业品牌，快速获得成熟可控渠道，并利用其品牌的影响力，削减好孩子在国际市场上因知名度小所带来的顾客不信任问题，提升好孩子的品牌价值。

2. 缩短销售渠道

在供应链的理论中，每增加一个环节或者渠道，都会使得产品的成本提高，商品的购买价格上升，影响市场竞争力。

在美国市场，大型连锁超市四巨头Wal-market、Kmart、TRU/BRU、Target在儿童产品销售渠道中占有超过85%的市场份额，这样少数零售商控制市场大份额的情况，为生产商直接为零售商服务提供了极大便利，也为整个渠道的成本下降提供了新思路。

3. 建设直销渠道

直销渠道的建设，进一步缩短了销售渠道，但是对于渠道管理提出了更高的要求。

（1）O2O模式的海外开发。在国内市场，好孩子开展了四网联动战略——即实体母婴用品销售网络、网上的多媒体电子商务交易网络、物流服务管理网络以及会员关系管理网络，从2010开展至今，好孩子直营的网络销售渠道已达1.2亿人民币。O2O的模式在国内的成功应用，可以成为国际市场直销渠道建设的模板，快速渗透到网络销售的领域。

（2）在欧洲市场，在以专卖店为主导的消费习惯下，建设自己的专卖店，是对于渠道全面建设的一个起步。

O2O与专卖店策略的同步实施，将最大化提升企业对渠道的控制力，并通过终端数据，实现大数据时代的信息收集，为企业未来顾客分析，为新战略的制定提供不可估计的收益。这也是核心竞争力从研发到营销的进一步延伸。

本案例摘自：捷登设计

三、国际中间商的选择

生产商在进行国际销售渠道设计时，只有准确选择了理想的国际中间商，才能为今后的渠道建设工作打下坚实的基础。中间商选择是否合适直接关系着生产企业在国际市场的经营效果。国际中间商的选择应建立在对国外市场的详细考察和充分了解的基础上。例如，某公司在向国外销售其自动计量产品时，采取直接到国外销售的方式，它鼓励其公司的销售人员积极到海外考察，以达到消除文化和语言障碍的目的。该国内公司在进入中国市场之前，其总裁曾多次到中国考察了解中国人的特点和经商方式，以及对于计量产品的一般要求等，为其产品顺利地进入中国市场，采用合适的销售渠道和选择理想的国际中间商提供了充足的依据。

选择国际中间商要着眼于长远的规划，不能简单地考虑中间商的知名度、经营实力等常用和静态的指标。国际中间商的选择标准一般包括目标市场的状况、所处的地理位置、经营条件、业务能力、信誉、合作态度等。

（一）目标市场的状况

企业选择中间商的目的就是要把自己的产品打入国外目标市场，让那些需要企业产品的国外最终用户或消费者能够就近、方便地购买或消费。因此，企业在选择销售渠道时，应当注意所选择的中间商是否在目标市场拥有自己需要的销售通路，如是否有分店、子公司、会员单位或忠诚的二级分销商；是否在那里拥有销售场所，如店铺、营业机构。国际中间商应对自己的实力和特长有清醒的了解，有固定的服务对象，应与目标市场的顾客建立起良好的关系，国际中间商的销售对象应该与企业的目标市场一致，这样生产企业才能够利用国际中间商的这一优势，建立高效率的营销服务网络。

（二）地理位置

国际中间商要有地理区位优势，所处的地理位置应该与生产商的产品、服务和覆盖地区一致。具体地说，如果是批发商，其所处的地理位置要交通便利，便于产品的仓储、运输；如果是零售商则应该具有较大的客流量，消费者比较集中，道路交通网络完备，交通工具快捷等特点。

（三）经营条件

国际中间商应具备良好的经营条件，包括营业场所、营业设备等。例如，零售商营业场所的灯光设施、柜台等设施应齐全，才能有效地支持零售商的业务经营。

（四）经营能力与特点

国际中间商的业务能力是决定销售成功与否的关键因素。需要对中间商的经营特点及能够承担的销售功能进行全面考察。一般来说，专业性的连锁销售公司对于那些价值高、技术性强、品牌吸引力大、售后服务较多的商品具有较强的分销能力。各种中小百货商店、杂货商店在经营便利品、中低档次的选购品方面力量很强。只有那些在经营方向和专业能力方面符合所建分销渠道要求的中间商，才能承担相应的分销功能，组成一条完整的销售渠道通路。在考察中间商的业务能力时，有以下几个方面的具体目标：

（1）经营历史。国际中间商应有较长的经营历史，在顾客中树立了良好的形象。

（2）员工素质。国际中间商的员工应具备较高的素质，具有较高的运用各种促销方式和促销手段的能力，并愿意积极地直接促进产品的销售。员工要具备丰富的产品知识，对相关产品的销售有丰富的经验和技巧。要具备较高的服务技能，随时解答顾客的疑问，并为顾客提供诸如安装、维修等服务。

（3）经营业绩。国际中间商要有良好的经营业绩，在经营收入、回款速度、利润水平等方面都有完善的规章制度和良好的效果。

（五）信誉

国际中间商还应该具有较高的声望和良好的信誉，能够赢得顾客的信任，能与顾客建立长期稳定的业务关系。具有较高声望和信誉的中间商，往往是目标消费者或二级分销商愿意光顾甚至愿意在那里出较高价格购买商品的中间商，这样的中间商不但在消费者的心目中具有较好的形象，还能够烘托并帮助生产商树立品牌形象。

（六）合作态度

生产企业在选择中间商时，要注意分析有关分销商分销合作的意愿、与其他渠道成员的合作关系，以便选择到良好的合作者。分销渠道作为一个整体，每个成员的利益都来自于成员之间的彼此合作和共同的利益创造活动，从这个角度讲，共同承担分销商品的任务，通过分销把彼此之间的利益"捆绑"在一起。只有所有成员具有共同愿望、共同抱负，具有合作精神，才有可能真正建立一个有效运转的销售渠道。因此，生产商所选择的中间商应当在经营方向和专业能力方面符合所建立的销售渠道功能的要求，愿意与生产商合作，共同担负一些营销职能，如共同促销等。生产商与中间商良好的合作关系，不单是对生产厂家、对消费者有利，对中间商也有利。

[案例链接10.4] 普森公司的中间商策略

日本的艾普森公司是制造电脑打印机的大厂家。当时该公司准备扩大其产品线，增加经营各种计算机，该公司总经理杰克·沃伦（Jack Whalen）对现有的经销商颇不满意，也不相信他们有向零售商店销售其新型式产品的能力，因此他决定秘密招聘新的配销商以取代现有的配销商。沃伦雇用了一家名为赫展拉特尔司（Hergenrather & Company）的招募公司，并给予下述指示：

（1）寻找在褐色商品（电视机等）或白色商品（电冰箱等）方面有两步配销经验（工厂到配销商再到经销商）的申请者。

（2）申请者应是领袖型的人，他们愿意并有能力建立其自己的配销机构。

（3）他们将获得8万美元的年薪加奖金以及375万美元的资金用于帮助他们建立企业。他们每人各出资25万美元。他们每人均可持有企业的股票。

（4）他们将只经营艾普森公司的产品，但可经营其他公司的软件。每个配销商将配备一名负责培训工作的经理和一个设备齐全的维修中心。

招募公司在寻找合格的和目的明确的有希望的候选人时遇到了很大困难。他们在《华尔街日报》上刊登的招聘广告（不提及艾普森公司的名），吸引了近1 700封请求信，但其中多半是不合格的求职者。于是，该公司用电话簿上用黄纸印刷的商业部分电话号码得到目前的配销商的名称，并打电话与他的第二常务经理联系。公司安排了与有关人员会见，并在做了大量工作之后提出了一份最具资格的人员名单。惠伦会见了他们，并为其12个配销区域选择了12名最合格的候选者。招募公司为其招聘工作得到了25万美元的酬金。

最后的步骤要求终止艾普森公司现有的经销商。由于招募是在暗中进行的，因此这些配销商对事态的发展一无所知。杰克·沃伦通知他们将在90天期限内交接工作，他们当然感到震惊，因为他们曾是艾普森公司最初的配销商与之共事多年。但是他们并没有订立合同。沃伦知道他们缺乏经营艾普森公司扩大电脑产品线和进入必要的新流通渠道的能力。他认为舍此别无他法。

本案例摘自http://3y.uu456.com/bp_6xqy09pzhm52amw9ksxd_3.html

四、国际销售渠道策略

1. 独家经营策略

这是一种卖方在特定地区和一定期限内给予国外客户或代理商独家销售指定商品权利的渠道策略，双方的关系和权利义务由协议确定下来。这一策略包括包销和独家代理两种形式。一般包销协议是互惠的，多把专卖权和专买权作为对应条件加以明确规定。

包销属于售定性质；代理属于委托性质。独家经营易使中间人垄断市场，若经营不力，"包而不销"或少销，都会给卖方带来损失。

2. 定销选择策略

有些商品不宜采用独家销售的策略，但也不适宜过于多头分散经营。在这种情况下，对外营销者可以在同一市场内选定几家比较适当的客户，根据他们的经营能力，分别同他们签订一定数量的合同，如无特殊情况，一般不再同其他客户成交。这种策略在习惯上称为选择分销或定销。定销户不是一家而是多家，他们并不享有独家经营权，但又有相对集中经营的特点。

3. 渠道扩散策略

当产品进入国外市场打开局面之后，渠道也会相应增多，出口者便会考虑市场的发展问题，实施渠道扩散、广泛分销。该策略的特点是增加中间人或经销渠道，因此，它势必要对原有经销者产生影响。一方面经销者会感到竞争的压力，从而努力经营，以便不丢掉市场和货源；另一方面，如果策略运用不慎，会挫伤一些老客户的积极性，使某些经销者转向或造成水货泛滥，结果是添了新客户，失去了老关系，严重者会前功尽弃，不得不退出市场。

4. 短途渠道策略

这是一种减少渠道中间环节，出口者尽量与实销户见面的渠道策略。国外经营进出口的企业多种多样，有专营进口商、批发商、代理商，也有工厂和零售商。就我国来说，外贸进出口公司具有一定的国际营销经验，应该设法越过一些中间环节，而直接与某些大工厂、大百货公司、超级市场、连锁商店进行积极往来。这不仅有利于扩大推销网，而且可以争取有利的交易条件，改变过去那种把生意交给进口商去做的被动局面。

小贴士：

互联网是跨国公司的一个重要分销手段，也是企业和消费者寻找产品的一个渠道。计算机软硬件公司、书籍和音乐零售商是最早使用这种销售方式的"电子营销者"

(e-marketers)随着网络受众的急剧增加,网络分销越来越受到企业关注。

随着网络经济时代的到来,在企业经营管理模式的深刻变革中,企业的分销渠道变革与建设成为人们广泛关注和讨论的焦点议题。在激烈的市场竞争中,企业拥有的分销渠道网络及其发展成为获得竞争优势的关键资源。有研究表明,分销渠道创造的价值通常要占到商品和服务总价值的15%~40%,这表明了通过变革分销渠道来创造新的价值空间和竞争力的潜力。

[案例链接10.5] 大众汽车公司的在线销售

当大众汽车公司要发布最新两款甲壳虫系列——亮黄和水蓝之时,它选择了互联网这一途径。总共有2 000辆新车出售,而且全部在网上销售。大众公司花了数百万美金在电视和印刷媒体大做广告,推广活动的广告语为:"只有2 000,只有在线。"大众汽车公司e-business经理Tesa Aragones认为:"大部分大众汽车的用户能够上网,这次市场活动不仅推广了新车型,而且支持了整个在线购车的过程。我们将使之成为一次独特的品牌宣传,大约60%的客户通过互联网来购买我们的产品和服务。"

这次推广的最大亮点是,大众公司的网站采用Flash技术建立了虚拟的网上试用驾车。采用Flash技术,将动作和声音融入活动中,使用户觉得他们实际上是整个广告的一部分。用户可以选择不同的驾车场景,例如,在城市街道中,在高速公路上,或是在乡间里享受使用新车型驾驶的乐趣。

网上试用驾车使得网站访问量迅速上升,月平均流量达到100万人次。在推广的第一天就超过8万的访问量。活动期间,每天独立用户平均为47 000,每个用户的平均浏览时间是平时的2倍,达到19分钟,每个页面平均1.25分钟。

网上试用驾车完成了另一重要目标——得到了更多的注册用户。用户能够在网上建立名为"我的大众"的个人网页。推广期间,超过9 500人建立了自己的网页。他们能够详细地了解自己需要的汽车性能,通过大众的销售系统检查汽车的库存情况,选择一个经销商,建立自己的买车计划,安排产品配送时间。

推广活动产生了2 500份在线订单,其中60%的用户选择了水蓝车型。另外,这次市场活动对于美国国内大众汽车经销商来说也是成功的,超过90%的经销商参与了活动。

Aragones最后评价说:"这次活动达到了我们的预期目标。我们向消费者证明了在线买车为他们提供了更多的选择余地。活动也向我们的经销商证明了网络分销的力量所在,让他们为汽车行业在线销售的高速增长做好了准备。"

本案例摘自:http://www.doc88.com/p-6314185530999.html

任务三结果测评:

评价依据	评价分值	得分
对海尔渠道策略研究认真,准备充分	20分	
品牌产品选择合适	20分	
市场背景分析准确	20分	

续表

渠道策略合理	30分	
报告格式规范、PPT设计美观	10分	
合计	100分	

任务四:国际市场营销促销策略的实训

任务分配:
假设国内某公司要将速冻水饺产品销往欧洲市场,要求学生以3~5人为一小组,设计速冻水饺的促销方案,并让学生分别以营销人员的身份和顾客的身份进行模拟交易,并记录该小组的销售业绩

任务四成果展示:促销策略方案、销售的过程(可以口头也可以PPT形式)

知识储备:

市场营销系统有两个截然相反的信息流向,即生产信息流和消费信息流。从市场流向企业的信息主要通过市场营销信息系统和市场调查活动获得,从生产企业到消费者的信息流转过程是由企业的销售促进活动来完成。可见,销售促进活动有传递生产信息的任务,但这绝不是销售促进的目的,促销的目的是树立公司形象、扩大销量、赢得顾客。因此,促销还有影响和促成消费者实施购买的作用。由于国际市场营销活动是在完全不同的市场环境中进行的,了解和影响消费者非常困难,所以国际营销者就更加需要强有力的销售来促进达到进入国外市场的目的。关于促销的详细内容前面已有阐释过,这里只从国际市场的特点出发,谈几项行之有效的国际促销策略。

一、促销组合策略

促销组合主要是指对广告、人员推销、函电询问、营业推广以及公共关系的协调运用。

1. 广告

广告是对外营销者借助于声音、文字、图表、图像等非人员媒介把产品信息传递到目标市场的一种促销方式。目前,我国多通过商品交易会、国外展览会以及国外某些报刊来做广告。实际上我们还可以通过我国驻外使馆、公司驻外办事处进行广告宣传,也可以考虑与当地外商做合并广告。

2. 人员推销

人员推销可以直接输出和反馈信息,并可直接获得订单,是一种传统但却有效的推销方式。我国较少派员外销,而且多数没有促销任务,一般是履行手续式的接受谈判最终结果。因此,我国外贸部门需要加强这方面的工作,明确派员外出的目的及外出人员的任务。

3. 函电询问

这是一种以信函、电报、电传等书面形式促使贸易成交的洽商方式。这种方式简单易行,被普遍使用,洽谈过程为:询盘→发盘→接受→签订合同。从这个程序来看有两点需注意:一是发盘要有针对性;二是处理函电要妥善、认真、迅速,以免失去成交机会和商

业信誉。

4. 营业推广

对外可用的营业推广形式很多，如有奖销售、代价券、奖券、赠送样品和商品目录以及表彰、奖励出口公司与企业等。我国运用较多的是赠送样品、目录和奖励出口企业。

5. 公共关系

对外运用公共关系推销商品有三种方式：一是把有关的产品及公司的资料介绍给具有影响力的人，如各类编辑、记者、撰稿人、电台、电视台的节目制作人，各种社团的组织人等；二是举行有关人士招待会和记者招待会；三是融洽与客商的关系，进行互访，使之通力合作。

二、教育牵引策略

有关部门与人员利用出国讲学、合作培训和普及有关知识的机会，宣讲与本国产品和技术密切相关的情况，使对方人员了解和掌握本国产品及基本构造、技术性能及使用方法，为本国产品出口到对方国家作好教育上的准备，一旦对方国家决定进口有关方面的产品，本国产品便已具备了最先选择的条件，因为该国已有大批了解本国产品和该产品知识的人员。这种教育先行，为本国产品进入对方国家市场扫平道路的促销策略，就是教育牵引策略。

教育牵引策略的特点是：顺理成章、水到渠成，无须花促销费用。但它的使用面有限，多适用于较复杂的电器产品和机械设备，贸易方向一般只是第三世界国家。

三、回样促销策略

这是一种按外商提供的样品，制作回样并据以成交的促销策略。这种策略的特点是：来样是市场的需要，无须我方再为自己的产品寻找市场；但回样必须要符合来样的要求，否则外商会以品质差异和价格不合理等理由拒绝接受。所以，使用回样促销策略须注意以下几点：以本国相似产品回样，如能符合对方要求，则保证了时间和质量；尽量以我方原料与工艺照样制作；如制样成本很高，应收取回样成本费，成交后退给对方；可要求客商对来样报价，据以进行磋商；要及时回样，讲究信誉。

四、博览会、交易会、巡回展览

这种促销方式的好处是：直接出售产品、洽谈交易；了解有关国家商界情况；广交朋友，直接接触国外经销商、零售商以及消费者。但在国外举办展览会租借费用太高，如在芝加哥贸易中心租展览地，每25平方英尺要8 000美元，用具约3万美元。所以，在国外举办展览会必须要准备充分。

五、易货贸易

易货贸易具有不用外汇支付货款和以进带出的作用，所以它能够促进我们同外汇短缺的第三世界国家的贸易往来。但易货方式的促销作用是有局限性的，主要表现在易货贸易的地区和对象有限、交易的产品不易对口。

六、寄售贸易

寄售是指货主在未找到买主之前将产品运到国外，托人代为销售。这种贸易方式有明显的促销作用，主要表现在以下几个方面：

（1）寄售乃是无本之利。代售人可在不投资或少投资的情况下，不承担风险稳收佣金，所以许多商人乐意为货主推销服务。

（2）为买主提供了很大的方便。买主能够根据需要就地采货，随要随买，随买随有，节省了购货时间和资金积压的利息支出，也避免了运输中的种种风险。

（3）便于直接联系。有利于出售人直接同当地的批发商、零售商、实用用户建立关系，有利于扩大销售渠道。

但利用寄售促销也有不利之处，主要表现在：

（1）货主风险大。货主要承担全部的贸易风险，如运输风险、寄售期间行市下跌、货物变质和销售不掉以及代销人不得力等。

（2）货主费用增加。寄售是货物售出后收回货款，不仅货款积压而且要支付仓储、保险及管理等费用。

目前，我国采用了寄售的商品品种有工艺品和新小商品等，在国外市场对我国商品不了解的地区，采用寄售方式收到了良好的效果。

任务四结果测评：

评价依据	评价分值	得分
对促销策略的理解与选择	40分	
卖出的产品的销售额	40分	
表达能力强、有说服力	20分	
合计	100分	

小结：

国际市场营销与国内市场营销的区别来自于国际环境的巨大差异，环境的不同使营销的适应性策略、手段与方法随之出现了一些相应的变化。国际产品的差异化策略，是指企业在全世界范围内对不同的国外市场提供不同的产品或经过调整的产品。国际产品的标准化策略，是指企业在全世界范围内的所有市场上都提供同一种产品，即以本国现有产品不加改变地销售到国外市场。美国营销学家基根（W. J. Keegan）将产品和促销两个因素组合在一起，并考虑到目标市场上的广告宣传的方式，得出了五种国际产品策略：直接延伸策略；产品延伸，宣传改变；产品改变，宣传延伸；产品和宣传双重改变；设计并开发全新产品。国际市场营销定价方法主要包括成本导向定价法、市场需求导向定价法、竞争导向定价法三种。在国际市场营销渠道方面，生产商在进行国际销售渠道设计时，只有准确选择了理想的国际中间商，才能为今后的渠道建设工作打下坚实的基础。国际销售促进策略有两个方面：一是促销因素组合；二是一些特种方法，如教育牵引策略、回样促销策略、展览会、易货促销以及寄售促销等。

课后作业：

案例分析：比亚迪进军欧美市场

2008年，股神巴菲特以每股港币8元的价格认购2.25亿股比亚迪公司的股份，约占比亚迪10%的股份比例，本次交易价格总金额约为港币18亿元。该投资对于比亚迪新能源汽车在全球的推动具有战略意义。

巴菲特的入股，或许给比亚迪向美国出口新能源汽车投了一份极具分量的信心票，但在股神入股之后，该公司仍缺一份详细的进军美国市场的计划。

在香港举行的新闻发布会上，比亚迪总裁王传福说：巴菲特旗下公司的入股，将帮助比亚迪在美国市场提升品牌知名度，因此，可以加速比亚迪汽车出口美国市场。比亚迪汽车产业群出口贸易事业部总经理李竺杭告诉《美国汽车新闻·中国》，比亚迪计划在2010年，最迟2011年开始向美国市场出口即插式混合动力汽车，第一款车型应该是届时比较成熟的车型。根据比亚迪汽车提供的资料，其首辆充电式混合动力车F3DM在携带一箱油的情况下续航里程约为400公里（267英里），最大时速约为160公里（99英里/小时）。该车仅靠电池驱动可行驶100公里（62英里）。李竺杭说，磷酸铁锂电池组可充放电约2 000次，足够运行7~10年。使用家用电源需要9小时能完全充满，通过特殊电站只需约10分钟就能充满50%，但当问到比亚迪汽车目前是否已经通过美国市场一些安全和排放测试的时候，李竺杭说相关的市场准入认证还处在早期的"调研和评估"阶段。他说因为F3DM将搭载的汽油发动机只有1.0升，因此排放方面不会成为问题。但他表示安全认证是"很关键的事情"。"我们现在还处在一个调研和评估的阶段，我们也在邀请一些第三方机构和一些检测机构做一些交流，以充分了解欧美市场的要求"。李竺杭说，完成全部安全认证至少需要一年的时间。比亚迪汽车向欧洲市场出口新能源汽车的时间表与向美国市场出口的时间表相近。对于比亚迪汽车在欧美市场的销售，初期主要会定位于集团客户，例如，出租车公司，电力公司，快递公司等，因为"个人客户接受可能需要时间"。在欧美销售即插式混合动力汽车也只是一个过渡，比亚迪的最终计划和目标是在这些发达国家市场销售纯电动汽车。在9月底香港的新闻发布会上，王传福说中美能源控股将可能帮助比亚迪在美国市场建设充电站等基础设施，并提供充电服务。中美能源控股的18亿港元资金，主要会投入到动力电池和电动车的研发方面。但到目前为止，比亚迪并没有公布过任何关于电动车出口美国的时间表。"我们更希望卖纯电动车，因为纯电动汽车对于我们来说技术更简单，但现在的情况是充电站等基础设施缺乏，所以现在的混合动力也是一个过渡性的产品；而对于何时从混合动力过渡到纯电动，现在无法预计，"李竺杭说。

总部位于深圳的比亚迪公司以充电电池起家，之后通过收购陕西秦川汽车获得乘用车生产牌照，并于2005年开始生产汽油车。根据J.D.Power旗下亚汽资源数据，比亚迪汽车今年1—8月，在华销售了85 104辆汽车。该公司将在年底之前在中国上市其第一款混合动力汽车F3DM。

问题：
1. 你认为比亚迪进军欧美市场的优势和阻力分别是什么？
2. 进军国际市场，比亚迪还要做哪些准备工作？

参考文献

[1] 吴唐青.MBA典型案例评析精华读本［M］.合肥：安徽人民出版社，2003.

[2] 马克忞.商务谈判——理论与实务［M］.北京：中国国际广播出版社，2003.

[3] 查尔斯·史丘伟，亚历山大·希安.行销学［M］.厦门：汕头大学出版社，2003.

[4] 王慧彦.市场营销案例新编［M］.北京：清华大学出版社，2004.

[5] 冯华亚.商务谈判［M］.北京：清华大学出版社，2006.

[6] 埃里克·阿诺德，琳达·普耐斯，乔治·津克汗.消费者行为学［M］.北京：电子工业出版社，2007.

[7] 阿里·阿姆斯特朗，菲利普·科特勒.市场营销学［M］.北京：中国人民大学出版社2007.

[8] 李志荣.国际市场营销——理论与实务［M］.大连：东北财经大学出版社，2007.

[9] 宋文官，姜何，华迎.网络营销［M］.北京：清华大学出版社，2008.

[10] 陈月波，潘明凤.网络营销与案例评析［M］.北京：中国财政经济出版社，2008.

[11] 刘文广，赵贵霖.企业市场营销实务［M］.北京：高等教育出版社，2009.

[12] 彭瑶，周玉泉.国际市场营销［M］.北京：中国轻工出版社，2009.

[13] 杜明汉.商务礼仪［M］.北京：高等教育出版社，2010.

[14] 许建民.营销策划［M］.北京：北京大学出版社，2015.

[15] 任会福，李娜，彭莉.市场营销实务［M］.北京：人民邮电出版社，2015.

[16] 彭于寿.市场营销案例分析教程［M］.北京：北京大学出版社，2015.

[17] 易正伟，张洪满，张首杰.市场营销［M］.大连：大连理工大学出版社，2015.

[18] 高玉清，孙建.商务谈判［M］.北京：中国人民大学出版社，2015.

[19] 李爽.国际市场营销［M］.北京：人民邮电出版社，2015.

[20] 王艳，王慧梅.市场营销理论与实务［M］.南京：南京大学出版社，2016.

[21] 张竞，季红颖，吴杰.市场营销学［M］.哈尔滨：哈尔滨工业大学出版社，2016.